책으로 노래하고 영화로 사랑하다

Kwon Un-Jung

A LIFE STORY OF PATER SEBASTIAN ROTHLER OSB

Copyright © 2012 Benedict Press, Waegwan, Korea
All right reserved.

분도출판사 창립 50주년 기념도서

책으로 노래하고 영화로 사랑하다
2012년 5월 초판
지은이 · 권은정 | 펴낸이 · 이형우
ⓒ 분도출판사
등록 · 1962년 5월 7일 라15호
718-806 경북 칠곡군 왜관읍 왜관리 134의 1
왜관 본사 · 전화 054-970-2400 · 팩스 054-971-0179
서울 지사 · 전화 02-2266-3605 · 팩스 02-2271-3605
www.bundobook.co.kr
ISBN 978-89-419-1204-0 03230
값 14,000원

* 신저작권법에 따라 보호를 받는 저작물이므로 무단 전재와 무단 복제를 금합니다.

책으로 노래하고 영화로 사랑하다

임인덕 신부 이야기

글 • 권은정

분도출판사

나는 예수님의 말씀과,
자유와 사랑과 용서라는 그분의 가치관을 전하고자
이 땅에 왔습니다.
그것 말고는 아무것도 생각하지 않습니다.
선교사는
주님의 말씀과 복음의 가치관을
전달하는 사람일 뿐입니다.

임인덕 세바스티안 신부

프롤로그　9

오, 나의 하인리히

아버지는 나치가 싫었다 __ 17
밀텐베르크 시절 __ 20
꼬마 하인리히 __ 22
죽어도 할 말은 한다 __ 26
저 사람, 깡패잖아요 __ 29
알렉시오 아저씨 __ 32
뻐꾸기 날아간다 __ 38
김나지움 __ 42
율리우스 되프너 주교 __ 46
뷔르츠부르크 대학 __ 48
어머니의 눈물 __ 54

선고사를 꿈꾸며

수도생활 __ 61
사제서품 __ 74
첫 미사 __ 75
형제는 떠나고 __ 82
미국에 잠시 들러 __ 84
워싱턴 베어 호 __ 93
인천의 불고기 백반 __ 97
한국말 공부 __ 104
우니타스 __ 107

본당과 기숙사

성주본당 _113
점촌본당 _116
두봉 주교 _120
마오로 기숙사 _124

책 속에 혼을 담아

책을 만드시오 _135
성난 70년대, 현실에 도전하다 _141
분도소책 _147
『정의에 목마른 소리』 _148
영업의 선봉에서 _152
『200주년 신약성서』 _155
한국 사회에 아파하다 _159
『해방신학』 _160
위험한 출판사 _167
한스 큉 _171
김지하 _173
분도우화 _176
이해인 신드롬 _177
신학에의 초대 _178
총서의 시대 _183
만남과 헤어짐, 김윤주와 정한교 _186
나라 밖 '동업자' _188
친절한 사장신부 _190

영화도 복음이다

영화로 사목하기 __ 195
첫 상영 __ 197
「우리의 생활」 __ 199
사진작가 최민식 __ 205
바우어 영사기 __ 208
안동 영화 클럽 __ 212
권정생 __ 215
캠퍼스의 숨바꼭질 __ 216
임 신부의 영사기는 쉬지 않는다 __ 217
허창수 신부 __ 224

'나쁜' 수도자

교통사고 __ 235
빌리발트 로틀러 신부 __ 240
삼청동공소 __ 243
베네딕도미디어 __ 249
모든 손님을 그리스도처럼 __ 256
거룩한 고집 __ 261

에필로그 263
작가의 말 269
임인덕 신부 연보 271
화보 273

프롤로그

겨울 햇살이 병실 유리창을 뚫고 노신부의 맑간 이마에 내려앉았다. 햇살은 능소화 꽃잎처럼 가벼웠다. 세바스티안 신부는 하늘빛을 온몸으로 받으려 애썼다.

대낮에 하릴없이 누워 있는 것이 나이 들수록 불편했다. 다행히 수술은 면했지만, 지난 가을 부러진 다리가 세바스티안 신부를 여러 달 침대에 묶어 두었다. 통증이 잦아든다 싶으면 침대에서도 야금야금 일을 시작했다. 보는 이들이 걱정했지만 개의치 않았다. 피곤이 봄날처럼 밀려오면 아이처럼 졸음에 몸을 맡겼다.

어떤 보이지 않는 손이 어린 '하인리히'를 '세바스티안' 신부로 만들었으며, 독일의 '세바스티안' 신부를 한국의 '임인덕' 신부로 변모시켰을까? 그는 왜 고향과 어머니를 떠나 지구 건너편 한국의 소읍 왜관에 살고 있을까? 그는 거기서 무엇을 소망했을까? 하늘이 그의 몸과 마음을 도구 삼아 이 땅에서 이루려 한 것은 정녕 무엇이었을까?

그리고 무엇보다 … 그는 행복했을까?

바래고 조각난 기억들을 겨우 모아 맞출 것이나 빈자리는 영원히 빈자리일 뿐, 온전한 그림이야 어차피 사람의 몫이 아니다.

말해진 것의 진실은 누구도 알 길이 없고, 말해진 것을 통해 말해지지 않은 것을 헤아려 살피는 일은 늘 고단하고 불안할 따름이다. 지존은 항시 사람의 손과 눈이 닿지 않는 곳에 있으니, 그분이 풀잎 같은 한 인간의 행업을 빌려 전하시려 한 뜻을 이 쑥스러운 고백이 드러낼 수 있다면 그것으로 남은 날의 민망함을 견뎌 내리라고, 벽안의 노신부는 그리 여겼다.

눈이 점점 가늘어지며 아슴아슴 잠이 왔다. 지금의 잠이 그날의 잠인지, 오늘의 꿈이 그날의 꿈인지, 꿈속의 세바스티안 신부가 46년 전

그 여름의 세바스티안 신부인지 — 먼 세월이 의식 저편에서 물결처럼 넘실대고 있었다.

• • •

잠결에 뱃고동 소리가 길게 들려왔다. 항구 도착을 알리는 고동 소리는 뱃전을 타고 선실로 올라와 긴 여운을 전한다. 워싱턴 베어 호가 마침내 긴 여정의 끝에 다다른 것이다.
 '아, 드디어 부산의 아침이구나!'
 세바스티안 신부는 자리에서 벌떡 일어나 앉았다. 선창으로 아침 햇살이 스며들고 있었다. 바다의 아침 햇살은 아직 잠에서 덜 깬 사람들의 몸을 안개처럼 휘감았다.
 선실이 웅성거리기 시작할 무렵 문 두드리는 소리가 났다. 베네딕도회원 둘이 선실로 성큼 들어서며 쾌활하게 인사를 건넸다.
 "잘 오셨습니다, 신부님들. 드디어 오셨군요. 환영합니다!"
 독일에서 파견된 새 형제들을 마중 나온 왜관수도원의 오도 하스(오도환) 아빠스였다. 아빠스는 형제들을 향해 두 팔을 활짝 벌렸다.

세바스티안 신부와 스테파노 신부가 서둘러 짐을 챙겨 나오니 작은 거룻배가 기다리고 있었다. 배에 옮겨 타고 항구로 향하는 등 뒤로는 아스라한 아침 안개 너머로 워싱턴 베어 호의 거대한 선체가 잠겨 들었다. 윌리엄 터너가 표현한 아침 바다 풍경을 그대로 옮겨 놓은 듯했다. 세바스티안 일행이 탄 작은 배는 아침 바다의 고요한 수면을 질러 선착장에 도착했다. 부산항에 내디딘 첫발. 그토록 고대하던 선교지 한국 땅에 마침내 도착한 것이다.

바다 물결의 이랑을 밟고 밟아 건너온 한 달 열흘의 여정이 어느덧 끝이 났다. 고향 독일 땅을 떠나 미국을 거쳐 한국으로 오기까지 꼬박 1년. 그러나 사실 그보다 더 긴 세월이 걸린 길이다. 선교사로 살겠노라 다짐하고 키워 온 꿈이 비로소 실현되는 날이 아닌가.

'이곳 한국에서 나는 선교사로서 어떤 삶을 살아갈 것인가!'

세바스티안 신부는 하늘을 올려다보았다. 아스라한 수평선을 배경으로 갈매기들이 날개를 펼쳐 멀리 날아가는 모습이 보였다.

한국전쟁 이후 이 나라를 찾아온 다른 베네딕도회 형제들처럼 세바스티안 신부 일행도 부산역에서 기차를 타고 왜관으로 향했다. 왜관역에 도착하자 높은 수도원 건물이 맨 먼저 눈에 들어왔다. 종소리도 들리는 것만 같았다. 전쟁 통에 함경남도 덕원에서 왜관으로 피난 온 형제들이 14년 전인 1952년에 새롭게 터를 닦아 설립한 수도 공동체였다. 아늑하고 고요한 수도원 풍경이 새로 온 사제 일행을 따뜻이 맞아 주는 듯했다.

녹음에 싸인 수도원은 풀 향기로 가득했다. 세바스티안 신부는 형제들과 나란히 수도원 성당으로 들어갔다. 오도 하스 아빠스를 비롯한 모든 동료 수도자와 함께 감사 기도를 드리고 「마니피캇」을 노래했다. 긴 여정을 끝내고 무사히 왜관수도원에 도착하도록 돌보아 주신 성모님께 드리는 감사 기도였다.

"내 영혼이 주님을 찬송하고 내 마음이 나의 구원자 하느님 안에서 기뻐 뛰니 그분께서 당신 종의 비천함을 굽어보셨기 때문입니다. 이제부터 과연 모든 세대가 나를 행복하다 하리니 …"(루카 1,46-48).

뮌스터슈바르작 수도원에서 부르카르트 우츠 아빠스의 강복을 받으며 떠나온 긴 여정 끝에 왜관수도원에 도착하여 오도 하스 아빠스의 강복을 받으니 비로소 안도감이 느껴졌다. 새로운 여정의 첫걸음이라는 사실이 새삼 마음에 깊이 와 닿았다. 수도원 하늘가로 그레고리오성가가 고요히 울려 퍼지는 가운데 하인리히 세바스티안 로틀러 신부는 왜관수도원에서 첫 저녁을 맞이했다. 지금으로부터 46년 전 여름날(1966년 7월 14일)이었다.

오, 나의 하인리히

아버지는 나치가 싫었다

하인리히 세바스티안 로틀러는 1935년 9월 22일 독일 남부 바이에른주의 뉘른베르크에서 태어났다. 히틀러의 나치 정권이 막 기승을 부리기 시작할 무렵이었다. 중세 독일 역사의 중심지인 뉘른베르크가 이제는 나치의 중심 세력지로 그 불행한 역사를 짊어지게 될 운명에 있었다. 하인리히가 태어나던 해에 뉘른베르크에서는 2년 전에 이어 다시 나치의 전당대회가 대대적으로 열리면서 온 도시가 광기에 휩싸여 있었다. 배타적 민족주의와 반유대주의를 지향하는 나치의 지도자 히틀러는 전 유럽을 독일의 지배하에 두려는 야욕을 숨기지 않았다. 독일 국민 전체가 나치에 복종해야 했고, 그들이 주장하는 국가 이념에 순종하기를 강요당했다. 기꺼이 따르는 사람도 있었지만 반대하는 사람도 있었다. 하인리히의 아버지 요제프도 나치에 반대하는 사람 중 하나였다. 하지만 공무원은 무조건 나치당에 입당해야 하는 정책 때문에 철도 공무원이던 요제프는 본의 아니게 나치당원이 되어야 했다. 그렇다고 해서 요제프가 나치 뜻대로 호락호락 움직일 사람은 아니었다.

"장례식에 참석하지 말라니? 이런 말도 안 되는 소리가 어디 있어? 그는 내 동료였어. 매일 얼굴을 보고 같이 일하던 친구였단 말이야. 직장 동료의 장례식에 가지 말라고? 게슈타포가 그러든 말든 무슨 상관이야? 나는 가고 말 거야!"

퇴근해 돌아온 요제프가 거실에서 분을 삭이지 못해 고함을 질러댔다. 하인리히의 어머니 베티는 행여 누가 들을세라 안절부절못하며 남편을 진정시키려 애쓰고 있었지만 소용없었다.

뉘른베르크 철도청에서 근무하던 요제프가 어느 날 아침 출근해 보니 전날까지 함께 일하던 동료가 칼에 찔려 죽어 있었다. 죽은 동료는 평소 열렬한 공산당원이었는데 나치 치하에서도 활동을 멈추지 않았다. 나치는 암암리에 공산당원에 대한 제재를 가해 오면서 직종을 막론하고 당원들을 색출하고 있었다. 게슈타포의 눈을 피해 일찌감치 몸을 피하는 이들도 있었지만 요제프의 동료는 기회를 놓치고 말았다. 결국 누군가 그를 살해하여 사무실에 버려둔 것이다.

게슈타포는 윽박질렀다.

"장례식에는 아무도 참석할 수 없다. 명령을 어기면 처벌이 뒤따를 것이다."

철도청 동료들은 두려움에 떨며 장례식에 갈 엄두도 내지 않았지만 요제프는 달랐다.

"나도 공산주의는 싫어. 하지만 같이 일하던 동료가 죽었는데 장례식에 가지 못하게 하는 나치의 명령도 따르고 싶지 않아."

당당히 장례식에 참석한 요제프는 동료의 죽음을 애도하며 유가족을 위로했다. 참석한 사람은 죽은 동료의 아내와 총을 멘 친위대원 두 사람, 그리고 요제프뿐이었다. 요제프는 즉각 체포되었다. 다음 날이면 온 가족이 강제수용소로 끌려갈 판국이었다. 그때 요제프의 상사가 가로막고 나섰다.

"이 사람이 강제수용소로 끌려가면 앞으로 우리 철도청 업무에 상당한 지장이 있을 거라는 점은 알아 두십시오. 보시다시피 이제는 남아 있는 기술자가 없습니다. 다들 전선으로 보내지 않았습니까? 요제프처럼 실력 있는 기술자마저 보내 버린다면 열차에 문제가 생겼을 때 누가 수리를 한단 말입니까?"

나치 독일은 1935년 중반부터 이미 조직적인 전쟁 준비에 들어갔다. 전선으로 갈 대상자에는 우선 청년들이 포함되었다. 18세 이상 25세 이하 젊은이들은 6개월 동안 '공익사업 실현을 위한 노동 봉사단'에 참가하도록 강요받고 있었다. 나치는 이 '명예로운 봉사'에 참여하지 않는 이들에게는 대학 입학도 허락하지 않았다. 나치 정권이 규정한 이 같은 노동 봉사 외에 군복무 기간 연장 조치로 인해 당시 독일 내 수도원 입회자 수도 줄어들었다.

1936년이 되자 징집은 시간문제였다. 독일군이 오스트리아에 진주하여 방공훈련과 전투태세 훈련이 실시되면서 곧 전쟁이 터질 것이라는 불안감이 커졌다. 나치는 대열을 정비하고 불순분자 제거에 나섰다. 철도청에 근무하던 이들 중 상당수가 이미 어디론가 차출되어 가버린 탓에, 남아서 일할 수 있는 인력도 모자란 형편이었다.

요제프는 열차 정밀기계 수리를 전문으로 하는 전기 기술자였다. 그는 언제나 주위로부터 실력을 인정받았다. 상사의 말이 설득력이 있었는지, 아니면 요제프의 이용 가치를 높이 샀는지 게슈타포는 요제프를 풀어 주었고 온 가족은 가까스로 수용소행을 면하게 되었다.

하지만 안도하는 것도 잠시였다. 요제프는 장례식 사건이 있고 난 다음 바로 나치당을 탈당했다. 국가기관인 철도청에 근무하면서 나치당을 탈당하는 것은 대단히 위험한 행동이었다. 그러나 요제프는 동료의 죽음 이후 나치에 더는 관련되고 싶지 않다며 탈당을 선언했다. 그는 히틀러를 끔찍이 싫어했다. 도저히 견딜 수 없다고 공공연히 말하곤 했다. 나치당을 탈당하는 건 목숨이 걸린 위험한 짓이라고 모두가 말렸지만 요제프는 뜻을 굽히지 않았다. 베티는 다시 수용소행을 걱정해야 했지만 다행히 그런 일은 일어나지 않았다. 그 대신 좌천을 당해 뉘른베르크와는 비교도 안 될 만큼 작고 한적한 마을인 밀텐베르크로 옮겨 가야 했다. 직급이 강등되고 봉급도 많이 깎였다.

밀텐베르크는 뉘른베르크에서 기차로 두 시간 남짓 북쪽에 위치한 작은 읍이었다. 요제프는 미련 없이 이사 준비를 마쳤다. 오히려 홀가분한 표정이었다. 요제프와 베티가 함께 밀텐베르크로 이사 갈 집을 찾아 나서는 날 하인리히도 따라갔다. 하인리히가 네 살, 동생 빌리발트가 갓난아이일 때였다. 독일이 전쟁을 시작한 해이기도 했다.

1939년 9월 3일 독일이 폴란드를 침공하여 나치의 군홧발에 폴란드 영토가 무참히 유린당하기 시작했다. 이에 영국과 프랑스가 선전포고를 하면서 제2차 세계대전이 발발했다. 독일의 젊은이들뿐 아니라 생업에 종사하던 많은 이가 징집되어 강제로 군대에 끌려갔다.

밀텐베르크 시절

밀텐베르크는 남부 독일에서 가장 아름다운 마을로 손꼽히는 곳으로 인구는 1만이 조금 넘었다. 남부의 진주라는 별명에 걸맞게 아름다운 이곳을 찾는 이들로 작은 읍은 늘 북적거렸다. 특히 동화에나 나올 법한 독특한 중세풍의 목조건물로 유명했는데, 도시 분위기는 얼마 멀지 않은 곳에 위치한 중세 도시 아샤펜부르크의 영향을 받고 있었다. 밀텐베르크 읍내 한복판 마르크트 광장은 지금까지도 독일에서 가장 아름다운 광장으로 손꼽힌다. 광장 중앙에 세워진 분수대에서는 쉴 새

없이 물이 솟아올라 옛날에는 주민들의 중요한 식수원이었다고 한다.

마을을 따라 마인 강이 길게 흐르고 있었다. 라인 강의 지류인 마인 강은 먼 곳에서부터 밀텐베르크로 배를 실어 날랐다. 강변을 따라 난 기다란 숲에서 사람들이 야영을 즐기기도 했다. 요제프네 아이들도 여느 동네 아이들처럼 날마다 이곳을 찾아 즐거운 시간을 보냈다. 밀텐베르크로 이사 온 후 식구가 늘었다. 누이동생 셋이 차례차례 태어난 것이다. 하인리히는 동생들과 함께 강에서 수영을 즐겼다. 특히 막내 누이동생 모니카는 어려서부터 수영을 아주 잘했다.

공개적으로 나치를 비판한 대가로 밀텐베르크로 좌천당했지만 아버지 요제프는 여전히 활기찬 모습이었다. 하지만 어머니 베티는 밀텐베르크 생활에 적응하는 데 시간이 필요했다. 뉘른베르크같이 큰 도시에서 태어나 자란 그녀가 작은 마을에서 지내는 데는 불편한 점이 한두 가지가 아니었다. 몇 안 되는 가게는 집에서 멀리 떨어져 있었고, 버스나 전차도 없어 짐이 있어도 들고 걸어와야 했다. 더욱이 많지도 않은 급여가 깎였으니 살림살이는 더욱 궁색해졌다. 하지만 베티의 걱정은 다른 데 있었다. 게슈타포가 어느 날 밤에 들이닥쳐 남편을 잡아갈지도 모른다는 불안감에 떨어야 했다. 당시 그런 일은 누구에게라도 일어날 수 있는 일상적인 사건이었다.

요제프는 용감하고 의지가 강한 사람이었다. 다들 게슈타포가 무서워 쩔쩔맬 때도 그는 비겁한 모습을 보인 적이 없었다. 다 같이 손을 들어 "하일 히틀러!"를 외칠 때도 마지못해 웅얼거리거나 아예 딴전을 피우곤 했다.

요제프는 밤베르크라는 소도시 출신으로 가톨릭 집안에서 나고 자란 현명하고 정의로운 사람이었다. 가난한 집안의 여러 형제 중 맏이로 태어났고, 열여섯 살에 뉘른베르크로 나와 야간학교에서 정밀기계 수리를 배워 스스로 살길을 개척했다. 신심 깊고 강직한 성품으로 어려운 처지에 놓인 사람을 보면 그냥 지나치지 못하고 어떻게 해서든지 도와주려 애쓰는 그런 사람이었다.

하인리히의 어머니 베티는 뉘른베르크에서 나고 자란 도회적인 여성으로 처녀 적 성은 바그너였다. 유치원 교사로 일하다가 스물두 살에 요제프를 만나 결혼하는 바람에 일찌감치 집에서 다섯 남매를 키우는 주부가 되었다. 베티는 선량하고 겸손했으며, 독실한 가톨릭 신자인 모친에게서 육아와 아내로서의 도리를 배웠다. 딸만 셋인 집안의 둘째였지만 요제프를 만나 첫눈에 반해 언니를 앞질러 결혼했다. 뉘른베르크 축제의 가면무도회에서 만난 요제프와 베티는 무도회 전통에 따라 자정이 되는 순간 가면을 벗고 파트너의 얼굴을 보았는데, 그 순간 한눈에 사랑에 빠져 두 달 만에 결혼에 이르렀다. 당시 뉘른베르크에는 전반적으로 개신교 신자가 많았는데, 두 사람은 다 가톨릭 집안 출신이었다. 그래서 둘은 서로에게 더 쉽게 끌리게 되었다.

꼬마 하인리히

결혼하고 두 해 만에 첫아들 하인리히가 태어났다. 1935년 9월 22일 가을 햇살이 숲 속의 나뭇잎마다 새겨 드는 날이었다. 요제프는 하느님께 깊이 감사드리면서 첫아들이 태어나면 지어 주기로 마음먹은 대로 고향 밤베르크의 주보성인 이름을 따라 아기 이름을 하인리히라 지었다. 식구들은 하인리히를 '하이니'라는 애칭으로 불렀다. 요제프는 베티와 함께 하느님이 주시는 대로 자녀들을 잘 거두겠노라고 기도드렸다. 그 후 세 살 터울로 둘째 아들 빌리발트가 태어났고 딸 셋이 차례로 태어났다. 셋째로 태어난 장녀 안네마리, 둘째 딸 엘리자베트, 그리고 막내 모니카였다. 아들 둘에 딸 셋을 둔 다복한 가정은 신앙에서도 모범을 보이는 성가정이었다.

요제프는 참여하는 그리스도인의 모습을 교회 활동을 통해 잘 보여 주었다. 콜핑 가족 공동체와 가톨릭 근로자회에 가입했고 기독교 사회 노동자회 회원으로도 활동했다. 사목회를 비롯한 본당 활동에도 무척 열심히 참여했다. 나중에 밀텐베르크를 떠나 아샤펜부르크로 옮겨 가서는 매월 한 차례씩 본당의 노인들을 모시고 여행을 가는 프로그램을 마련하여 노인들에게 큰 기쁨을 주었다. 이런 여러 가지 공로로 요제프는 교황 요한 바오로 2세로부터 '성 그레고리우스 훈장'을 받았다.

어머니 베티는 온화하고 무척 가정적이었으며 사랑으로 다섯 남매를 보살폈다. 가족들이 밝고 따스한 분위기에서 지낼 수 있도록 그녀는 늘 애를 썼다. 독실한 신자로서 기도와 미사 참석도 소홀히 하지 않았다.

하인리히가 어린 시절을 떠올려 보면, 아침마다 어머니는 미사에 참석할 준비를 하고 계셨다. 아이들이 깨지 않게 조용히 움직이시며 거의 하루도 빠짐없이 새벽 미사에 가셨다. 그러나 아이들에게 함께 가기를 종용하는 일은 없었다.

신자 아이들은 으레 새벽 미사 복사를 섰지만, 이 집 아이들은 어머니가 없는 틈을 타서 거실에서 공을 차고 자전거 경주를 하면서 놀았다. 덕분에 집 안은 난장판이 될 때가 많았다. 테이블 위의 꽃병이 넘어지고 찬장 안의 유리그릇이 더러 깨지기도 했다. 개구쟁이 아들들은 벌을 달게 받을 각오였지만 어머니는 결코 크게 야단치는 법이 없었다. 그저 집 안을 정리하며 빙그레 웃기만 했다.

하인리히가 열두 살 무렵이던 어느 날 아침, 집을 나서려는 어머니에게 물었다.

"어머니, 매일 이렇게 일찍 어디 가시는 거예요?"

"응, 성당에 가는 거야. 주일뿐 아니라 평일 아침에도 미사가 있거든. 왜 그러니?"

"그럼 우리도 매일 아침 엄마랑 함께 성당에 갈 수 있나요?"

"너도 가고 싶니? 그럼, 같이 갈 수 있지. 그런데 새벽 미사에 가려면 일찍 일어나야 하는데 그럴 수 있겠니?"

"그럼요. 일찍 일어나서 미사에 참석하고 학교에 갈래요."

그때부터 하인리히는 새벽 미사에 다녔다. 그런데 미사 전 공복재가 문제였다. 본당 신자들 중에는 영성체하기 전에는 하늘에서 날리는 눈송이도 입에 넣어서는 안 된다고 믿는 이들이 있었다. 하인리히는 당연히 아침을 굶고 성당에 가려 했지만 어머니 생각은 달랐다. 성당에 가기 전에 베티는 아들을 식탁에 앉혔다.

"하이니, 아침은 챙겨 먹고 가야지."

"어머니, 신부님께서 영성체하기 전에는 아무것도 먹지 말라고 하셨는데요."

"물론 그러셨지. 하지만 너는 미사 마치고 바로 학교에 가야 하지 않니? 그럼 아침을 굶어야 하는데, 너희 같은 아이들이 영성체를 하기 위해 아침밥을 굶는다면 그것은 하느님도 원치 않으실 거야. 걱정하지 말고 빵을 먹고 가도록 하렴."

어머니는 따끈하게 데운 우유와 구운 빵을 잼과 버터와 함께 아들 앞에 내놓았다.

하인리히는 굳이 아침 먹은 티를 내지 않았다. 다행히 성당에 갔을 때 하인리히에게 아침을 먹었는지 물어보는 이도 없었다. 베티는 자녀들에게 형식적 기도를 요구하거나 마음 없이 교리에 맹종하기를 강요하는 법이 없었다. 하느님이 늘 함께하고 계시다는 것을 이따금 자상하게 깨우쳐 줄 따름이었다. 집 안에서 큰소리가 나는 일도, 아이들을 매로 다스리는 일도 결코 일어나지 않았다. 그래서인지 어린 시절부터 하인리히에게 폭력은 이해하기 힘들고 용서할 수도 없는 것이었다.

하인리히가 세 살 무렵의 일이다. 아직 뉘른베르크에 살 때였다. 하루는 어머니가 하인리히를 유치원에 데리고 갔다. 동생이 태어났고 하인리히도 이제 유치원에 다닐 나이가 된 것이다. 그러나 하인리히가 유치원에 다닌 날은 딱 하루뿐이었다.

하인리히를 유치원에 데려다 주고 집으로 돌아온 베티에게 경찰이 찾아왔다. 갓난쟁이 빌리발트에게 우유를 먹이려던 참이었다. 베티는 아이를 침대에 뉘어 놓고 현관으로 나갔다.

"이 댁 아이 중에 하인리히라고 있습니까?"

베티는 크게 놀랐지만 침착히 되물었다.

"네, 제 아들이에요. 무슨 일이신가요?"

"아이가 길을 헤매고 있길래 우리가 보호하고 있습니다."

유치원에서 잘 놀고 있는 줄만 알았던 아이가 어째서 길거리를 헤매고 있었다는 말인지 도무지 이해할 수 없었다. 베티는 단걸음에 경찰서로 달려갔다. 하인리히가 경찰관 옆에 얌전히 앉아 있었다.

엄마 손을 잡고 집으로 오면서 하인리히가 말했다. 유치원 쉬는 시간에 어떤 아이가 자기를 때렸는데 너무 놀라고 겁이 났다는 것이다. 한 번도 맞아 보지 않았고 누구를 때린다는 것을 생각해 본 적도 없는 어린 하인리히로서는 또래 아이에게 맞는 일은 상상도 못 한 것이었다. 하인리히는 유치원에서 당장 나가야겠다고 생각했다. 때리는 사람이 있는 곳에 더는 있고 싶지 않았다. 그러나 문으로 나갈 수는 없었다. 영문을 모르는 선생님은 하인리히를 못 가게 할 것이 분명했다. 그때 벽 쪽으로 난 구멍이 보였고 하인리히는 그리로 몰래 빠져나왔다. 정작 나와 보니 큰길이었다. 자동차가 다니고 사람들도 바삐 오가고 있었는데 집이 어느 쪽인지 알 길이 없었다. 때마침 경찰이 다가와서 하인리히의 손을 잡고 이름을 물었다. 다행히 주머니에는 연락처가 적힌 메모가 있었다. 아이가 길을 잃을 때를 대비하여 당시 어린아이를 둔 어머니들은 다들 그렇게 했다.

"엄마, 나 이제는 유치원에 안 갈 거야. 싫어. 나를 때려서 싫어."

베티는 하인리히에게 약속했다. "그런 곳이면 가지 않아도 된단다. 엄마도 너를 그런 곳에 보내고 싶지 않구나."

하인리히의 유치원 생활은 그렇게 하루 만에 끝이 났다.

죽어도 할 말은 한다

밀텐베르크 중심가에 위치한 마르크트 광장에서는 오후 1시만 되면 나치당 사람들이 나와서 아이들에게 초콜릿이나 코코아를 나눠 주었다. 전시에 초콜릿은 매우 귀했다. 빵 같은 기본 식량은 그런대로 있었지만 초콜릿은 쉽게 구할 수 없는 것이라 아이들은 열광했다. 얻어먹으려고 앞 다투어 줄을 섰다. 그러나 공짜는 아니었다. 코코아를 마시고 초콜릿을 먹는 동안 아이들은 나치당 여성당원들이 히틀러를 칭송하는 소리를 들어야 했다. 일종의 정신교육인 셈이다. 초콜릿을 얻어먹다가 유소년 나치당원이 되는 아이들도 있었다.

요제프는 자기 아이들이 그 대열에 서는 것을 엄하게 금지시켰다.

"너희는 나치가 주는 초콜릿이나 코코아를 얻어먹으면 안 된다. 알았지? 절대로 안 돼! 이건 아버지 명령이야!"

"네, 절대 가지 않을게요."

하인리히와 빌리발트는 축구공을 만지면서 풀 죽은 소리로 대답했다. 다른 아이들이 맛있게 먹는 모습을 바라보기만 하는 것은 여간 힘들지 않았지만 아버지와 약속했기 때문에 어쩔 도리가 없었다. 초콜릿 맛을 상상하지 않으려고 애쓰며 열심히 축구공만 찼다.

어느 날 이웃집 부인이 지나다가 로틀러 집안의 두 아들을 보았다.

"아니, 너희는 왜 저기 초콜릿을 받으러 가지 않니? 맛있는 과자도 코코아도 있는데 어서 가 보렴."

"우리 아버지가 거기 가면 안 된다고 하셨어요. 그래서 못 가요."

"왜? 아버지가 어째서 허락을 안 하셨지? 내가 한번 물어볼까? 아버지 집에 계시니?"

부인이 초인종을 눌렀다. 요제프가 문간에 나타나 인사를 건네며 무슨 일인지 물었다.

"아이들한테 저기 가지 말라고 하셨나요? 애들도 과자가 얼마나 먹고 싶겠어요. 가도 된다고 허락하시면 무척 좋아할 텐데요."

요제프는 약간 화가 났지만 감정을 억누르며 대답했다.

"부인, 내 아이 교육은 내가 책임집니다. 당신 문제가 아니라 내 문제예요."

"하지만 아이들이 얼마나 가고 싶겠어요."

"저기 가서 히틀러를 찬양하는 소리를 들으며 과자 따위나 얻어먹게 하느니 차라리 무덤에 데리고 가겠어요!"

요제프는 단호히 잘라 말하고는 문을 닫아 버렸다.

이웃집 부인은 너무 놀라 입을 다물지 못했다. 나중에 그녀는 베티를 만나, "당신 남편은 정말 용감한 사람인 것 같아요. 그래도 조심해야 하지 않을까요?" 하며 걱정을 내비쳤다.

자기 생각을 너무 솔직히 드러내는 바람에 요제프는 곤경에 처하곤 했다. 그래서 베티도 힘든 적이 많았지만 남편에게 내색하지는 않았다. 남편이 옳다는 것을 알고 있었기 때문이다. 베티는 하고 싶은 말이 있어도 마음에 담아 둘 줄 아는 지혜로운 여자였다. 하지만 전시에는 말 한마디에 가족의 생사가 달려 있었기 때문에 특히 조심해야 했다.

히틀러를 반대하는 발언을 하거나 그런 낌새라도 내비치는 일은 매우 위험했다. 당시 전 세계로 송출되는 영국 국영 BBC 방송을 청취하는 일도 금지되었다. 전쟁에서 독일이 불리하다는 소리를 하는 것도 절대 엄금이었다. 게슈타포의 눈 밖에 나면 이유를 불문하고 수용소로 끌려갈 수밖에 없었다. 요주의 인물이나 게슈타포에게 밉보인 사람은 무조건 잡혀갔다.

하인리히네 이웃에 살던 남자도 어느 날 사라졌다. 히틀러를 반대하던 사람이었는데 아주 드러내 놓고 히틀러는 나쁜 놈이라고 욕을 하곤 했다. 누가 게슈타포에게 그것을 일러바쳤는지 밤사이 종적도 없이 사라져 버렸다. 그런 분위기에서 요제프같이 히틀러를 욕하고도 무사할 수 있었던 것은 순전히 베티의 기도 덕분이었다. 아버지의 이런 태도는 커 가는 아이들에게도 무시 못 할 영향을 끼쳤다.

저 사람, 깡패잖아요

하인리히가 국민학교(우리의 초등학교)를 다니던 어느 날 수업 시간이었다. 교실 정면에 변화가 생겼다. 늘 걸려 있던 십자고상 자리에 히틀러 사진이 걸렸다. 아이들 눈이 동그래졌다. 선생님이 직접 십자고상을 벽에서 떼어 내고 히틀러 사진을 거는 것이 아닌가! 평소에 선생님은 누구보다 십자가에 달리신 예수님을 공경하던 분이었는데 말이다.

 나치는 노골적으로 종교를 탄압하기 시작했다. 1942년 4월 공산주의 재산 회수에 관한 법을 내세우며 수도원을 폐쇄하는가 하면, 그간 신학생들에게는 면제되었던 청년 봉사단 활동과 징집도 더는 예외 사항이 아니게 되었다. 교회와 각 수도회에서는 신학생과 수도자들이 전쟁터로 끌려갈 것에 대비하여 외국 선교지로 서둘러 내보내는 방안을 모색했다. 사람들은 히틀러가 가톨릭 신앙생활만큼은 허용해 줄 것이라고 믿었지만, 나치의 박해는 아주 가까이에서도 일어나고 있었다.

 그즈음 성체성혈대축일이었다. 시내 한복판에서 신부님을 중심으로 성체 행렬이 진행되고 있는데, 열예닐곱 살쯤으로 보이는 나치 청년당원들이 자전거를 몰고 행렬 한가운데로 돌진해 왔다. 다행히 요제프가 재빨리 몸을 날려 자전거를 가로막아 서며 핸들을 움켜잡고 청년들을 제압할 수 있었다. 요제프가 고함을 치며 청년들을 붙잡으려 했지만 잽싸게 뿔뿔이 흩어지는 바람에 실패하고 말았다.

그런데 이제 학교에서는 십자고상을 떼어 내고 그 자리에 히틀러 사진을 걸고 있는 것이다. 액자 뒤로 십자고상을 걸어 두었던 흔적이 아로새겨진 듯 선명하게 눈에 들어왔다. 하인리히는 아버지라면 가만 보고 있지 않을 거라고 생각했다.

선생님이 사진을 가리키며 아이들에게 물었다.

"여러분, 이 사진 속 인물이 누구인지 알지요?"

"네, 알아요."

아이들이 큰 소리로 대답했다. 이제 어디를 가도 히틀러의 사진이 걸려 있으니 어린아이들이라도 모를 리가 없었다.

"그럼 누가 이분에 대해서 말해 볼까?"

한 아이가 얼른 손을 들었다.

"네, 히틀러 총통이십니다. 아주 훌륭한 분입니다. 우리 독일을 세계에서 가장 좋은 나라로 만들어 가실 겁니다."

그러자 아이들이 꼬리를 물고 히틀러 찬양을 한마디씩 늘어놓기 시작했다. 죄다 어른들 하는 소리를 듣고 따라 하는 말이었다.

그때 하인리히가 손을 번쩍 들었다.

"아니, 다 틀렸어요. 저 사람, 깡패잖아요. 아주 나쁜 사람이에요."

일순간 교실 안은 조용해졌고 선생님 얼굴에 당혹감이 번졌다.

"하인리히, 왜 이분이 좋은 사람이 아니지?"

"전쟁 일으키고, 사람 죽이고, 나쁜 짓 많이 했으니까요."

"너희는 하인리히가 하는 말을 어떻게 생각하니?"

아이들이 웅성대면서 다시 한마디씩 거들었다.

"아니야, 좋은 사람이야!"

"하인리히가 틀렸어. 히틀러는 훌륭한 사람이야!"

아이들이 일제히 하인리히를 쏘아보았다.

"아니라니까, 아니야. 좋은 사람 아니고 깡패라니까. 우리 아버지가 그렇게 말했어. 히틀러는 깡패라고 하셨단 말야!"

하인리히는 목청을 드높였다. 평소 아버지가 하던 대로 따라서 말한 것이었다. 일곱 살 난 아이에게는 아직 학교 선생님보다는 아버지의 가르침이 더 큰 것이었고, 아버지가 하시는 말씀이 세상을 판단하는 기준이었다. 아버지가 한 번 아니라고 하면 곧 죽어도 아닌 것이다.

하인리히는 울음을 애써 삼키며 다시 한 번 목소리를 높였다.

"아니야, 히틀러는 깡패야!"

절대로 물러서지 않을 기세로 하인리히는 아이들을 노려보고, 아이들도 제각각 떠들어 댔다. 하지만 소란은 이내 가라앉았다. 이제 공부할 시간이라며 선생님이 서둘러 아이들에게 책을 펴게 한 것이다.

그날 저녁 선생님이 하인리히의 집으로 찾아왔다. 어머니 베티는 긴장한 모습으로 차를 내놓았다. 선생님은 낮에 학교에서 일어난 일을 이야기했다. 듣고 있던 베티의 표정이 점점 굳어졌다. 선생님은 다소 누그러진 어조로 말했다.

"오늘 일은 아무에게도 말하지 않았습니다. 하지만 집에서 교육을 좀 잘 시키셔야 합니다. 이런 일이 또다시 일어났다가는 온 가족이 어떤 고초를 겪게 될지 잘 아시지 않습니까?"

베티는 하인리히가 알아듣게 타이르겠노라 선생님에게 약속을 하고 바로 실행에 옮겼다. 다음 날부터 하인리히는 저녁 7시만 되면 잠자리에 들어야 했다. 거실에서 어른들이 주고받는 이야기를 들으면 또

함부로 말하게 될 것이 뻔했다. 가슴이 졸아드는 경험을 더는 되풀이하고 싶지 않았다. 전쟁은 끝나지 않았고 감시의 눈초리는 도처에서 번득였다. 온 가족이 위험해지지 않으려면 아이들을 일찍 재우는 수밖에 없다고 로틀러 부부는 판단했다. 그것 말고는 달리 방법이 없었다.

"하이니가 당신을 닮았나 봐요. 세상에 무서운 게 없으니 …." 베티가 미소를 머금고 곱게 눈을 흘겼다.

"거참 …." 요제프는 짐짓 머쓱한 척했지만 딱히 아니라 할 수도 없었다. 말끝에 걱정과 자부심이 함께 묻어났다.

침대맡에 꿇어앉아 기도를 드리고 어머니의 굿나잇 키스까지 받았지만 하인리히는 바로 잠들지 않았다. 어머니가 문을 닫고 나가자마자 침대에서 일어나 열쇠 구멍으로 몰래 거실을 내다보며 부모의 대화에 귀를 기울였다. 덕분에 아버지 요제프가 볼륨을 낮춰서 라디오를 듣고 있다는 사실도 알았다. 런던에서 전 세계로 내보내는 BBC 방송을 듣고 있었던 것이다. 가끔 아이들이 왜 그렇게 작은 소리로 듣고 있냐고 물으면 라디오가 고장 나서 그렇다며 황급히 꺼 버리곤 했다. 아버지에게 BBC 방송은 머지않아 전쟁이 끝나고 반드시 평화가 찾아올 것이라는 희망을 전해 주는 메신저였다.

알렉시오 아저씨

전쟁 내내 하인리히네 가족은 밀텐베르크역 구내 관사에 살았다. 선로를 따라 늘어선 관사에는 역에서 일하는 직원과 가족들이 살고 있었는데 하인리히네 말고도 서너 가구가 더 살았다. 열차 수리와 선로 문제가 생길 경우 즉시 나가 보기 위해 요제프는 늘 대기 중이었다. 집에는 비상 전화가 세 대나 있었고, 벨은 한밤중이건 새벽이건 가리지 않고 울려 댔다. 겨울날 새벽에 전화를 받고 아버지가 일어나 나갈 때 하인리히가 따라나선 적도 있었다. 레일 위를 달리는 수리용 소형 자동차에 올라타고 싶은 마음에 아버지를 조르면 데리고 나가기도 했다. 장난감 자동차같이 생긴 차를 타고 아버지 등 뒤에서 레일을 달리면 무척 신이 났다. 새벽바람이 아무리 매서워도 아랑곳하지 않았다.

어느 날 기차역 관사 주위에 변화가 생겼다. 역사 안에 창고로 쓰이던 건물을 수리하는가 싶더니 며칠 뒤에 행색이 남루한 병사들이 줄지어 들어섰다. 폴란드와 체코 전선에서 싸우던 소련군 병사들이 포로로 잡혀 온 것이다. 어른들은 소련군 포로들이 당분간 기차역 안에 있는 수용소에서 살게 될 것이라고 말해 주었다. 처음엔 20명 정도이던 포로들 숫자는 날이 갈수록 늘어 몇 주 만에 수백 명이 되었다. 밀텐베르크 읍내에서 군인들 모습이 자주 눈에 띄었고, 소련군 포로들을 태운 트럭이 마을을 지나가는 일도 더는 낯설지 않았다.

"소련 병사들은 더럽고 무식하단다. 게으른 돼지들이지. 절대 가까이 가선 안 돼. 말을 걸거나 친절히 대해 주지도 말아라."

학교에서 교사들은 아이들에게 단단히 주의를 주었다. 주민들은 포로를 보면 고개를 돌려 외면했지만 아이들은 호기심에 가까이 다가갔다. 처음에는 무섭고 두려웠지만 포로들을 자주 보게 되면서 그런 마음은 사라졌다. 하인리히는 포로들이 줄지어 급식을 받는 것을 보고 궁금한 마음에 다가가 보았다가 깜짝 놀랐다. 그것은 무어라 이름 붙일 수 없는 음식이었다. 멀건 죽, 아니 그냥 맹물이라고 하는 편이 더 정확한 표현이었다. 건더기 하나 없는 그 죽을 한 방울이라도 더 받아

먹으려고 포로들은 애처로운 표정을 짓고 있었다. 추운 날씨였지만 포로들이 걸치고 있는 것이라고는 홑겹의 작업복이 전부였다. 하인리히 눈에는 그런 포로들이 더럽고 무식해 보이는 것이 아니라 오히려 뭔가 도움이 필요한 사람들처럼 보였다. 아버지는 항상 불쌍한 사람을 도와야 한다고 말하지 않았던가.

실제로 요제프는 포로들을 돕기 위해 여러 방법을 모색했다. 포로들 중에는 우크라이나에서 온 사람이 많았는데 독일 말을 아주 잘하고 똑똑한 사람들이었다. 요제프는 기계 수리 솜씨가 있는 포로들을 따로 모아서 철도역에서 일하게 해 주었다. 저녁 식탁에서 요제프는 신이 나서 아내에게 말하곤 했다.

"그 친구들 솜씨가 얼마나 좋은지 몰라! 아까 낮에 고장 난 기계를 맡겼더니 저녁 무렵에 벌써 다 고쳤다고 하지 뭐야. 우리 독일 기술자들에게 맡겼으면 사흘은 족히 걸렸을 거야."

포로 기술자들에 대한 아버지의 신뢰는 대단히 깊었다. 관사에 사는 아이들도 포로들을 좋아하고 잘 따랐다. 특히 알렉시오라는 우크라이나 출신 포로는 독일어가 아주 유창했는데, 휴식 시간이면 하인리히와 또래 아이들을 모아 놓고 재미난 이야기를 들려주곤 했다. 알렉시오는 뛰어난 유머 감각에 이야기를 엮어 내는 솜씨가 대단했다. 아이들은 그 포로 병사가 들려주는 소련 동화를 넋을 놓고 들었다. 그것은 완전히 새로운 세상의 이야기였다.

하인리히는 주머니에 먹을 것을 넣어 두었다가 고마움의 표시로 알렉시오에게 건네주기도 했다. 감자 한두 알이나 빵, 드물게 소시지도 있었다. 포로들은 항상 배가 고팠기 때문에 조그만 것이라도 먹을 것을 얻으면 눈물을 글썽이며 고마워했다. 하인리히는 포로들에게 주려고 제 몫을 미리 떼어서 주머니에 넣어 두는 버릇이 생겼다. 간혹 식구들이 먹을 것을 통째로 주기도 했다.

하루는 부엌에 들어온 어머니가 한참이나 뭔가를 찾았다.

"너희 혹시 여기 찬장에 두었던 소시지와 빵을 먹었니?"

동생과 숙제를 하던 하인리히가 별안간 숨을 죽였다.

"먹었으면 말을 해야지. 그런데 누가 그렇게 많이 먹었을까?"

"제가 … 아까 알렉시오 아저씨가 왔을 때 제가 줬어요. 너무 배가 고파 보였어요."

어머니는 난감한 표정으로 잠시 하인리히를 바라보더니 말없이 돌아섰다. 그러고는 포대에서 감자를 꺼내 껍질을 벗기기 시작했다. 오늘 저녁은 감자로 때워야 한다는 무언의 표시였다. 식구들이 먹을 것도 모자란 형편이었지만 배고픈 포로를 외면하지 못한 어린 아들을 나무랄 수는 없었을 것이다.

신심 깊은 요제프는 포로들 가운데 러시아정교회 신자들에 대해 특히 신경을 썼다. 그들도 주일날 미사를 드리게 하고자 고심했다. 요제프는 본당신부에게 이들도 미사에 참석하게 해 달라고 간청했다.

"안 됩니다. 절대! 소련군 포로들을 우리 신자들과 함께 미사 드리게 할 수는 없습니다."

본당신부는 단호했다. 그러나 요제프도 쉽게 물러서지 않았다.

"신부님, 포로들도 하느님을 믿는 사람입니다. 그런데 주일에 기도도, 영성체도 못 하고 있습니다. 불쌍한 영혼들 아닙니까?"

거듭 애원한 끝에 결국 허락이 떨어졌다. 단, 성당 2층 방에서 기도만 드릴 수 있었다. 그거라도 어딘가! 요제프는 뛸 듯이 기뻐했다.

주일마다 백 명이 넘는 포로가 마을 성당을 향해 줄지어 가는 모습은 정말 볼 만했다.

"여러분, 오늘은 미사를 드리러 가는 날입니다. 잘 행진해 갑시다. 하느님을 만나러 가는 길이니 기쁜 마음으로 가야지요. 그리고 특히 주의해 주십시오. 무슨 말인지 이해하지요?"

요제프는 미사에 참석하러 가는 대열에서 포로들이 이탈하는 일이 일어나지 않기를 기도했다. 그중 한 사람이라도 탈출을 시도한다거나 하는 불상사가 일어나면 그 책임은 온전히 자신이 지겠다는 조건으로 이뤄진 미사 행렬이었다. 다행히도 그런 일은 일어나지 않았다.

포로들은 모두 주일미사를 기다렸다. 비록 영성체를 할 수는 없었지만, 2층에서 이콘을 앞에 두고 기도하는 것만으로도 감격스러워했다. 미사 시간 내내 포로들은 기도하면서 눈물을 흘렸다.

아무리 적군이라도 하느님 안에서는 모두 한 형제이며 하느님 사랑을 구하는 가련한 영혼임을 요제프는 잘 알고 있었다. 하느님을 찾는 이라면 누구나 언제라도 하느님을 만날 수 있어야 한다고 믿었다. 하느님도 반드시 그들을 만나러 와 주신다는 사실 또한 확신하고 있었다.

전쟁이 끝나자 역 관사에서 지내던 포로들도 소련으로 돌아가야 했다. 하지만 하나같이 돌아가고 싶어 하지 않았다. 스탈린 치하의 소련으로 돌아간다는 것은 다시 수용소에 들어간다는 의미라는 것을 그들은 알고 있었다. 그러나 포츠담회담 결정에 따라 포로들은 각자 고향으로 돌아가야만 했다.

요제프는 어려움에 처한 사람은 마땅히 도움을 받아야 한다고 믿었고 그것을 실행하는 데도 망설임이 없었다. 전쟁이 끝나고 전범 재판이

연이어 열리자, 요제프도 증인으로 나서야 하는 경우가 많았다. 그런데 요제프는 사소한 일로 나치에 부역한 사람들에 대해서는 각자의 양심의 따라 판단을 맡겨야 한다고 생각했다.

재판정에서 판사가 물었다.

"이 사람은 나치에 부역한 자입니다. 이 사람이 히틀러 사진을 보면서 기뻐하고 찬양하지 않았습니까?"

그러면 요제프는 이렇게 대답하곤 했다.

"아, 그때는 제가 잠시 한눈을 파느라 저 사람 얼굴을 제대로 보지 못했습니다."

방청석에 웃음이 터지자 판사는 난처한 기색이 역력했다. 요제프는 중대한 전쟁범죄에 대해서는 용서할 수 없다고 생각했지만, 이웃 주민들에 대해서는 동정심을 가지고 있었다. 그들에게 해가 되는 말을 하지 않으려 했고, 부역자로 처벌받지 않게 하려고 애를 썼다.

씨앗 없는 열매가 없고, 뿌리가 없는데 가지가 뻗을 리 없다. 어린 하인리히가 자라 훗날 신부가 되었을 때도, 그는 국적과 이념과 종교와 신분에 따라 사람을 달리 대하는 법을 알지 못했다. 믿는 이든 아니든, 가톨릭이든 개신교든, 고관대작이든 저자의 필부든, 자국인이든 외국인이든 그에게는 똑같이 귀하고 사랑받아 마땅한 하느님의 아들 딸이었다. 오히려 '바닥'으로 내려갈수록 사랑의 물동이가 더 커졌다.

영혼이 가장 맑을 때 보고 들은 것들이 세월 흐른다고 어디 가겠는가. 하인리히의 푸른 눈에 맺힌 아버지 요제프의 잔상이 평생에 걸쳐 떠나지 않았던 것이다. 70여 년 전, 어린 하인리히 가슴으로 아버지가 들어오셨다. 두 사람은 한 몸 속에서 오늘까지 함께 산다.

뻐꾸기 날아간다

9살이 되던 1944년 하인리히는 첫영성체를 했다. 전쟁이 곧 끝날 것이라는 말만 무성한 가운데 나치는 성당 종탑의 종까지 떼어 가 버렸다.

어느 날 하인리히는 부모와 함께 성당 앞을 지나다가 종탑에 걸려 있어야 할 종이 길가에 고물처럼 널브러져 있는 것을 보고 손을 뻗어 만져 보았다. 늘 높은 데서 우렁차게 울리던 종이 처량하게 뒹구는 모습을 보니 마음이 울적해졌다.

"드디어 히틀러가 망하려는 게야. 교회 종까지 다 떼어 가 대포를 만들려고 하는 걸 보면 이제 곧 히틀러는 망할 거라는 징조지. 암, 그렇고 말고. 그러니 조금만 더 기다려 보자."

아버지는 격앙된 목소리로 말했다. 그러나 어린 하인리히가 느끼기에 전쟁은 끝을 향해 가는 것이 아니라 더욱 사납고 무시무시해지는 것 같았다.

전쟁이 막바지에 이르면서 연합군 비행기는 더 자주 날아들었고 폭격 소리도 커져만 갔다. 연합군의 공습이 본격화되고 있었기에 한시도 마음을 놓을 수 없었다. 밤중에 자다가도 비행기 소리가 나면 아버지는 서둘러 온 가족을 지하실로 대피시켰다. 밤 10시쯤 내려가면 새벽 3시가 지나서야 방으로 다시 올라올 수 있었다. 거의 매일 그런 생활이 반복되었다. 어른들은 행여 큰일이 생길까 몹시 두려워했지만 아이들에게는 전쟁놀이 같은 재미도 있었다. 지하실에 내려가서 지내는 동안 게임도 하고 동생과 키득거리며 장난도 칠 수 있었는데, 무엇보다 아버지와 함께 라디오를 들을 수 있어서 좋았다. 라디오에서는 폭격기의 방향을 암호로 전달하고 있었다.

'마리아에서 베드로 쪽으로 뻐꾸기 날아간다.'

어쩌면 그날 폭격기는 밀텐베르크 상공을 지나 뉘른베르크로 가서 폭탄을 어마어마하게 퍼부었는지도 모른다. 전쟁 막바지에 뉘른베르크는 엄청난 공습으로 시가지의 90퍼센트가 파괴되었다. 나치의 군수품과 무기가 생산되는 본거지가 바로 뉘른베르크였기 때문에 연합군의 대대적인 폭격을 피할 수 없었다. 폭격으로 인한 사망자가 6천 명에 달했을 정도다.

하인리히네 가족이 살던 밀텐베르크역도 폭격에서 안전하지 못했다. 화물열차가 지나가는 노선이었으니 밀텐베르크역도 연합군 폭격 목표였음이 틀림없다. 폭격은 무차별로 이뤄졌다. 저공비행으로 집이나 길가에 총격을 가하기도 했다. 학교에서 돌아오던 길에 하인리히도 총격을 받은 적이 있었다. 다행히 나무 뒤로 몸을 숨겼는데 비행기가 지나간 뒤에 보니 하인리히가 몸을 피한 나무에 총탄이 수십 발이나 박혀 있었다. 부모들은 아이들을 학교를 보내지 않는 편이 낫겠다고 판단했다. 하인리히도 국민학교 1, 2학년 때는 거의 매일 학교에 갈 수 있었지만, 3학년이 되자 전체 학기의 절반 정도밖에 다니지 못했다.

그러나 폭격의 공포는 집에서도 여전했다. 비행기 소리가 들리는 순간 어머니는 아이들에게 지하실로 내려가라고 다급히 소리쳤다. 하인리히는 동생 빌리발트와 재빨리 지하실로 내려가 바닥에 엎드린 채 숨을 죽였다. 바닥에 얼굴을 대고 이 시간이 얼른 지나가길 기다리다가 빌리발트와 눈을 마주치려는 순간 "쾅!" 하는 폭발음이 들렸다. 무시무시하게 큰 소리였다. 머리 위로 뭔가 떨어진 게 분명했다. 무서워서 정신을 차릴 수 없었다. '아, 이제는 죽는구나. 죽기 전에 하느님께 용서를 빌어야 해. 그래야 천국에 갈 수 있을 거야.'

하인리히는 두 눈을 꼭 감고 생각나는 대로 용서를 청했다. 그때 어머니 목소리가 들렸다.

"하이니, 괜찮니? 눈을 떠 봐."

폭탄은 바로 옆집에 떨어졌던 것이다. 정신을 차려 보니 무너진 벽 너머에서 이웃집 여자가 큰 소리로 기도하는 모습이 보였다. 오늘은 다행히 폭격을 피했지만 언제 또 비행기가 날아들지 알 수 없었다. 어른 아이 할 것 없이 공습은 이제 일상이 되어 버렸다. 폭격을 맞아 집 한쪽이 무너져 내리거나 아예 흔적도 없이 사라져 버린 경우도 많아서 동네는 처참하기 이를 데 없었다. 공습이 끝나면 사람들은 동굴에서 빠져나오듯 하나 둘씩 밖으로 나와 상황을 살피곤 했다.

폭격으로 벽이 무너지면서 하인리히네 가족은 지하실에서 지냈다. 좁은 지하실에서 하인리히는 동생과 함께 감자 포대 위에 담요를 깔아 침대로 사용했다. 하인리히와 빌리발트는 담요를 머리끝까지 뒤집어 쓴 채 잠자리 기도를 바치곤 했다. 당시 독일의 어린이들이 잠자리에서 바치던 기도에는 이런 내용도 있었다.

"겨우 잠을 자러 가지만 폭탄은 여전히 머리 위에 떨어집니다."

1945년 4월 히틀러가 자살했다. 두어 해 전부터 요제프가 예언한 대로 나치는 망했다. 독일이 패전한 다음 마을에는 연합군이 들어왔다. 미군 숙소로 사용하기 위해 민간인의 집이 징발되었는데 하인리히네도 징발 대상이 되어 온 가족이 쫓겨나게 되었다. 처음 며칠은 길거리에서 잠을 자다가 이웃집에서 방을 빌려 주어 두 달간 그곳에 살았다. 하인리히는 화가 단단히 났다. 그래서 어느 날 2층 방에서 사과를 먹다가 때마침 지나가던 미군 탱크에 던져 버렸다. 어머니는 혼비백산하여 하인리히를 타일렀다. 그것은 나쁜 행동이며 자칫하다가는 온 식구가 잡혀갈 수도 있다며 눈물을 글썽이기까지 했다. 독일군이든 미군이든 어린 하인리히에게는 두렵고 원망스러운 대상이었을 뿐이다.

전쟁이 끝난 건 기뻤지만 패전국 독일의 사정은 전시에 비해 나아진 것이 없었다. 라디오에서는 연일 전범 재판 뉴스가 흘러나왔고, 너나 할 것 없이 식량 걱정에 여념이 없었다. 먹을 것이 없기는 어느 집이나 마찬가지였다. 어머니는 옷가지를 챙겨 농가 아낙들에게 건네주고 빵이나 다른 먹을거리를 얻어 왔다. 먹을 것이 떨어진 날이면 검게 탄 빵이라도 얻어 볼 요량으로 어머니는 빵집 문을 두드리곤 했다.

하인리히도 동생과 함께 먹을 것을 구해 보려고 멀리까지 가 보았지만 아무도 꼬마들을 거들떠보려 하지 않았다. 빵 대신 바꿔 갈 물건을 가져오지 않은 아이들에게는 관심조차 없었다. 형제는 종일 아무것도 먹지 못한 채 남의 과수원 체리 나무에 올라가 체리를 따 먹으면서 배를 채워야 했다.

그나마 다행스럽게도 관사 주변에 넓은 텃밭이 있어 하인리히네 가족에게 큰 보탬이 되었다. 텃밭에 콩, 토마토, 당근, 샐러리 같은 채소를 심었다. 닭도 키웠는데 매일 아침 닭이 알을 낳았는지 살펴보고 계란을 꺼내 오는 일이 맏아들 하인리히의 임무였다. 텃밭 한쪽에 토끼장을 만들어서 토끼를 60마리나 키우기도 했다. 토끼 고기는 매우 중요한 양식거리였다. 토끼 고기 파이를 만드는 날이면 아이들은 한껏 기대에 부풀었다. 그런데 토끼 고기 파이를 먹으려면 토끼를 잘 키워야 했고, 그러려면 아이들은 토끼에게 먹일 풀을 마련해야 했다. 하인리히는 동생들과 함께 풀을 말려서 잘게 써는 일을 맡았다. 무척 힘이

들었지만 조금도 내색하지 않았다. 힘들수록 그저 묵묵히 일하는 것이 가장 좋은 방법이라는 것을 부모님의 모습을 통해 배워 알고 있었다.

김나지움

전쟁이 끝난 이듬해 11살이 된 하인리히는 김나지움에 입학했다. 부모는 아들이 김나지움으로 간다는 게 썩 내키지 않았다. 차라리 실업학교를 졸업하고 일찍 사회생활을 시작하는 편이 더 낫다는 생각이었다. 대부분의 독일 부모들처럼 하인리히의 부모도 굳이 대학 교육이 필요한지에 대해 의문을 가지고 있었다. 독일은 교육 체계상 국민학교를 마치면서 곧바로 실업교육과 인문교육으로 나뉘는데, 실업교육을 선택하게 되면 사회로 일찍 나갈 수 있는 이점이 있었다. 좋은 기술을 배워서 취직을 하면 당장 돈을 벌 수도 있으니 당시 형편상 부모들은 그 편을 선호했다. 김나지움으로 간다는 말은 공부를 더 해서 대학까지 가겠다는 말이다. 돈벌이에서 점점 멀어진다는 뜻이기도 했다. 하인리히의 부모도 맏아들이 빨리 취직을 해서 집안을 돕기를 바라는 마음이 컸을 것이다.

그러나 본당신부는 하인리히의 재능을 알아보았다. 하인리히는 본당신부의 적극적인 격려에 힘입어 김나지움에 진학하기로 결심했다. 다행히 아버지와 어머니 두 분 모두 반대하지 않았다. 신부는 시험 날짜를 상세히 일러 주고 입학 지원서를 쓸 때도 도움을 주었다. 결심은 했지만 사실 그 당시 김나지움에 입학하는 것은 쉬운 일이 아니었다. 다른 과목도 우수해야 하지만 라틴어 시험을 통과하는 것이 중요했다.

한 학급 90명 가운데 절반 정도만 라틴어 시험을 통과할 수 있었다.

아버지가 공부하던 라틴어 책을 물려받아 공부하는 아이들도 있었지만 하인리히는 그러지 못했다. 아버지 요제프는 국민학교를 졸업하고 혼자 힘으로 기술학교를 다녔다. 하인리히로서는 선생님이 칠판에 적어 준 것을 열심히 외우는 것 말고는 달리 방법이 없었다.

김나지움 입학 시험을 치르는 날 아침이었다. 하인리히는 집안 식구 누구에게도 시험 날이라고 말하지 않았다. 밭일을 나가려 서두르던 요제프가 하인리히를 불렀다.

"하이니, 오늘 학교 수업 마치는 대로 밭에 와서 일을 좀 도와다오. 할 일이 많구나. 풀도 뽑아야 하고, 모종도 옮겨 심어야 하고 …."

"네, 그럴게요. 그런데 오늘은 3시 넘어서야 돌아올 수 있어요."

"그래? 평소보다 늦는구나. 할 수 없지. 그래도 도착하는 대로 밭으로 와서 일을 거들어야 한다."

시험은 오전에 끝나지만 결과가 3시에 발표된다고 했으니 그때까지 학교에서 기다리다가 결과를 보고 돌아올 생각이었다.

이윽고 3시가 되어 교장 선생님이 합격자 명단을 발표했다. 물론 하인리히의 이름도 들어 있었다. 어떤 아이는 이름이 불리지 않자 주저앉아 울음을 터뜨렸다. 시험에 떨어진 아이들은 국민학교로 돌아가서 다음 시험 때까지 다시 공부해야 한다. 낙방하여 울고 있는 아이를 안아 달래 주는 어머니를 보면서 하인리히는 집에 있을 어머니를 떠올렸다. '합격했다고 하면 어머니가 기뻐하실까?'

설레는 마음을 안고 집으로 달려와 합격 소식을 전했는데, 어머니는 기뻐하는 기색도 없이 이렇게 말할 뿐이었다.

"하이니, 아버지가 밭에서 기다리고 계신단다. 어서 가서 도와드리렴."

"네, 걱정 마세요. 지금부터 가서 열심히 도와드릴게요."

문을 닫고 뛰어가는 아들의 뒷모습을 보면서 베티는 마음이 무거워졌다. 등록금 걱정이 앞서 축하한다는 말도 해 주지 못했다. 성실한 아들이 공부를 하고 싶어 한다는 사실은 기특한 일이지만, 뒷바라지를 제대로 해 줄 수 있을지 걱정이 컸다. 전쟁을 겪느라 곤궁해진 살림살이가 언제나 피게 될지 가늠할 수 없었다.

하인리히는 늘 한결같이 힘든 내색 한 번 하지 않고 다섯 남매를 키우는 부모님의 모습을 생각했다. 밭에 도착하니 요제프는 모종을 옮겨 심느라 여념이 없었다. 하인리히는 오후 내내 밭일을 거들면서도 시험에 대해서는 한마디도 하지 않다가, 3주가 지나서야 아버지에게 김나지움 합격 소식을 전했다. 반응이 없기는 요제프도 마찬가지였다. 역시나 합격 소식이 기쁘기보다는 학비 걱정이 앞섰기 때문이다.

패전의 고통은 모든 국민이 나눠 짊어져야 했다. 전후 독일의 경제 상황은 비참했고 온 국민이 배를 주리고 있었다. 그날그날 끼닛거리가 걱정이던 주부들에게는 빵 한 덩이만 있어도 며칠은 마음 든든하던 시절이었다. 빵을 구하지 못하는 날은 식구들마다 삶은 감자 다섯 알로 하루를 버텨야 할 때도 있었다. 그 와중에도 베티는 하인리히가 가톨릭 학생 캠프를 떠나게 되자, 배급으로 받은 500그램짜리 빵 한 덩이를 그대로 싸 주었다. 캠프에서 그 빵을 먹으려니 하인리히는 마음이 편치 않았다. 온 식구가 식탁에 둘러앉아 나눠 먹는 게 더 맛있을 것 같았다. 빵을 남겨서 집에 다시 가져오자 동생들보다 어머니가 더 기뻐했다. 먹을 것이 귀한 만큼 생필품이나 그 밖의 물자도 죄다 귀했다.

김나지움에 들어가면서부터 하인리히는 스스로 학용품을 구해야 했다. 공책을 구하는 일이 급선무였다. 라틴어를 공부하려면 공책이 꼭 필요했다. 선생님이 수업 시간에 칠판에 적어 주는 것을 베껴 쓰지 않으면 공부를 할 수가 없었다. 집에다 이야기해 봐야 뾰족한 수가 없을 테니 혼자 힘으로 구해 보기로 했다. 수업을 마치고 친구와 시내 곳곳으로 폐지를 모으러 다녔다. 폐지를 모아 도매상에 가져다주면 무게를 달아서 그 값만큼 새 공책으로 바꿔 준다는 소문을 들었던 것이다. 학교에서는 라틴어, 그리스어, 히브리어, 영어, 프랑스어 같은 여러 언어와 수학을 공부해야 했는데, 하인리히는 특히 언어 공부가 재미있었다.

1948년이 지나면서 독일 경제는 조금씩 허리를 펴기 시작했다. 하인리히가 김나지움을 졸업할 즈음 집안 형편도 나아졌다. 하인리히가 대학 입학 자격시험인 아비투어를 치른 1954년 온 가족은 밀텐베르크에서 조금 떨어진 도시 아샤펜부르크로 이사했다. 아버지는 봉급도 올려 받게 되었다. 지난날 나치당을 탈당하면서 받은 불이익을 전쟁이 끝나면서 다시 보상받게 된 것이다. 직급도 예전처럼 올라가고 살림살이는 다시 풍족해졌다. 아샤펜부르크는 오래된 도시로 규모가 큰 도회지였다. 전차와 버스도 다니고 거리에는 물건이 가득한 상점이 즐비했다. 양손 가득 짐을 들고 먼 길을 걸어가야 하는 수고는 이제 하지 않아도 되었다. 더구나 도시 생활은 모든 면에서 활기를 불어넣어 주었다. 어머니 베티는 다시 대도시에서 살게 된 것을 무척 기뻐했고, 세 딸도 당연히 도회지 생활을 반겼다. 전쟁의 그림자는 이제 말끔히 가신 것 같았다.

율리우스 되프너 주교

하인리히가 아직 김나지움 졸업반이던 무렵이었다. 하인리히의 본당이 속한 뷔르츠부르크의 교구장인 율리우스 되프너 주교가 학교를 방문했다. 율리우스 되프너 주교는 35세에 주교품을 받아 독일 교회 역사상 가장 젊은 주교로 알려져 있었을 뿐 아니라 부드러운 성품으로 교구 신자들에게 사랑과 존경을 받는 분이었다. 이제 막 마흔이 된 젊은 주교에게 김나지움의 어린 학생들은 호감과 존경심을 가지고 있었다. 늘 엄격하고 전통적인 방식으로 신자들을 대하는 나이 든 주교만 봐 온 학생들은 젊은 주교를 통해서 뭔가 새로운 변화를 감지할 수 있었다. 되프너 주교는 오전에 교실마다 다니며 학생들과 인사를 나누면서 이렇게 말했다.

"여러분, 나는 오늘 오후 2시부터 6시까지 여러분을 기다리고 있을 겁니다. 여러분 가운데 나중에 사제가 되고 싶은 사람이 있다면 저와 이야기를 나눠 보면 좋겠습니다. 다른 궁금한 질문도 주저하지 말고 와서 하세요. 방문은 활짝 열려 있습니다."

하인리히도 이 젊은 주교가 마음에 들었다. 겸손하고 소박한 태도와 부드러운 눈빛으로 학생들을 대하는 주교에게서 권위 따위는 찾아볼 수 없었다. 특히 운동을 잘해서 더욱 좋았다. 그날 주교는 점심시간에 교사들과 함께 배구 시합을 했는데 실력이 대단했다. 하인리히도 평소 운동이라면 종목을 가리지 않고 좋아하던 터라 운동을 잘하는 젊은 주교가 어쩐지 더 친근하게 느껴졌다. 아직 사제가 되고 싶다거나 하는 마음은 없었지만, 거리가 느껴지지 않는 주교와 꼭 한 번 대화를 나눠 보고 싶었다. 하인리히는 오후에 주교의 방으로 찾아갔다.

"오, 하인리히 로틀러 군, 혹시 신부가 될 생각은 없는가?"
"아직은 잘 모르겠습니다만 …."
"서두를 것 없네. 천천히 생각해 보게. 정말 마음속에서 하느님의 소리가 들리면 그때 대답해도 늦지 않아."

만약 사제가 된다면 교구신부가 되지 않을까 하는 생각을 해 본 적은 있다. 고향에서 교구신부로 살면 부모님과 식구들 가까이서 지낼 수 있으니 그것도 좋은 방법 같았다. 부모님이 열심히 성당 활동을 하는 모습을 보면서 자랐기에 자신의 삶을 교회와 떼어 놓고 생각해 본 적은 없었다. 사실 하인리히도 열네 살 무렵부터 교회에서 청소년 활동에 참여하고 있었다. 자기보다 어린 아이들을 지도하는 일이었다. 함께 교리를 공부하면서 재미있는 이야기를 들려주고 게임을 이끌기도 했다. 주일미사가 끝나면 아이들을 모아 한 시간 반 정도 함께하곤 했는데, 이 모임에서 하인리히는 리더로서의 면모를 유감없이 발휘했다. 그의 팀은 언제나 가장 생기발랄했으며, 아이들은 자유로운 방식으로 팀을 이끄는 하인리히를 잘 따랐다.

비록 길지 않은 대화였지만 하인리히는 되프너 주교에게 깊은 감화를 받았다. 나중에 만약 신부가 된다면 닮고 싶은 사람이라는 생각이 들었다. 주교라는 지위가 아니라 말과 행동으로 하느님의 말씀을 실천하고 증거하는 분이었던 것이다.

얼마 후 되프너 주교는 뷔르츠부르크 교구를 떠나 베를린 교구의 주교를 거쳐 뮌헨 주교로 부임해 갔다. 그 후 추기경이 되었다. 제2차 바티칸 공의회에서 주요 직책을 맡아 일했으며 독일 주교회의 의장을 지내기도 했으나 1976년 62세의 나이에 심장마비로 선종했다. 하인리히는 훗날 한국에서 출판사 일로 독일에 갔다가 뮌헨에서 되프너 추기경을 만나기도 했는데, 어린 하인리히의 가슴에 품었던 존경의 마음은 그때도 변함이 없었다.

뷔르츠부르크 대학

김나지움을 마치고 아비투어를 통과했으니 이제는 대학에 입학할 차례였다. 성적이 우수한 하인리히가 대학에 가서 공부를 계속하리란 것을 의심하는 사람은 없었다. 그런데 정작 부모는 아무 말이 없었다.

"아버지, 대학에 가서 공부하고 싶습니다."

이번에는 아버지에게 바로 말씀드렸다. 입학금을 마련하려면 아버지의 도움이 필요했다. 사회민주당이 집권한 1960년 말에야 대학 무상교육이 시행되었으니 1950년대 중반에 대학에 입학하게 된 하인리히는 등록금 마련에 고심해야 했다. 고민 끝에 요제프가 입을 열었다.

"지금 우리 집 형편상 너를 대학에 보낼 만한 여유가 없구나. 입학금은 마련할 수 있을 것 같은데 그다음은 또다시 생각해 보자."

요제프는 200마르크를 아들 손에 쥐어 주었다. 당시 입학금이 185마르크였다. 하인리히는 뷔르츠부르크로 나가 살면서 아르바이트를 시작해 생활비를 벌었다. 아이들에게 공부를 가르치기도 했고, 일반 회사 사무실에서 잔심부름을 하면서 돈을 벌었다. 다행히 그 돈으로 혼자 지낼 만한 방도 구할 수 있었다.

1954년 하인리히는 뷔르츠부르크 대학교 신학과에 입학했다. 첫 학기 시작과 동시에 가톨릭 청년 연합회 활동도 본격적으로 시작했다. 청년회는 교구 중심으로 연합회가 조직되어 있었는데, 선거를 통해서 하인리히는 교구 연합회 회장으로 선출되었다. 연합회 대표가 된 하인리히는 지역마다 다니면서 각 본당 복사단과 청소년 교리교육 등 각종 모임을 지도하고 관리하는 일을 맡았다. 교구 청소년을 위한 활동에는 연례 페스티벌과 각종 캠프를 개최하는 일도 포함되어 있었다. 하인리히는 교구 청소년들을 이끌고 자전거 하이킹을 떠나거나 알프스 산악지대에 가서 캠핑을 하는 등 다양한 프로그램을 진행했다.

교구에서는 이 대학생 청년 간부에게 250cc BMW 오토바이를 지급해 주었다. 여러 지역을 다니면서 일을 하기에 정말 요긴한 것이었다. 강력한 엔진에 멋진 스타일의 BMW 오토바이는 하인리히를 한껏 매료시켰다. 같이 일하는 친구와 오토바이를 타고 아우토반을 달려 350킬로미터나 떨어진 뮌헨까지도 거뜬히 달려갔다. 두 시간 남짓 달려가서 뮌헨 대학의 강의를 듣곤 했다. 당시 신학자 로마노 과르디니의 강의를 들을 수 있는 것은 큰 행운이었다.

로마노 과르디니 교수의 강의실에 들어서는 순간 하인리히는 입이 딱 벌어졌다. 뮌헨 대학의 아우디토리움 막시뭄, 수백 명이 들어가는 대강의실이 꽉 차 있었다. 그의 강의는 젊은이들의 정신을 크게 감화시켰다. 뷔르츠부르크 대학 강의도 꽤 진취적이고 열린 것이었지만 로마노 과르디니의 강의를 듣고 있노라면 새로운 시대의 공기를 들이마시는 것 같았다. 뷔르츠부르크의 새내기 하인리히가 뮌헨 대학 강의실에서 들은 과르디니 교수의 강의는 그 후로도 오래 뇌리에서 지워지지 않았다. 그 부드러운 카리스마와 묵직하게 다가오는 학덕에 하인리히는 전율했다.

그로부터 수십 년이 지난 1976년, 로마노 과르디니의 작은 책 한 권이 분도출판사에서 출간되었다. 훗날 주교가 된 장익 신부가 번역한 『거룩한 표징』이 바로 그것이다. 뮌헨에서 과르디니의 강의를 듣고 가슴 뛰었던 젊은 하인리히가, 20여 년이 흘러 성 베네딕도회 왜관수도원의 출판사 책임 신부로서 과르디니의 책을 한국어로 펴낼 때, 그는 자신이 젊은 날 경험한 기쁨과 감동을 한국의 젊은 독자들과도 나눌 수 있게 되어 무엇보다 기뻤다. 이 책은 쇄를 거듭하여 한 세대를 훌쩍 넘긴 지금까지도 많은 사랑을 받고 있다. 이런 소식을 들을 때마다 하인리히 세바스티안 로틀러 신부는 자신이 '참 좋은 몫을 택했구나' 싶어 혼자 웃음 짓곤 했다.

대학 신입생으로 한창 바쁘게 지내던 하인리히에게 선택의 순간이 다가왔다. 계기는 빌리기스 예거 신부를 통해서 마련되었다. 빌리기스 신부는 교구 청년회 활동을 지도하고 미사를 집전해 주는 성 베네딕도회 뮌스터슈바르작 수도원 소속 사제였는데, 하인리히는 그와 함께 다니면서 많은 대화를 나눌 수 있었다. 그 당시 하인리히는 교구사제의 길을 가는 것에 대해 진지하게 생각하고 있던 참이었다. 어느 날 빌리기스 신부가 물었다.

"하인리히, 우리 수도회에 입회해 보면 어떻겠나? 사제직을 생각한다면 수도원에 들어오는 것도 좋지 않을까?"

"저는 수도자의 삶이 아직까지는 와 닿지 않습니다."

"베네딕도 수도회에 들어온다고 해서 반드시 기도만 하며 살아가는 건 아니라네. 선교사가 되는 길도 있으니까 말이야."

"선교사요? 수도원에서 선교사가 될 수도 있다는 말씀인가요?"

선교사라는 말을 듣는 순간 하인리히의 두 눈이 반짝였다. 교구신부가 될 생각을 하고 있었지만 먼 나라에 가서 복음을 전하는 선교사가 되고 싶은 마음도 있었다. 사제가 되는 길은 여러 가지겠지만 수도회에 입회하여 선교사가 될 수 있다면 더 바랄 나위 없을 것 같았다. 새로운 세상에 대한 도전이자 이웃 사랑을 실천할 수 있는 길이기도 했다.

"그럼, 물론이지. 아프리카든 어디든 하느님 말씀을 전하러 갈 수 있다네."

빌리기스 신부의 말은 하인리히의 마음을 흔들기에 충분했다. 그날 이후 하인리히는 깊은 고민에 빠졌다.

'사제로 살면서 선교 활동을 한다 …. 아직 하느님을 모르는 이들에게 복음을 전하는 삶이란 어떤 것일까 ….'

하인리히는 기숙사에서 제일 늦게 방의 불을 끄면서 자신의 앞날을 위해 기도드렸다. 하지만 결정을 내리는 데 그리 오랜 시간이 걸리지는 않았다. 물론 그때까지만 해도 자신이 선교사로서 평생을 바칠 땅이 극동의 작은 분단국일 줄은 꿈에도 몰랐다. 모든 것이 봄날의 아지랑이처럼 아스라했다.

그 무렵 하인리히는 되프너 주교를 다시 만날 기회가 있었다. 수도원에 입회하여 선교사가 되기로 이미 마음을 굳힌 상태였다. 하인리히는 결심한 바를 되프너 주교에게 고백했다.

"주교님, 베네딕도회에 입회해서 선교사로 활동하고 싶습니다. 멀리 다른 나라로 가서 하느님 말씀을 전하고 싶어요."

"그거 잘되었네, 로틀러 군. 그곳에 가서 좋은 일을 하게나."

되프너 주교는 하인리히의 손을 잡아 주면서 격려했다. 다른 사람들은 대부분 그냥 교구에 남아 고향 신자들을 돌보면서 사제의 길을 갈 것을 권했지만, 되프너 주교는 조금의 망설임도 없이 선교사를 꿈꾸는 이 젊은이의 어깨를 두드려 주었다.

1955년 하인리히는 뷔르츠부르크 교구의 성 베네딕도회 뮌스터슈바르작 수도원에 입회하여 세바스티안이라는 수도명을 받고 수련생활을 시작했다. 수련기를 함께 보내게 된 동료들끼리 각자의 입회 동기에 대해 이야기를 주고받는 자리를 가지게 되었을 때 다른 수련자들이 세바스티안에게도 지원하게 된 이유를 물었다. 세바스티안은 가슴에 품고 있던 꿈을 주저 없이 털어놓았다.
"선교사가 되어 먼 나라에 복음을 전파하고 싶습니다."

전후 독일은 새로운 사회로 거듭나야 했다. 젊은이들은 조국에 강한 변화를 요구하고 있었고 자신들이 그 변화의 주체가 되고자 적극적으로 움직였다. 교회 내 젊은이들 중에는 그러한 실천의 일환으로 아시아와 아프리카 그리고 중남미 등으로 진출을 서두르는 이가 많았다. 교회 안팎으로 새롭게 불어오는 공의회 정신도 젊은이들에게 새로운 기운을 한껏 불어넣어 주었다. 어디에서든 하느님 말씀을 전파하는 일을 하면서 보람 있는 삶에 자신을 던지고 싶은 열망이 피어났다. 사제로서 선교지에 나가 변화된 교회 정신을 온몸으로 실천하며 살고자 하는 기대와 희망이 세바스티안의 가슴속에서도 꿈틀대고 있었다.

그때 람베르트라는 수련자가 그에게 말했다.
"그렇다면 번지수가 틀렸네요. 여기는 수도원이지 선교사를 양성

하는 곳이 아니지 않습니까?"

세바스티안이 되물었다.

"아, 그래요? 수련장 신부님께 다시 여쭈어 봐야겠습니다. 저는 입회하기 전에 그렇게 듣지 않았거든요. 수도서원을 하고도 선교사로 활동하는 길이 열려 있다던데⋯."

당시 수련장은 슈테판 아논 신부였다. 수련자 둘이 자신을 찾아오자 수련장은 몹시 궁금한 얼굴이 되었다. 람베르트가 먼저 입을 열었다.

"세바스티안은 수도원에 들어온 이유가 수도자가 아니라 선교사가 되기 위해서라고 합니다. 그래서 확실히 여쭤 보려고 왔습니다."

수련장이 세바스티안을 바라보며 물었다.

"람베르트 형제의 말 그대로인가?"

세바스티안이 단호한 목소리로 대답했다.

"그렇습니다. 수도원 안에서만 살아야 한다면 저는 다른 결정을 내렸을 겁니다. 기도만 하는 수도자의 삶은 생각해 보지 않았습니다."

조용히 듣고 있던 수련장이 고개를 끄덕이더니 이번에는 람베르트에게 물었다.

"그럼 자네는 왜 우리 수도원에 입회하였는가?"

"저는 수도자가 되기 위해서 이곳에 왔습니다. 선교사가 아니라 수도자 말입니다."

람베르트 역시 힘주어 대답했다.

"그렇다면 둘 다 집으로 돌아가야 할 것 같네. 여기 들어온 사람은 수도자이면서 또한 선교사로서 복음을 전파하는 일도 해야 하기 때문이라네. 어느 한쪽만을 원한다면 다시 생각해 보는 것이 좋겠네."

그는 두 젊은이가 더는 혼란스러워하지 않도록 설명을 덧붙였다.

"베네딕도회는 기도를 중심으로 수도생활을 하는 수도회라네. 그러나 우리 수도원은 중세 베네딕도회의 전통을 따라 선교 역시 중요한 활동으로 여기고 있네. 이미 오래전부터 아프리카와 남아메리카, 아시아로 진출한 것만 봐도 알 수 있는 사실이지. 그러니 우리 베네딕도회의 수도생활에는 수도자의 마음과 선교사의 마음이 둘 다 필요하다네. 둘 중 어느 하나라도 없다면 이런 지향을 가진 베네딕도회원으로 살기 어렵지 않겠는가?"

수련장은 중세의 베네딕도회 선교사 안스카리우스 성인의 말대로 베네딕도회가 "안으로는 수도자, 밖으로는 선교사"라는 정신을 따르는 수도회임을 알려 준 것이다. 물론 두 수련자 중 어느 쪽도 수도원을 떠나는 일은 일어나지 않았다. 세바스티안은 수도생활에 대한 각오를 새롭게 하면서도 선교사가 될 수 있다는 확답을 받은 것 같아 내심 기뻤다. 애초 수도생활에만 정진하고자 지원했던 람베르트는 사제서품을 받은 뒤 탄자니아 페라미호 수도원의 아빠스가 되어 선교사의 삶도 충실하고 복되게 누리는 베네딕도회 사제로 살았다. 그가 바로 람베르트 되르 아빠스다.

어머니의 눈물

"하이니, 굳이 네가 신부가 되겠다면 말리지는 않겠다. 하지만 선교사 말고 교구신부가 되면 좋겠구나. 그러면 우리가 오랫동안 헤어져 있을 일은 없지 않겠니? 다시 생각해 보아라."

하인리히가 수도원 입회를 결정하자 집에서는 가족회의가 열렸다.

아샤펜부르크로 옮긴 집은 이전보다 한결 널찍했고 형편도 여유가 생겼다. 요제프는 전과 다름없이 성실히 일했고 하인리히의 동생들도 각자 학교 생활에 열심이었다. 독일 경제가 점차 살아나면서 전반적인 사회 분위기도 밝아졌다. 만족과 기쁨이 충만한 나날이었다. 그런데 맏아들이 별안간 사제가 되어 먼 곳으로 떠나겠다고 선언한 것이다.

그 지겹던 전쟁도 지나갔고, 전후의 말 못 할 고생도 이제 겨우 끝이 보이나 싶었는데, 난데없이 아들은 안 겪어도 좋을 그리움을 어머니 가슴속에 심어 놓고 먼 길 떠나려 한다. 신부가 되지 말라는 것도 아니질 않은가. 그동안 고생만 한 우리 식구, 이제 살림도 좀 폈는데 가까이서 자주 얼굴 보고 정 나누며 오순도순 살면 얼마나 좋으랴. 주일마다 아들이 집전하는 미사에 참석해서, '주님, 저 아이를 제게 허락하셨으니 다시 주님의 아들로 돌려드립니다', 그렇게 기도하고 싶은데, 그 모습이 하느님 보시기에도 좋을 텐데, 어미 가슴 뻥 뚫어 놓고 하필이면 보이지 않고 들리지 않는 곳에 가서 '숭고한 뜻' 펼치는 걸 하느님이 더 기꺼워하실 이유가 도대체 뭐란 말인가. 그 '보이지 않고 들리지 않는 곳'이 얼마나 먼 곳인지, 그 땅이 어디에 붙었는지, 한 번 가면 죽기 전에 몇 번이나 보게 될지, 베티에게는 모든 것이 그저 한겨울 호수 바닥만큼이나 어둡고 가늠하기 어려웠다. 아, 그냥, 가지 말지 ···.

베티는 간절한 눈빛으로 아들을 쳐다보았다. 하인리히는 어머니의 얼굴을 마주 보기가 힘들었지만 어머니 뜻을 따르겠다고 대답할 수는 없었다. 사제의 길을 걷겠다는 맏아들을 베티도 굳이 말릴 생각은 없었지만 먼 나라로 간다는 사실만은 받아들이기 어려웠다. 아버지는 아들의 고집을 꺾을 수 없다는 사실을 확인했는지 별말이 없었다. 다만 아내에게 이렇게 말했을 뿐이다.

"하이니도 이제 자랄 만큼 자랐소. 부모의 동의 없이 뭐든지 할 수 있는 나이 아니오? 본인이 원한다면 허락해야 하지 않겠소?"

어머니는 그날 이후 자주 눈물을 지으면서도 더 이상 강요하지는 않았다. 하지만 여섯 명의 고모는 가만히 있지 않았다. 형제가 많은 아버지 집안에는 딸이 여섯이나 되었는데 그 고모들 모두가 맹렬히 반대하고 나섰다. (동서양을 막론하고 집안의 고모나 이모들은 대개 이런 역할을 담당한다.)

"하이니, 네가 신부가 되면 누가 우리 로틀러 집안의 대를 잇겠니? 신부 될 생각일랑 말고 그냥 열심히 공부하고 의사가 되어서 결혼하는 거야. 예쁜 아가씨 만나서 결혼하고 아이도 많이 낳아서 우리 로틀러 가문을 이어 가면 좋지 않겠니?"

특히 뮌헨에 살고 있는 고모는 아예 뮌헨으로 대학을 옮기라고까지 했다. 하인리히는 대를 잇는다는 것이 무슨 의미가 있는지 도무지 이해할 수 없었다. '출가외인'들이 로틀러 가문의 '종족 보존'에 왜 그리도 집착하는지 알다가도 모를 일이었다. 그러면서도 자신의 결정을 이해하지 못하는 고모들을 설득해야 했다.

"동생 빌리가 있잖아요. 그 애가 결혼해서 애를 낳으면 우리 가문은 걱정 없어요." (빌리는 빌리발트의 애칭이다.)

하지만 고모들은 둘째가 아니라 맏이가 대를 이어야 한다며 주장을 굽히지 않았다. (1950년대의 독일 사회는 우리가 생각하는 것보다 훨씬 보수적이고 전통지향적이었다.)

장조카가 신부가 되는 것을 결단코 막으리라는 각오로 고모 여섯은 번갈아 가면서 집 문턱을 들락거렸고, 직접 오지 못할 경우에는 전화통에서 불이 났다. 하지만 빌리기스 신부를 만난 이후 하인리히의 가슴속에는 선교사의 삶에 대한 기대와 열망만이 가득했다. 가문의 대를 잇는 일 따위에는 사실 전혀 관심이 없었다.

하인리히 부모의 양가 모두가 독실한 가톨릭 집안이었으니 아들이 신부가 되는 것을 당연히 반길 만했지만 사정은 그렇지 못했다. 가장 큰 이유는 로틀러라는 가문의 대가 자칫 끊길지도 모른다는 걱정 때문이었다. 원래 로틀러 가문은 러시아 땅에 살던 이들이다. 오래전에 독일로 들어와서 살았는데 1700년대 들어서는 그중 상당수가 미국으로 이주했다. 더러 캐나다로 간 이들도 있다고 한다. 한데 어찌 된 연유인지 로틀러라는 성을 가진 집안이 전쟁 통에 몽땅 사라지고, 오직 하인리히네만이 이 성을 후대에 물려줄 수 있는 유일한 집안이 된 것이다.

마땅히 맏아들인 하인리히가 집안을 이어 가야 한다고 주장하던 고모들이 작은아들에게 기대를 걸 수밖에 없다고 체념할 무렵 집안은 또 다른 중대 사태에 직면해야 했다. 동생 빌리발트마저 사제가 되겠노라 선언한 것이다. 그것도 선교사라니!

어찌 보면 이상할 것도 없었다. 같은 부모에게서 나고 자란 형제는 부모의 모든 표양과 가르침을 공유했다. 하인리히가 본 아버지 요제프의 정의로운 모습을 빌리발트도 똑같이 보았고, 하인리히가 느낀 어머니 베티의 사랑을 빌리발트도 똑같이 느꼈다. 어쨌거나 고모들은 완전히 정신이 나갈 지경이었다.

"로틀러 가문은 이제 아주 이 지구상에서 사라지는구나. 이 일을 어쩌면 좋으니! 어떻게 해야 좋을지 정말 모르겠구나."

고모들은 낙심이 이만저만이 아니었다. 하지만 집안의 두 아들은 모두 가문의 대를 잇는 문제에 대해서는 그저 웃음으로 넘길 뿐이었다. 그들에게는 한 가문의 대를 잇는 것보다는 하느님 말씀을 이국 땅에 전파하는 것이 더 중요하고 가치 있는 일이었던 것이다.

하인리히와 빌리발트는 어려서부터 무척 사이가 좋았다. 세 살 터울의 형제는 서로에게 누구보다 좋은 친구였고, 멋진 대화 상대였다. 특히 동생은 형을 잘 따랐다.

빌리발트는 평소 (어머니처럼) 차분하고 겸손했지만 부정이나 불의를 보면 (아버지처럼) 참지 못하고 즉각 행동에 나서는 성격이었다. 어쨌든 형이 선교사의 길을 택한 것이 동생에게 막대한 영향을 끼쳤음은 분명한 사실이었다.

하인리히는 뮌스터슈바르작 수도원에 가서 상담해 보기를 권했다. 그런데 수도원에서 상담을 하고 돌아온 빌리발트는 베네딕도회에 입회하는 것에 회의적이었다. 빌리발트는 결국 아프리카 선교회를 택했다. 그리고 아비투어를 끝내자마자 입회하여 공부를 위해 아예 독일을 떠났다. 미국 펜실베이니아 주 프랭클린 수도원에서 수련기를 보내고 그곳 신학교에서 2년간 공부한 다음 캐나다의 대학에서 신학과 철학을 공부했다. 그리고 1965년 독일로 돌아와 형보다 몇 달 뒤에 사제서품을 받았다. 빌리발트의 선교회 본원은 고향에서 남쪽으로 좀 떨어진 곳에 있었는데, 첫 미사를 올리고 빌리발트는 바로 런던으로 떠났다. 그곳에서 두 달간 머문 다음 그해 겨울 성탄절이 되기 전에 아프리카 잠비아의 카자마 교구에 도착했다. 동생 빌리발트 로틀러 신부는 그 후 40여 년간이나 지속된 선교사의 삶을 그렇게 시작했다.

선교사를 꿈꾸며

수도생활

대학 1학년이 끝나고 스무 살 되던 해인 1955년 1월 20일 하인리히는 뮌스터슈바르작 수도원에 들어갔다. 이날은 그의 영명축일이기도 했다. 수련복과 성규를 받고 새 이름도 얻었다. 하인리히가 수도명으로 정한 성 세바스티안은 로마 시대에 순교한 군인이다. 군인과 운동선수, 궁사의 수호성인으로 알려져 있지만 전염병의 수호성인으로도 널리 공경받고 있다. 하인리히의 고향 마을 인근 성당에서는 세바스티안 성상을 자주 볼 수 있었다. 성당 맨 앞쪽에 성인의 그림이나 상이 세워져 있다면 그 지역이 중세 때 흑사병으로 곤욕을 치른 역사가 있다는 의미이기도 했다.

이제 수도자 세바스티안으로 인생의 새로운 단계를 시작하게 된 하인리히는 굳은 각오로 수련기를 시작했다. 1년간 그가 지내야 할 뮌스터슈바르작 수도원은 뷔르츠부르크에서 동쪽으로 멀지 않은 곳에 있었다. '강가의 수도원'이란 의미대로 수도원 가까이 마인 강이 흐르고 있었다. 1938년 새로이 단장한 이곳은 네 개의 종탑이 멀리서 봐도 눈에 띄는 아름다운 수도원이었다. 뮌스터슈바르작 수도원은 원래 8세기 무렵 수녀원으로 봉헌되었는데, 9세기에 베네딕도 수도원에 소속되었다. 12세기에 이르러 이 수도원은 베네딕도 수도원 개혁 운동의 중심지가 되었다. 독일 북쪽으로는 함부르크 남서 지역까지, 남쪽으로는 오스트리아 멜크 지역까지 그 영향력을 미칠 정도였다.

그러나 19세기 초에 이르러 수도원은 곤경에 처했다. 당시 독일을 이끌던 철의 재상 비스마르크는 가톨릭을 '국가 안의 국가'라고 부르며 독일 가톨릭교회에 대한 공격을 개시했다. 교회의 권한과 독립성을 제

한하는 법령을 제정하고 이에 반대하는 성직자들을 감옥에 보냈다. 바이에른 주에서도 역시 교회의 세속화 과정에서 뮌스터슈바르작 수도원이 그 운명을 같이해야 했다. 수도원은 해체되었고 말 그대로 건물도 모두 붕괴되었다. 20세기 초에 들어서면서 다행히 베네딕도회는 수도원 터를 다시 넘겨받게 되었고 수도원을 재정비하여 건물을 다시 올릴 수 있었다. 1935년 건축가 알베르트 보슬레트의 설계로 공사를 시작하여 3년 만에 네 개의 아름다운 종탑이 있는 멋진 수도원으로 재탄생했다. 그런데 수난은 또다시 시작되었다. 1941년 나치 정권은 독일의 모든 수도원을 폐쇄하거나 징발했다. 국가에 이익이 되는 수도원 사업들만 남기고 신학교와 수도원 문을 닫게 한 다음 수도자들을 내쫓았다. 뮌스터슈바르작 수도원은 1941년부터 1945년까지 군 병원으로 운영되었고 수도자 일부는 군인으로 끌려가야 했다.

역사의 격랑 속에서 그 정신과 모습을 의연히 지켜 낸 수도원에서 세바스티안은 자신이 선택한 길을 한 걸음 한 걸음 나아가기 시작했다. 수도원에 들어오기 전 독립적이고 자유롭게 생활해 오던 세바스티안에게 수도원의 꽉 짜인 시간표는 무엇보다 힘들었다. 그는 일찍 자고 일찍 일어나는 아침형 인간이 아니라 밤늦게까지 일하고 늦게 일어나는 야행성에 가까웠다. 밤늦도록 일하고 새벽녘에야 잠자리에 드는 습관은 평생을 두고 고쳐지지 않았다. 훗날 출판사 일을 할 때도 번역할 만한 책을 읽고 생각을 정리하고 트렌드를 분석하는 일은 주로 밤에 이루어졌다. 유럽과 미국 출판사 직원들의 근무 시간에 맞추어 전화를 하기에도 밤이 좋았다. 그러니 수련생활을 하면서 규칙대로 밤 9시에 잠자리에 들어 새벽 4시 20분에 일어나야 하는 일이 여간 힘들지 않았다. 일찍 일어나는 일이 좀처럼 익숙해지지 않았지만 규칙은 규칙이니 따라야 했다. 예전 하숙집 아주머니의 말이 떠올랐다.

"수도자가 될 학생이 이렇게 늦게까지 다니면 어쩌누, 쯧쯧 …. 이리 바쁘게 다니다가 어떻게 수도생활을 하려고 그러는지 …."

입회 직전까지 뷔르츠부르크 가톨릭 청년회 회장으로서 교구 청년 연합회 일을 하느라 여러 지역을 다녀야 했는데, 학교 수업과 병행하려면 밤늦게까지 다닐 수밖에 없었다. 그 일에 재미와 보람을 느끼고 있었기 때문에 활동을 소홀히 하고 싶지 않았다.

그러나 하숙집 아주머니의 걱정대로 수련기의 엄격한 규칙 생활은 쉽지 않았다. 특히 운동을 좋아하는 그로서는 수도원의 높은 담장이 갑갑하게 느껴질 때도 있었다. 여름날 수도원 밖으로 자전거를 타고 지나가는 젊은이들을 볼 때마다 자신은 자유로운 세상에서 아주 멀리 떨어져 있다는 생각마저 들었다. 하지만 반드시 넘어야 할 과정이었다. 수련생활이 어렵게 느껴질 때마다 그는 이렇게 다짐했다.

'사도 바오로는 다마스쿠스에 들어가기 전 광야에서 두 해를 지냈다. 그 시간을 견디고 나서야 그는 다음 활동을 할 수 있지 않았던가! 나에게도 그런 시간이 필요한 것이다. 지금이 그 시간이고 이곳은 사막이다. 광야다.'

수련기 동안 세바스티안은 도서관 출입이 잦았다. 뮌스터슈바르작 수도원 도서관은 규모가 상당히 컸지만 수련자들은 제한된 구역의 책만 볼 수 있었다. 수련자에게 허용되는 책은 성 베네딕도의 생애와 사상을 다루는 내용이 대부분이었는데, 선교 활동에 관심이 많았던 세바스티안은 베네딕도 성인보다 교부들의 생애와 사상에 더 관심이 갔다.

그는 교부들에 관한 책을 거의 다 읽었다. 아우구스티누스, 그레고리우스, 암브로시우스, 레오 그리고 동방교회 교부들에 대한 책을 샅샅이 탐독했다. 그가 마기스터 논문 주제로 성 보니파티우스(675?~754)를 택한 것도 어쩌면 당연한 일이었을 것이다.

교부들에 대한 젊은 세바스티안의 남다른 관심과 엄청난 독서량은 1987년 분도출판사의 대역본 '교부 문헌 총서'의 출범으로 작은 결실을 맺게 된다. 젊은 날의 독서가 이 총서의 발간을 노린 것이었다 할 수야 물론 없겠으나, 이때 쌓은 내공이 총서의 기획과 발간에 도화선이 되었을 것임은 부정할 수 없다. 자신이 읽은 책들이 자신도 몰랐던 언어로 옮겨져 낯선 이국의 신학도들에게 읽히고, 또 그들이 이 땅의 소중한 교부학자로 성장해 나가는 모습이, 노년의 세바스티안 신부에게는 무척이나 고맙고 기쁜 일이었다. 그것은 어쩌면 기적 같은 섭리였다. 그 기적의 한복판에 당시 분도출판사 사장이었던 세바스티안 신부가 버티고 서 있었던 것이다. 남들은 다 아는 공덕이지만 정작 세바스티안 자신은 이를 알지 못했고 알려고도 하지 않았다.

세바스티안은 수련기를 마친 다음 상트 오틸리엔 수도원으로 옮겨 가서 1년 동안 철학을 공부했다. 베네딕도회의 규칙상 철학은 오틸리엔 수도원에서 2년간 공부하기로 되어 있었지만 그는 이미 철학을 공부했기 때문에 1년 만에 마칠 수 있었다. 뷔르츠부르크 대학을 다니는 동안에는 수도원에 속한 베네딕도 하우스에서 살았다.

    1960년 9월 논문을 끝내고 신학 마기스터 학위 시험도 치렀다. 독일에서 교구신부가 되려면 치러야 하는 시험이었다. 선교사로 마음을 굳힌 상태였지만 신학 마기스터 자격을 갖추어 두는 것도 나쁘지 않겠다는 생각에서였다.

세바스티안이 쓴 뷔르츠부르크 대학 마기스터 논문 제목은 「윈프리드 보니파티우스: 선교사와 수도자」였다. 늘 마음에 두고 있던 주제로 논문을 쓴 것이다. 양립하기 어려워 보이는 선교사와 수도자의 삶이 어떻게 하나로 통합될 수 있는지를 보니파티우스 성인을 통해 말하고 싶었다.

영국 데본셔의 크레디톤에서 태어난 보니파티우스 성인은 어릴 적 이름이 윈프리드였다. 윈프리드는 부모의 뜻에 따라 어릴 적부터 베네딕도 수도원에서 교육을 받으며 자라났고, 뛰어난 인품과 덕행으로 모든 이의 칭송을 받게 되었다. 사제가 된 후에 수도원장으로까지 선출되었으나 그의 꿈은 수도원 안에 있지 않았다. 오직 이교도들에게 하느님 말씀을 전하고자 하는 소명에 뜻을 두었던 그는 교황 그레고리우스 2세로부터 '착한 일을 하는 자'라는 뜻의 보니파티우스라는 이름을 받고, 이교도들을 개종시키고 무지한 이들을 일깨워 교회에 순명하게 하려는 열망으로 독일로 선교 여행을 떠났다. 온갖 어려움에도 굴하지 않고 쉼 없이 복음을 전파하던 중에 특히 신목을 베어 낸 이야기는 널리 알려져 있으며 이교도들을 회심하게 만든 결정적 계기였다. 참나무를 신목으로 여기며 우상숭배를 하는 이교도들을 만났을 때 성인은 그들이 보는 앞에서 도끼로 그 나무를 베어 내면서 우상숭배가 무의미함을 깨치게 만든 것이다. 신목을 베어 내고도 천벌을 받기는커녕 베어 낸 나무로 성당을 지어 올린 보니파티우스 성인을 보고 수많은 이교도가 세례를 받고 하느님 품으로 들어오게 되었다.

성 보니파티우스의 삶을 공부하면서 세바스티안은 선교사와 수도자의 삶이 별개가 아님을 확신했다. 밤낮으로 논문에 집중한 보람이 있어, 지도교수는 그의 연구 결과에 칭찬과 격려를 아끼지 않았다.

이로써 본격적인 신학자의 길로 나서도 손색이 없을 학문적 기초를 닦았으나, 학자적 재능에 대한 주위의 칭송이나 학문적 성취가 가져다줄 명예 따위는 그에게 잠시 빛나다가 꺼져 버릴 비눗방울 같은 것이었다. 그럼에도 당시 그의 재능을 눈여겨보고 아꼈던 스승들이나 훗날 큰 학자로 자란 동학들은 두고두고 그의 문서 선교 사업에 큰 힘이 되었다. 훗날 분도출판사가 서구의 신학 사조를 발 빠르게 받아들여 탁월한 양서를 국내에 소개한 데는 우선 세바스티안 사장신부의 혜안과 식견에 빚진 바 크지만, 여기에 더하여 한스 큉이나 칼 라너, 로마노 과르디니 같은 석학과의 개인적 친분도 알게 모르게 작용했음을 아는 사람은 다 안다.

세바스티안은 보니파티우스 성인의 삶을 늘 묵상하며 되새겼다. 그가 고향에 머물지 않고 선교를 위해 먼 곳으로 떠났다는 대목이 가장 마음에 와 닿았다. 성 보니파티우스는 이교도의 개종과 교육을 사명으로 삼았다. 그러면 나는 과연 무엇을 선교의 주제로 삼을 것인가? 그는 선교사의 꿈을 좀 더 구체화시켜 나가고자 했다.

대학 졸업 이듬해인 1961년 세바스티안이 종신서원을 하자 보니파시오 포겔 총아빠스가 그에게 새로운 소임을 맡겼다.

"지금 우리 수도원 김나지움에 체육을 맡아 줄 사람이 필요해요. 좀 도와주시겠소?"

세바스티안은 공부를 계속하고 싶었지만 기꺼이 체육 교사 일을 맡았다. 땀 흘리고 몸 쓰는 일이야말로 아이들이 받아야 할 매우 본질적인 교육이라고 그는 믿었다. 밝은 햇빛과 신선한 바람 속에서 아이들과 함께 달리고 뒹굴다 보면 젊디젊은 얼굴들이 곱게 영근 복숭아처럼 달아올랐고 웃음소리가 끊이질 않았다. 그 건강한 얼굴에 거짓과 사악함의 그늘이 드리울 리 만무했다. 아이들이 신명 나게 축구를 하고 있는데 느닷없이 청년 예수가 나타난다면 축구를 접고 교리 공부를 하자고 할 것인가? 천만에, "얘들아, 나도 끼워 줘" 하고는 아이들과 어우러져 한바탕 멋들어진 축구판을 벌일 것이 뻔했다. 예수가 아이들과 손바닥을 마주치며 화려한 골 세리머니를 하는 장면은 상상만으로도 유쾌하고 은혜로웠다. 남들이야 뭐라든, 세바스티안에게 체육 수업은 그런 것이었다.

수도원에 딸린 엑베르트 김나지움은 남학교였다. 처음에는 체육만 가르쳤지만 점점 할 일이 늘었다. 역사와 지리도 가르치게 되었고 얼마 지나지 않아 기숙사 부사감도 맡았다. 세바스티안은 아이들과 함께 하는 일이 아주 보람 있었다. 학생들 사이에서도 그는 가장 인기 있는 선생이었다. 아이들이 좋아하는 체육 담당이면서 아이들과 나이 차도 제일 적었다. 그는 겨우 스물여섯이었다. 하지만 아이들이 그를 좋아한 것은 근소한 나이 차나 체육 과목이라는 특성 때문만은 아니었다.

"세바스티안 선생님은 우리를 매로 가르치지 않아요. 항상 우리 의견을 물어봐 주시고 틀린 대답을 해도 야단치는 법이 없어요. 엄하게 훈계만 하는 선생님들과는 달라요."

세바스티안의 교육 방법은 여느 교사들과 달랐다. 다른 교사들은 아이들을 매로 다스리고 엄격한 훈육으로 다잡아야 한다고 생각했지만, 세바스티안은 마음으로 소통해야 한다는 믿음을 가지고 있었다. 그는 그저 좀 더 일찍 태어난 인생 선배로서 학생들을 대했다. 틀에 매이지 않은 자유로운 태도로 학생들의 인격을 존중했다. 그는 결코 '위에서 아래로 가르치려' 들지 않았다. 다만 기꺼이 무릎을 맞대어 귀 기울여 들었고, 함께 웃고 함께 울었다.

세바스티안은 저녁 시간을 아이들과 함께 지냈다. 학생들은 오전에 학교에서 수업을 하고 오후에는 기숙사로 돌아와 공부를 하거나 자유 시간을 가졌다. 기숙사 학생들이 가장 좋아하는 시간은 저녁 식사 후 30분 동안 세바스티안 선생님의 이야기를 듣는 시간이었다. 세바스티안의 이야기 솜씨는 아이들을 매료시켰다. 넓은 방에 아이들이 모이면 앞에 촛불을 켜 놓고 이야기를 시작했다.

    기숙사생이 전부 90명 정도였는데 세바스티안 선생님의 이야기 시간에 빠지는 학생은 거의 없었다. 저녁 시간은 공부를 하거나 자유로이 보낼 수 있었고 텔레비전도 있었지만, 아이들은 그 무엇보다 세바스티안 선생님의 이야기를 듣고 싶어 했다. 그때는 정말 텔레비전이 신기하게 대접받던 시대였다. 집집마다 이 새로운 문명 기기를 들여놓고 방영 프로그램을 대화 주제로 삼았다. 더구나 호기심 왕성한 아이들이 텔레비전을 좋아하는 것은 전혀 이상한 일이 아니었다. 그런 텔레비전을 얼마든지 볼 수 있는 자유 시간이었지만 학생들은 세바스티안의 이야기를 더 좋아했다.

    아이들은 귀를 쫑긋 세우고 눈을 동그랗게 뜬 채 이야기가 어떻게 전개될지 궁금해했다. 대개가 세바스티안 자신이 지어낸 스토리였는데 그다음이 어떻게 될지 항상 궁금하게 만드는 묘한 매력이 있었다.

한 번 시작한 이야기가 한 달간이나 이어지기도 했는데, 아이들의 집중력은 대단했다.

"선생님, 지난번 주인공이 타고 간 자동차 번호가 그게 아니었는데요?"

아이들은 스토리의 세밀한 부분까지 기억해 냈고 인물의 성격을 분석해 가면서 들었다. 떠들기 좋아하는 나이였지만 이야기를 듣는 도중에 잡담을 하는 친구가 있으면 조용히 하라고 서로 주의를 주기도 했다. 아이들의 이런 태도가 다른 교사들에게는 미스터리였다. '도대체 세바스티안 선생님은 어떻게 아이들이 자발적으로 모여서 조용한 태도로 이야기를 듣게 할 수 있는 것일까?'

세바스티안은 자신이 그전에 읽었던 책에서 내용을 빌려 오거나 줄거리를 조금씩 변형시켜 이야기를 들려주었다. 세바스티안의 이야기 솜씨는 어머니에게서 물려받은 것이기도 했다. 어릴 적 형제들과 함께 어머니가 들려주시는 이야기에 귀를 기울이며 즐거워했던 기억을 떠올리며 스토리를 만들어 냈다. 복음 말씀이나 교훈적인 내용을 주제로 삼은 적은 거의 없다. 모험심 가득한 아이들 이야기, 어려운 상황을 용감하게 극복하며 성장하는 청소년들 이야기였다. 미지의 세계에 대한 청소년의 모험과 호기심, 인간의 용기와 희망이 주된 내용을 이루었다. 뛰어난 이야기꾼 세바스티안 선생의 이야기는 아이들에게 일종의 보물 상자 같은 것이었다.

세바스티안의 교사 생활은 뮌스터슈바르작 수도원 엑베르트 김나지움에 이어서 상트 루드비히 수도원 부속학교로 이어졌다. 상트 루드비히 수도원 학교는 엑베르트 김나지움보다 상급생이 다니는 학교로서 역시 우수한 인재들을 모아서 교육시키는 가톨릭 교육기관이었다.

세바스티안은 아이들과 함께 자전거 하이킹을 가거나 그들을 인솔하여 알프스 산 2500미터까지 올라간 적도 있었다. 아이들은 이런 과감한 교외 활동에 매우 적극적으로 동참하며 즐거워했다.

세바스티안은 자신이 어릴 적에 성당에서 갔던 산행을 떠올리며 학생들이 가능하면 자주 자연 속에서 시간을 보내게끔 해 주었다. 학생들은 학교에서 멀리 나가 텐트를 치고 4~5일씩 캠핑하는 것을 아주 좋아했지만 학교 당국은 그렇지 못했다. 밖에 나갔다가 혹시 사고라도 나면 어쩌나 노심초사하는 학교 책임자들에게 교외 활동 허가를 받는 일은 까다로웠지만, 아이들을 생각하는 세바스티안 선생에게는 조금도 어렵지 않은 일이었다.

캠핑 프로그램은 매우 다양했다. 야영을 하며 숲 속에서 돌이나 나뭇가지 등을 주워 오게 하면서 아득한 옛날에 인류가 어떻게 채집 생활을 했는지 느껴 보게 했다. 인근 마을을 찾아가서 좋은 일을 한 가지씩 해 보는 프로그램도 있었다. 아침 8시쯤 출발하여 종일 마을에서 지내다가 저녁에 모닥불 주변에 모여 앉아 각자의 경험을 발표했다. 아이들의 경험은 다양했다. 길 가던 노인의 무거운 짐을 대신 들어 주기도 했고 농가에 들러 농사일을 몇 시간이나 거든 아이들도 있었다.

온갖 놀이를 통해서 아이들이 느끼고 직접 체험할 수 있게 하는 것이 그의 교육 방법이자 목적이었다. 아이들은 캠프 생활을 통해서 마음속 깊이 스스로 배움을 얻을 수 있었다.

이 모든 것을 가능하게 했던 가장 기본적인 조건은, 심성도 심성이지만 무엇보다 타의 추종을 불허하는 체력이었다. 그는 타고난 강골이다. 훤칠한 키와 무쇠 같은 다리, 고성능 엔진 같은 심폐 기능은 마치 선교사의 길을 가도록 맞춤형 특혜를 받은 듯했다.

세바스티안이 상트 루드비히에서 학생들을 가르치던 1962년 10월 무렵 로마에서는 제2차 바티칸 공의회가 열리고 있었다. 교회가 어떤 변화를 시작하려는지 전 세계인이 텔레비전을 통해서 직접 보고 들을 수 있었다. 학교에서나 수도원에서나 모두 공의회 정신에 대해 이야기하고 있었다. 세바스티안은 학생들에게 알맞은 방식으로 공의회 정신을 소개하고자 했다. 연극을 통해 이해시키는 방법이 좋을 것 같았다.

"자, 이번 연극은 로마에서 열리는 공의회 방식으로 만들면 좋겠어요. 우리 기숙사 운영에 대해 서로 의견을 나누는 것으로 방향을 잡읍시다."

연극은 그럴듯했다. 바티칸 광장에 들어서는 주교들의 장엄 행렬처럼 학생들이 줄지어 들어섰다. 저마다 주교관을 본 딴 모자를 둘러쓰고 복장도 비슷하게 흉내 낸 모습이었다.

"자, 다음은 파리 대주교가 입장할 순서입니다. 파리 대주교께서는 우리 기숙사의 현안 문제에 대해 한말씀해 주시겠습니다."

파리 대주교 분장을 한 학생이 근엄한 표정으로 단상에 서더니 발언을 시작했다. 학생들은 연극에 매우 진지하게 임했고 무척 재미있어 했다. 학생들의 관점에서 변화와 쇄신을 어떻게 읽어 가야 하는지 가르쳐 줄 수 있는 효과적인 놀이였다.

세바스티안은 수도원 김나지움 두 곳에서 3년간 학생들을 가르쳤다. 교사로서의 일은 매우 보람 있고 즐거운 일이었다. 아이들도 그를 잘 따랐다. 수도원에서는 세바스티안이 라틴어와 그리스어, 역사 등을 두루 가르칠 수 있으니 계속 교사로 일해 주기를 원했다. 하지만 세바스티안의 마음은 확고했다.

"그렇게 할 바에는 차라리 수도원을 나가겠습니다. 김나지움에서 교사로 일하는 것은 수도원에 들어오지 않아도 얼마든지 할 수 있는 일입니다. 제가 수도원에 들어온 것은 이미 말씀드린 것처럼 선교사가 될 수 있다는 약속 때문입니다."

아빠스는 세바스티안의 뜻이 매우 완강함을 알고 있었다.

"알겠네. 그렇다면 공부를 좀 더 하시게."

세바스티안의 다음 소임은 선교사가 되는 데 필요한 공부를 하는 것이었다. 1963년부터 뮌헨 대학교에서 학업을 이어 나갔다. 뮌헨에서는 수도원 소속 기숙사인 상트 오틸리엔 콜레그에서 지내며 학교에 다녔다. 뮌헨 대학과는 걸어서 불과 10분 거리에 있었다. 시내 동북쪽의 조용한 지역에 있는 기숙사 바로 옆에는 유명한 영국 공원이 있었다.

그 공원은 바이에른 왕의 국방 대신이었던 영국인 란포드 백작을 기념하는 곳으로 엄청난 규모를 자랑하는 대정원이었다. 울창한 나무 사이로 잘 정돈된 산책로가 있었고 군데군데 벤치도 있는, 시민들의 소중한 휴식 공간이었다. 세바스티안은 이곳에 나와서 사람들과 이야기하는 것을 좋아했다. 실제로 그는 강의실에 틀어박혀 교회법을 공부하는 것보다 거리에서 사목신학을 실천하는 일을 더 중요하게 여겼다. 이 무렵에는 물론 이론적 공부도 게을리 하지 않았지만 거리나 공원에서 사람들을 만나고 병자와 가난한 이들을 꼬박꼬박 방문하는 것으로 사목신학의 실천적 기초를 다지기도 했다.

뮌헨은 문화적으로 매우 풍요로운 도시였다. 이런 곳에서 수도원 울타리 안에만 갇혀 생활하는 것이 세바스티안은 성에 차지 않았다. 봐야 할 게 너무 많았고 알고 싶은 것도 많았다.

지도신부의 지적을 받는 일도 종종 생겨났지만 세바스티안은 개의치 않았다. 하느님 말씀에 담긴 뜻이 무엇인지 알기 위한 길은 여러 가지가 있다고 그는 믿었고, 그런 자세는 결국 큰 테두리 안에서 수용되었다. 그는 형식과 틀에만 속박당하지 않고 그 너머에 있는 길을 통해서도 하느님의 뜻을 찾을 수 있다는 믿음을 가지고 있었지만, 수도자로서의 삶의 태도와 정신만은 늘 마음의 중심에 간직하고 있었다.

뮌헨 대학 시절은 세바스티안에게 새로운 영역으로 나아가는 계기가 되어 준 중요한 시기였다. 이 시기에 영화에 대한 관심을 적극적으로 키워 나갈 수 있었던 것이다. 그가 공부한 교리 교수법에도 문학과 음악, 미술 등 각 예술 장르가 주요하게 쓰였다.

도스토옙스키의 소설이나 샤갈의 그림을 통해서, 베토벤과 모차르트, 재즈나 현대음악을 통해서 어떻게 교리를 가르칠 수 있는지 공부하는 것은 흥미로웠다. 심리학을 공부하면서 젊은 세대에 교리를 가르칠 때 활용하고자 연구하기도 했다. 그러나 가장 효과적이고 영향력 있는 교수 방법으로 세바스티안은 영화와 텔레비전을 지목했다. 그 후 영상 매체는 문자 매체와 더불어 세바스티안의 삶에서 떼려야 뗄 수 없는 동반자가 되었다.

당시 뮌헨 시내에는 세계 각국의 영화를 자유롭게 관람할 수 있는 극장이나 스튜디오가 여럿 있었다. 정부의 지원을 받아 운용되는 프로그램을 통해 시민과 학생들은 누구나 세계 각국의 필름을 무료로 관람할 수 있었다. 뿐만 아니라 유명한 감독과 배우들을 직접 만나 볼 기회도 있었다. 영화에 관심 있는 이들이 모여 심층적으로 영화를 분석하고, 영상 매체라는 것에 대해 구체적으로 알아 갈 수 있는 아주 좋은 기회였다. 이 같은 경험이 먼 훗날 한국 땅에서 쓰이게 될 줄을 그때는 결코 알지 못했지만, 영화라는 매체가 세상을 보는 새로운 창이 될 수 있다는 사실만은 분명히 알 수 있었다. 복음 말씀을 전하는 데 영화가 더없이 소중하고 효과적인 매체가 될 것이란 확신까지는 없었고, 그저 영화가 좋던 시기였다. 세바스티안은 신나게 영화를 보러 다녔고 영화학 수업에도 열심이었다.

뮌헨에서의 나날은 충만했다. 오페라와 음악 공연을 얼마든지 즐길 수 있었다. 알프스로 등산을 가고, 겨울이면 스키를 타고, 여름에는 호수에서 수영을 즐겼다. 온갖 문화와 즐길 거리가 다양한 뮌헨에서 공부하는 동안 세바스티안의 내면에는 장차 선교사 활동에 필요한 자양분이 차곡차곡 쌓여 갔다. 마침내 그는 「흑인 영가와 교리교육」이라는 제목의 논문을 제출하고 뮌헨 대학에서의 학업도 무사히 마쳤다. 분도출판사의 책임을 맡고 있던 1981년, 크리스타 딕슨의 『흑인 영가』를 열 번째 분도소책으로 발간한 것도 우연이 아니었다.

사제서품

1965년 세바스티안의 나이 서른이었다. 그는 4월 3일 뮌헨의 프란치스코 수도회의 성 안나 성당에서 사제서품을 받았다. 원래는 뮌스터슈바르작 수도원에서 받아야 했지만 수도원에서는 6월에 서품이 예정되어 있어 세바스티안에게는 시기가 적당하지 않았다. 시험 기간과 겹쳤기 때문이다. 그런 이유로 뮌헨에서 사제서품을 받게 되었고, 서품식에 참석하기 위해 아샤펜부르크에서 부모님과 친지 몇이 왔다. 그는 자신의 서품식을 조용하고 간소하게 치르고 싶었다. 평소 친하게 지내던 동료들도 알지 못할 정도였다. 아프리카에서 온 동료 수사는 그날 아침 이렇게 말하기도 했다.

"세바스티안, 날씨도 좋은데 동물원 구경이나 갈까?"

"음, 오늘은 곤란하겠는데 …. 내가 사제서품 받는 날이거든."

"에이, 농담하지 말고, 이따 9시에 정문에서 만나."

세바스티안은 그가 자신의 말을 농담으로 받아들인다는 것을 알았지만 길게 설명할 시간이 없었다. 급히 자전거 페달을 밟아 성 안나 성당으로 향했다.

그날 세바스티안은 하느님의 부르심에 분명히 응답했다.

"Ad sum"(예, 여기 있습니다).

그는 제단 바닥에 엎디었다. 자신의 인생에서 이보다 더 뚜렷하게 획이 그어지는 것을 느낀 적이 일찍이 없었으며, 새롭게 태어난다는 것의 의미를 분명히 깨달았다. 새 사제 세바스티안은 자기 앞에 펼쳐진 길을 눈을 들어 바라보았다.

"나는 내 뒤에 있는 것을 잊어버리고 앞에 있는 것을 향하여 내달리고 있습니다"(필리 3,13).

첫 미사

남독의 봄은 향기롭다. 날씨라면 단연 '부활절부터 성령강림절까지'라는 말도 있지 않은가. 햇살은 보드라웠고 훈풍은 라일락 향기를 부지런히 실어 날랐다. 갓 서른의 세바스티안, 그가 이미 봄날이었다.

5월 첫째 주 아샤펜부르크 성 요셉 성당의 종소리는 어느 때보다 드높게 울려 퍼졌다. 사람들은 이제 싱그러운 계절을 온몸으로 맞아들일 채비가 된 듯했다. 하늘은 맑고, 새들은 지저귀고, 봄바람을 맞으며 걸어가는 이들의 발걸음은 가벼웠다. 길가에 서 있는 보리수 나뭇가지 사이로 새들이 바삐 날아다니고 있었다. 성당으로 모여드는 신자들 표정은 잔칫집에 초대받은 사람들처럼 밝게 빛났다.

본당 출신의 새 사제 세바스티안 로틀러가 첫 미사를 올리는 날이었다. 신심 깊고 성실한 본당 신자 요제프와 베티의 맏아들 하인리히가 신부가 되었다. 사제를 길러 낸 일은 본당의 전 신자에게 기쁨과 자부심을 안겨 주는 일이었다. 맨 앞자리에 앉은 세바스티안 신부의 부모에게 축하 인사가 쏟아졌다. 맏아들을 하느님께 바치는 요제프와 베티는 환하게 웃고 있었다. 하지만 누군가 자세히 살펴봤다면 베티의 눈가에 깃든 슬픔을 알아차렸을지도 모를 일이다. 이제 얼마 안 있으면 아들은 아시아의 먼 나라로 떠날 것이다. 교구신부로 남아 달라고 애원도 해 보았지만 아들의 뜻은 변함없었다. 아들을 가까이 두고 싶었던 어머니의 바람은 아무런 결실을 얻지 못했다.

이날 미사는 밀텐베르크 시절의 본당 주임신부였던 라인반트 신부, 뮌스터슈바르작 수도원의 크레머 신부와 공동으로 집전했다. 동생 빌리발트는 아직 캐나다에서 돌아오지 않았기 때문에 형의 첫 미사를 보지 못했다. 새 신부 세바스티안 로틀러가 제대에 올라 진지하고 힘 있는 목소리로 첫 강론을 시작했다.

"여러분께 진심으로 감사하다는 말씀을 드리고 싶습니다. 여러분과 함께 저의 첫 미사를 봉헌할 수 있게 되어 기쁘고 영예롭습니다. 무엇보다 오늘 같은 날을 마련해 주신 주님께 감사드립니다. 제가 사제의 길을 걷도록 도와주시고 오늘도 함께해 주신 분들, 여러 선생님과 신부님들, 그리고 지난 수년간 저를 위해 기도해 주시고 때로는 보이지 않는 곳에서 희생하며 제가 오늘을 맞이하도록 해 주신 모든 분께 감사드립니다. 성 요셉 성당의 모든 신자들과 제가 한국에 갈 수 있도록 도와주신 분들께 이 미사를 바칩니다. 그리고 앞으로도 기도 중에 우리 사제들을 기억해 주시기 바랍니다. 사제도 인간일 뿐입니다. 사제는 하느님의 은총으로 그분 말씀대로 살아가게 되고, 타인을 사랑하고 섬기는 인간이 되어 갑니다."

그날 아샤펜부르크 지방신문은 세바스티안 신부의 첫 미사를 대대적으로 보도했다. 특히 세바스티안 신부가 아시아의 먼 나라 한국으로 선교하러 떠난다는 사실에 주목했다. 당시 독일에서도 한국은 전쟁의 폐허 속에서 어려움을 겪는 나라로 알려져 있었다. 독일 신문이나 방송에서 한국에 관한 뉴스가 가끔 나왔지만 토막 소식에 불과했고 심층적인 보도는 드물었다. 한국전쟁 당시 서독 정부는 남한에 의료와 일반 구호를 통해 많은 지원을 했다. 독일인들은 교회의 자선 행사에서 아시아의 가난한 나라 한국을 돕기 위해 기꺼이 가진 것을 나누었다. 그런 한국으로 선교하러 가겠다는 이 젊은 사제에게 모두가 한두 마디씩 거들었다.

"왜 하필 한국이야? 고생문이 훤하네!"

역사적으로, 독일 성 베네딕도회에게는 한국이 결코 낯선 나라가 아니었다. 1909년에 이미 선교사를 파견하여 제법 규모가 큰 아빠스좌 수도원까지 세웠다. (선교 100주년을 기념하여 2009년에 발간된 『분도통사』에는 1909년 이후의 파란만장한 사연들이 자세히 기록되어 있다.) 그러나 한국과 특별한 인연이 없거나 먼 나라 사정에 별 관심이 없는 '보통' 독일 사람들에게 1960년대의 한국은 그야말로 듣도 보도 못 한 별천지였다. 더러는 '중국의 속주'라고 아는 체를 했고, 더러는 '미국이나 일본의 식민지'라고 우기기도 했다. 어느 대륙에 붙은 나라인지도 모르는 판국에, 고유의 문자와 언어와 문화가 있는지 없는지 모르는 건 탓할 일도 아니었다. '전쟁'과 '가난'이라는 두 단어로 요약되는 이 나라는 그들에게 '미지의 나라'인 동시에 '무지의 나라'였다. 그런 나라로 '우리의' 세바스티안 신부가 떠날 참이었다.

고생길로 들어선 자신을 걱정해 주는 인사를 받으면서 세바스티안 신부는 오히려 출발선에 선 사람의 기대와 설렘으로 가득 차 있었다. 그는 한국으로 가는 선교사가 된 것이 무엇보다 기뻤다. 드디어 하느님 말씀을 전하는 소명을 받아 길을 떠나게 된 것이다. 희망과 열망의 기운이 서려 있는 곳 한국으로 이제 곧 출발할 것이다.

그는 아프리카로 갈 수도 있었다. 전통적으로 오틸리아 연합회는 아프리카 선교를 우선시하면서 많은 선교사를 파견했다. 세바스티안 신부가 한국에 파견될 당시에도 수도원에서는 한국보다는 아프리카에 좀 더 열성을 쏟고 있었던 게 사실이다. 한때는 독일의 식민지였으나 제2차 세계대전이 끝나면서 영국에 장악된 탄자니아에 수도회를 재건하는 것이 한국 선교보다 더 중요했다. 그런데도 세바스티안 신부의 마음은 한국으로 굳어졌다.

세바스티안 신부가 자신의 선교지로 한국을 택한 데는 몇 가지 이유가 있었다. 전쟁으로 폐허가 된 한국에서는 아직 많은 이가 가난에 허덕이며 살고 있었다. 그들에게로 가서 함께 있고 싶었다. 당시 골롬

반 외방 선교회의 한 선교사는 한국이 아프리카보다 가난하다는 사정을 알고 아프리카로 가려던 뜻을 접고 한국으로 왔다고 했을 정도다.

그러나 아프리카 선교에도 마음이 없지 않았던 세바스티안 신부가 한국에 대해서 구체적으로 생각하게 된 것은 무엇보다도 수련기 동안 요셉 챙글라인 신부를 만나면서부터였다. 뮌스터슈바르작 수도원의 요셉 신부는 일찍이 한국으로 파견되어 덕원수도원에 있었는데, 한국전쟁이 일어나면서 북한의 강제수용소에 억류되었다가 독일로 송환되어 수련자들에게 자신이 체험한 선교 활동에 대해 강의하고 있었다.

요셉 신부가 한국으로 파견된 때는 1937년 9월이었다. 독일이 전쟁 준비로 광기에 사로잡혀 있던 그 당시 신학생 신분이었던 요셉 신부는 슈바이클베르크, 상트 오틸리엔, 뮌스터슈바르작 수도원 출신의 다른 신학생 7명과 함께 덕원수도원으로 파견되었다. 한국에 와서 사제서품을 받고 북한의 고산본당에서 보좌신부로 시작하여 나남본당 주임으로 사목하던 중 공산군에 체포되어 5년 동안 강제수용소에 갇혀 있다가 1954년 기적적으로 생환한 역사를 가진 이였다. 요셉 신부는 수도원에서 틈만 나면 한국 이야기를 들려주었다. 강제수용소에서 고생한 이야기는 거의 하지 않았고, 본당 사목에 대해 이야기하기를 좋아했다.

"본당신부에게 가장 중요한 건 무엇일까요? 강론? 교리? 아닙니다. 그보다 훨씬 더 중요한 것은 바로 식복사와 잘 지내는 일입니다."

그의 말에 수련자들이 "와!" 하고 웃었다.

요셉 신부는 덕원교구에서 만났던 한국 사람들이 비록 척박하고 가난한 환경이었지만 얼마나 순수한 열정으로 신앙을 지키며 살아가고 있는지 말해 주었다. 그는 한국 신자들을 돌보며 지냈던 그 시절을 정녕 잊지 못하고 있는 것 같았다. 한국을 회상할 때마다 요셉 신부의 표정에는 수도원 창문으로 들어오는 햇살 같은 따사로움이 피어올랐다. 마지막 사목지였던 나남본당 시절을 특히 자주 대화에 올렸다.

"저녁마다 내 방은 아이들로 가득 찼지요. 호롱불을 켜고 옹기종기 모여 앉아 성가를 연습하고 교리를 배우고 성경을 읽었어요. 하느님 이야기에 귀를 기울이는 참으로 순수한 영혼들이었지요. 우리 본당 신자들 중에는 만주에서 온 귀향민, 옹기장이 신자들이 많았어요. 다들 가난했으니 멀겋게 끓인 흰죽을 먹고 살았지요. 그런데 그 가난한 신자들이 이 가난한 신부를 몹시 아껴 주었답니다. 어렵사리 구한 빵덩어리를 가져다주곤 했어요. 그러면 잼을 대신해서 조청을 발라 먹었지요. 신자들은 빈털터리 신부를 위해 가진 것을 나눠 주었어요. 참 즐겁고 행복했습니다. 가장 힘들었지만 가장 아름다웠던 시절이랍니다."

훗날 세바스티안 신부가 현장에서 겪어 보니 그 말은 결코 과장이 아니었다.

해방 후 북한 정권과 학교 당국은 일제히 종교를 반대하고 억압했다. 요셉 챙글라인 신부는 일거수일투족을 감시당했지만 굴하지 않고 산골 마을을 다니면서 세례를 베풀고 성체성사를 거행했다.

"그곳에서 선교사로 지내는 동안 난 정말 행복했어요. 신자들은 정말로 하느님을 찬양할 줄 아는 마음을 가진 착한 사람들이었어요. 게다가 산천은 얼마나 아름다운지 몰라요. 여러분에게 꼭 그 나라를 보여 주고 싶군요."

얼어붙은 들길, 눈이 수북이 쌓인 마을, 살을 에는 칼바람이 들어오는 방에서 밤을 지새우던 날들마저 그에게는 행복한 추억으로 남아 있는 게 분명했다. 북한 지역에서 사목한다는 것은 가히 영웅적이며 끊임없는 희생을 요구하는 삶이었다. 단순히 가난에 짓눌려야 하는 일상의 고달픔만을 이야기하는 것이 아니었다. 미사 제구나 제대포, 제의도 없었다. 그러나 한겨울에도 고무신 바람으로 밖에 서서 미사를 기다리던 신자들의 맑은 눈빛은 어떤 어려움과도 능히 맞바꿀 만한 것이었다. 공산 치하의 혹독한 수용소 시절에 겪은 극한의 고통조차 한국을 사랑하는 그의 마음을 약하게 만들지 못한 것 같았다.

한국 문화와 한국 교회에 대해 요셉 신부가 들려준 이야기들은 세바스티안이 마음을 정하는 데 결정적 역할을 했다. 요셉 신부 이야기를 듣고 보니 당장이라도 한국으로 달려가고 싶은 심정이었다. 전쟁이 끝나고 가난에 허덕이는 한국이라는 나라가 더욱 친밀하게 느껴졌다. 어린 시절 세바스티안 자신도 전쟁의 비극과 혹독한 가난을 겪은 바 있어서, 폐허에서 막 일어나려는 나라의 형편이 어떠할지 능히 짐작하고도 남았다. 세바스티안의 마음에는 한국에 가서 무엇인가 도움이 되는 일을 하고 싶다는 열망이 진작부터 자리 잡고 있었다. 더구나 지금 한국에서는 사제가 절실히 필요하다고 하지 않는가! 하루 빨리 한국으로 가야겠다고 마음을 굳혔다. 맑고 선한 눈빛의 신자들을 어서 만나러 가고 싶었다. 남들에게는 피하고 싶은 두려움의 이유가 되는 것들이 세바스티안에게는 오히려 설렘과 기쁨의 이유가 되다니, 참으로 묘한 일이었다. 첫 미사를 봉헌하는 세바스티안 신부의 마음은 이미 한국에 가 있었다.

한국에 대해 좋은 인상을 심어 준 이들이 또 있었다. 바로 한국에서 온 유학생들이었다. 그들의 모습에서 세바스티안은 한국이 어떤 나라인지 그려 볼 수 있었다. 성실하고 다감한 데다 실력까지 뛰어난 한국 유학생들을 보면서 세바스티안의 마음은 이미 한국에 흠뻑 끌리고 있었다. 세바스티안 신부의 첫 미사를 축하해 주러 온 한국인 친구들 중에는 정양모 신부도 있었다. 훗날 한국에서 평생 동안 이어진 정 신부와 세바스티안 신부의 우정은 뷔르츠부르크에서 시작되었던 것이다. 정양모 신부는 뷔르츠부르크 대학에서 박사 논문을 준비하고 있었다. 그는 아주 명민한 신학도였다. 신약학계의 세계적 석학 루돌프 슈낙켄부르크 교수에게 지도를 받았는데, 그 교수는 아무 학생이나 받지 않기로 유명했다. 그때도 석·박사 지도를 받기 위해 여러 나라에서 온 제자가 스무 명 남짓 되었는데, 아시아 학생으로는 정양모 신부가 유일했다.

정 신부는 그 후 뷔르츠부르크 대학에서 신학박사 학위를 받고 국내 굴지의 성서학자가 되었다. 세바스티안 신부와의 인연으로 그가 성서학·교부학·교회론 분야에서 쓰거나 엮거나 옮긴 연구 업적이 훗날 분도출판사에서 쏟아져 나왔다. 『200주년 신약성서 주해』의 대표적 주해자로서도 한국 성서학계에 큰 족적을 남겼다. (성서학자로서 그가 이룩한 성취는 2001년에 발간된 은퇴 기념 논총 『믿고 알고 알고 믿고』에 정리되어 있다.)

형제는 떠나고

"네 고향과 친족과 아버지의 집을 떠나, 내가 너에게 보여 줄 땅으로 가거라"(창세 12,1).

요제프와 베티에게 1965년은 무척 가혹한 해였다. 두 아들이 모두 이국 만리로 선교사로 떠나게 된 것이다.

"정말 그렇게 멀리 떠나야 하겠니? 네가 교구신부로 있어 준다면 얼마나 좋을까! 제발 지금이라도 마음을 돌려 주면 좋겠구나, 얘야."

아들의 마음을 돌리는 일이 불가능하다는 것을 알고 있었지만 어머니는 끝까지 간청했다.

그해 9월 한 달 동안에 한 주 차이로 큰아들은 멀고 먼 아시아 대륙의 한국이라는 나라로, 작은아들은 아프리카 잠비아로 떠나게 되었다.

빌리발트는 그해 6월에 독일로 돌아와 사제서품을 받고 곧장 런던으로 갔다가 아프리카로 떠났다. 성탄 전에 아프리카 잠비아의 카자마 교구에 도착할 예정이었다. 정작 집을 먼저 떠난 것은 빌리발트였다. 사제가 된 두 형제는 각각 선교지로 떠나기 전 집에서 며칠 동안 가족과 시간을 보낼 수 있었다.

"형, 우리가 이제 언제 다시 만날 수 있을까? 십 년? 아니 어렵겠지? 형이랑 내가 휴가 받는 해가 다를 수 있으니 우리가 다시 고향집에서 만날 날은 기약할 수 없겠지? 아마 죽을 때까지 못 만날지도 몰라. 형, 한국에 가서 건강하게 잘 지내요. 몸은 멀리 떨어져 있지만 하느님 안에서 함께 있다고 생각하니 마음이 든든해. 그렇지?"

빌리발트의 마음이 곧 세바스티안의 마음이었다. 형제는 서로를 말간 눈으로 쳐다보았다. 두 사람의 영혼이 빤히 들여다보였다.

동생이 떠난 다음 세바스티안 신부도 집을 떠났다. 네덜란드에서 배를 타고 런던으로 갈 예정이었다. 부모님은 네덜란드의 항구까지 기차로 아들을 배웅하기로 했다. 기차를 타고 가는 열 시간 내내 어머니는 한마디 말도 없이 흐르는 눈물을 손수건으로 닦아 낼 뿐이었다. 두

아들을 동시에 하느님 앞에 바치는 일이 기쁘지 않은 것은 아니었지만 극동의 한국, 아프리카의 잠비아라니 어쩌면 이토록 무정할 수 있단 말인가! 선교사로 나가면 본국에 휴가차 오는 일은 잘해야 5년에 한 번 정도일 것이다. 아직 어려 보이기만 하는 아들들을 선교사로 보내는 어머니의 심정이 오죽했을까.

미국에 잠시 들러

1965년 10월 세바스티안 신부는 뉴욕항에 내렸다. 그날은 토요일이었다. 입국 심사대에서 여권 심사를 받은 다음 대기실에서 기다렸다. 분명히 뉴튼 수도원에서 사람이 마중 나올 것이다. 고향을 떠나 한 달간 아일랜드에서 머물다가 뉴욕으로 온 까닭은 한국으로 오기 전에 미국에서 영어 공부를 하라는 한국 왜관수도원 오도 하스 아빠스의 명이 있었기 때문이다. 10시부터 기다리기 시작했는데 오후 3시가 되도록 아무도 나타나지 않았다. 아까부터 흘깃거리며 그를 살피던 세관 직원이 물었다.

"신부님, 미국에는 어떻게 오셨나요?"

"저는 한국으로 가는 선교사입니다. 영어를 배우러 미국에 왔습니다. 한 8개월쯤 있다가 갈 예정입니다."

"뭐, 한국으로 간다고요?"

직원은 놀란 듯이 큰 소리로 묻더니 주위 사람들에게 떠들어 댔다. 한국으로 간다니 정신이 있는 사람이냐, 얼마 전에 전쟁으로 혼이 난 나라, 지독하게 가난한 그 나라를 제 발로 찾아간다니, 아직 제대로 돌아가는 게 하나도 없는 나라에 왜 가겠다는 것인지 도무지 이해 못 하겠다, 하며 그는 큰 소리로 지껄여 댔다. 정신 나간 신부라고 막말을 하기도 했다. 몹시 거슬렸지만 그냥 떠들도록 내버려 두었다. 남들이 하는 말에 개의치 않기로 했다. 어서 그 자리를 벗어나고 싶을 뿐이었다. 그러나 여전히 아무도 나타날 기색이 보이지 않았다.

"여기는 곧 문을 닫을 텐데, 저 문이 지금 닫히면 월요일 아침까지 열리지 않아요. 미리 알아 두세요."

직원은 경고하듯이 말했다. 마침 그때 누군가 타고 들어온 택시가 되돌아 나가고 있었다. 세바스티안은 무조건 택시를 잡아타고 그곳을 빠져나왔다. 수도원으로 가는 버스를 타기 위해 버스 터미널로 갈 작정이었지만 택시를 끝까지 탈 순 없었다. 미터기를 유심히 살피다가 가진 돈만큼 되었을 때 내려서 버스 터미널까지 걸어갔다. 그곳에서 다행히 뉴튼 수도원으로 가는 버스를 탈 수 있었다. 미국에서의 첫날은 그렇게 시작되었다.

지금이야 덜하지만, 한국 사람들이 눈 파랗고 코 높은 사람만 보면 미국 사람인 줄 알던 때가 있었다. 마치 서양 사람들이 한때 한국 사람을 보고 중국 사람인지 일본 사람인지 묻곤 하던 것과 같은 이치라 따지고 보면 그리 이상할 것도 없지만, 독일 사람인 세바스티안 신부가 미국에 첫발을 딛고 느꼈던 생소함을 한국 사람들이 어떻게 이해할지 모르겠다. 독일 사람은 같은 알파벳을 쓰니 영어가 저절로 척척 되는 줄 알지만 사실은 열심히 배워야 한다. 물론 어순이 같고 어원이 같아 한국 사람들보다는 훨씬 더 쉽게 배울 수 있기는 하다. 마찬가지로 독일 사람이 한국말을 배우는 것보다 일본 사람이 한국말을 배우는 게 더 쉬울 것이나, 그것도 저저 주어지는 일은 아니다. 어쨌거나 미국은 독일이 아니었고 영어는 독일어가 아니었다. 세바스티안 신부는 각오를 새롭게 다졌고, 미국 체류 기간을 한국으로 '이식'되기 전의 현지 적응 기간으로 삼기로 했다.

처음 계획은 뉴저지 주의 뉴튼 수도원에 머물면서 영어를 공부하는 것이었다. 그러나 수도원에서 며칠 지내 보니 영어를 제대로 공부하기는 어렵겠다는 결론에 이르게 되었다.

일정한 커리큘럼이 있는 게 아니라 뜨문뜨문 미국인 신부가 와서 영어를 가르쳐 주는 것이 고작이었다. 그런 식으로 해서는 어느 세월에 영어를 배울 수 있을지 갑갑했다. 이런 고민은 그 혼자만 하는 게 아니었다. 세바스티안 신부보다 좀 나중에 독일에서 온 젊은 신부 한 사람도 같은 고민을 하고 있었다. 한 달도 채 못 되어 두 사람은 무언가 다른 방도를 찾아야겠다고 마음먹었다.

"여기에서는 도저히 영어가 늘지 않겠군. 오히려 알던 단어도 다 잊어 먹겠는걸. 안 그렇습니까, 신부님?"

결국 각자 다른 길을 찾아 나서기로 했다. 그 신부는 다른 수도원을 찾아간다고 했지만, 세바스티안은 아예 새로운 방식으로 배움의 길을 떠나기로 했다.

'길 위에서 영어를 배우자!'

영어를 배우려면 수도원 울타리를 벗어나 열린 세상에서 배우는 편이 더 나을 것 같았다. 가능하면 미국 전역을 여행하면서 영어를 배워 보겠다는 야심 찬 계획을 세우고 즉각 실행에 옮겼다. 아메리카 대륙을 횡단해 보자는 마음에서, 뉴욕을 출발하여 서부로 가는 장거리 고속버스 '그레이하운드'에 올라탔다. 가방에는 도스토옙스키의 소설 『백치』 영어판이 들어 있었다. 그의 영어 교재였다. 버스가 출발하자 책을 꺼내 읽기 시작했다. 중간 중간 모르는 단어가 자꾸 나타났다. 그는 옆자리에 앉은 승객에게 말을 건넸다.

"저, 실례지만 이게 무슨 뜻인지 좀 가르쳐 주시겠습니까?"

"아, 네. 어디 볼까요? 아, 이 단어가 무슨 뜻이냐 하면 …."

옆자리 승객들은 대부분 아주 친절하게 설명해 주었다. 영어사전보다 더 자세하고 재미있는 답을 얻을 수 있었다. (영어로 묻고 영어로 설명 들어 뜻을 파악할 정도라면 이미 상당한 수준에 도달한 것 아닌가?) 어쨌거나 그때부터 세바스티안 신부는 옆자리 승객을 무조건 자신의 영어 교사로 삼기로 했다. 장거리 버스 여행은 영어 공부에 안성맞춤이었다. 모르는 단어뿐 아니라 영어로 대화를 하니 회화도 늘고 미국에 대한 상식도 늘어 갔다. 문화와 사회를 익히는 지름길이었다. 세바스티안은 여행이 즐거웠다. 새로운 출발지에서 버스에 오를 때마다 이번에는 어떤 선생님을 만나게 될지 살짝 기대가 되기도 했다.

이 방법은 나중에 한국에서도 두고두고 써먹었다. 특히 서울과 왜관을 오가는 기차 안은 더없이 좋은 '한국어 학원'이었다. 옆자리에 젊은이가 타면 유쾌하고 발랄한 유행어를 배웠고, 어르신이 타면 옛 한국어와 사투리를 배웠다. 항상 제일 느린 기차를 탔다. 꼭 값이 싸서만은 아니었다. 무엇보다 재미있고 유익했다. 기차는 느려도 빨랐다.

세바스티안의 미국 여행은 쉽게 말해 '무전여행', 고상하게 말하자면 하느님 말씀을 그대로 실천하는 것이었다.

"길을 떠날 때에 지팡이 외에는 아무것도, 빵도 여행 보따리도 전대에 돈도 가져가지 말라고 명령하시고, 신발은 신되 옷도 두 벌은 껴입지 말라고 이르셨다"(마르 6,8-9).

주머니에는 목적지까지 갈 여비 정도만 있었다. 어디에 묵어야겠다는 계획도 없었다. 호텔에 묵을 만한 경비가 있을 리도 만무했으니 무조건 하느님의 집을 찾아가는 것 말고는 방법이 없었다.

목적지에 도착하면 맨 먼저 공중전화 박스를 찾아 전화번호부를 펼쳤다. 그 지역의 성당 전화번호를 찾아내어 전화를 걸어 보았다.

"여보세요? 예, 저는 독일에서 한국으로 가는 신부입니다. 지금 미국 여행 중인데 혹시 그 성당에서 하루 묵을 수 있을까 해서요 …."

넉살이 보통이 아니었다. 하기야 그만한 배짱도 없고서야 어찌 험난한 선교사의 길을 꿈꿀 수 있으랴.

전화를 받은 신부들의 반응은 다양했다. 간단하게 "노"라고 말하며 끊어 버리는 신부도 있었고, 어떤 신부는 세바스티안이 진짜 신부인지 알아보려고 라틴어 테스트를 하기도 했다.

"당신이 말한 대로라면 내가 라틴어로 묻는 말에 대답할 수 있겠군요."

수화기 너머 미국인 신부가 라틴어로 물었다.

"이 말이 무슨 뜻인지 말해 보세요. Religio omnis tribulatio in consolor nos."

마치 라틴어 구두시험을 치르는 기분이었다. 미국인 신부의 라틴어는 알아듣기 어려웠다.

"네, 종교는 모든 환난에서 우리를 위로한다는 뜻입니다."

"음, 그렇지요. 좋습니다, 신부님! 우리 성당으로 오세요. 주소는 알고 있지요?"

미국인 본당신부는 이 독일 신부의 라틴어 실력에 만족한 모양이었다. 서둘러 가방을 챙겨 들면서 세바스티안은 슬며시 웃음을 지었

다. '저 신부님 우리 고향 바이에른에서 공부했더라면 신부 되기 참 어려웠겠네.'

어쨌든 고생스럽게 배워 둔 라틴어 덕분에 세바스티안 신부는 하룻밤 쉴 곳을 얻었다. 그 후로도 미국 전역의 자비로운 본당신부들 덕분에 무전여행 중인 젊은 독일 신부가 잠자리를 찾는 일은 전혀 힘들지 않았다. 어떤 곳에서는 아예 성당을 좀 봐 달라는 부탁도 했다.

"여보시오, 젊은 독일 신부님. 이번 여름에 내가 아직 휴가를 못 갔다오. 일주일 동안 여름휴가를 다녀와야겠는데 그동안 우리 성당에 머물러 줄 수 있겠소? 미사도 드리고 다른 일도 좀 하면서 말이오. 그래 주겠소?"

이렇게 해서 세바스티안 신부는 미국에서 '손님 신부' 노릇을 톡톡히 했다. 성당을 맡기고 휴가를 다녀온 본당신부는 감사의 표시로 여비를 보태 주곤 했다. 300달러나 받은 적도 있어 세바스티안은 큰 부자가 된 것만 같았다. 독일에서 수도원을 출발할 때 받은 것이라곤 뉴욕까지 가는 배표와 약간의 현금뿐이었다. 처음 뉴욕항에 도착했을 때 주머니에는 달랑 50달러가 남아 있었다. 그러니 본당신부를 대신해서 미사를 봉헌하고 교회를 지킨 대가로 받은 돈은 상당한 거금이었다.

그렇게 여러 지역을 다니면서 많은 본당을 방문했고 비슷한 일을 맡아 할 수 있었다. 그러다가 어느 수도원에 이르렀는데 그곳에도 수도원에 딸린 고등학교가 있었다. 서로 인사를 나누며 세바스티안 신부의 이력을 알게 된 교장신부가 대뜸 그에게 제안했다.

"아, 주님께서 때마침 신부님을 보내셨군요. 그렇지 않아도 독일어 교사가 갑자기 그만두었는데 아직 대신할 사람을 못 구했습니다. 신부님이 좀 맡아 주시겠습니까?"

세바스티안에게는 전혀 어려운 일이 아니었다. 그곳에 머물며 독일어 실력뿐 아니라 좋은 교사로서의 면모를 학생들에게 유감없이 발휘했다. 약속한 두 달이 지나 떠날 때가 되자 학생들은 못내 서운해했고, 교장신부도 이 독일 신부를 어떻게 하면 더 잡아 둘 수 있을까 고민하는 눈치였다.

네브래스카 주를 여행할 때는 어느 마을의 본당신부가 심하게 앓고 있었다. 플로리다로 요양을 가야 하는데 두 달 정도 걸릴 것이라고 했다. 본당을 맡아 줄 수 있는지 묻길래 흔쾌히 수락했다. 영어 실력도 많이 늘었으니 미사 봉헌도 문제없었다.

두 달 동안 일을 마치고 나자 역시 적잖은 수고비를 받았다. 미국 여행 경비를 충당하고 한국행 경비까지 할 수 있을 만큼 넉넉한 액수였다. 크옵신 주님의 은총!

하느님의 은총은 물질적 여유를 베풀어 주시는 데 그치지 않았다. 미국을 여행하면서 사제의 삶을 막 시작한 세바스티안에게 주님은 세상의 다양한 면을 엿볼 수 있는 기회를 마련해 주셨다. 유복하고 풍족한 사람들의 모습이 아니라 가난과 고통 속에 사는 사람들의 모습이 그의 눈에 먼저 들어왔다.

미시시피 주를 여행하면서는 미국 내 흑백 분리 정책이 여전히 득세하고 있음을 목격할 수 있었다. 극장에 가더라도 백인 전용 극장과 흑인 전용 극장을 구별해서 이용해야 했다. 성당도 예외는 아니었다. 프란치스코 수도회에 머물면서 그곳 성당에서 미사를 드리던 어느 날, 다른 지역의 신부가 흑인 여성 세 사람을 대동하고 왔다. 그러자 신자들이 몹시 화를 내면서 그 신부에게 앞으로는 흑인들을 '우리 성당'으로 데려오는 일이 없도록 해 달라고 요구하는 것이 아닌가! 흑인 차별을 직접 목격하면서 세바스티안 신부는 큰 충격을 받았다. 하느님을 믿는다는 사람들의 이 같은 태도에 마음 깊이 상처를 입었다.

그렇다고 상처만 있었던 것은 아니다. 시카고에서 온 어느 백인 여성의 활동을 지켜보면서 세바스티안은 위로와 감동을 받기도 했다. 재력가였던 이 여성은 흑인들을 위해 다양한 활동을 벌였다. 큰 건물을 지어서 각종 프로그램을 위한 지역 센터로 사용하게 했다. 교육 전문 프로그램 가운데는 글쓰기 강좌도 있었는데, 흑인만 문맹일 것으로 여겼던 선입견과는 달리 글을 배우러 오는 사람 중에는 백인 아가씨들도 있었다. 댄스홀도 만들어 저녁이나 주말이면 젊은이들이 모여 흥겨운 시간을 즐기게 했는데, 이 댄스홀은 흑인 전용이었다. 그 시카고 출신 여성이 만든 규칙으로, 백인은 절대 출입 금지였다. 백인이 흑인에게 하는 것과 똑같은 방식이었다. 이 댄스홀에서도 세바스티안은 사제로서의 직무에 소홀할 수 없었다. 센터에서 만난 주민 가운데는 춤을 추다 말고 세바스티안 신부에게 고해성사를 청하는 이들이 있었다. 할 수 없이 댄스홀 옆의 작은 방에서 고해성사를 주게 되었다.

"신부님, 저는 죄를 지었습니다. 지난번 저는 …."

가난한 흑인 신자들은 고해성사를 보다가 설움에 겨워 울음을 터뜨리기도 했다. 가난과 차별에 시달리는 그들의 죄와 아픔을 하느님은 어루만져 주셨다. 세바스티안 신부는 그들에게 딱 맞는 보속을 주었다.

"이제 나가서 계속 춤을 추세요."

"네? 신부님, 보속을 주시는 거 아닌가요?"

눈물이 채 마르지 않은 눈을 동그랗게 뜨고 신자가 물었다.

"춤을 계속 추는 것, 그것이 제가 드리는 보속입니다. 자, 어서 나가서 춤을 추세요. 신나게!"

흑인 신자는 눈물 자국이 남은 얼굴로 환하게 미소를 지으며 방을 나가 댄스홀로 돌아갔다.

흑인 거주 지역에 머물며 사목 활동을 하는 동안 세바스티안 신부는 미국의 흑인들이 얼마나 열악한 환경에서 살아가는지 직접 목격하게 되었다. 주민들을 돕고 있는 의사와 함께 신자들 가정을 방문한 적이 있는데 어느 집에선가 산모가 혼자서 아기를 낳고 있었다. 남편은 일하러 가고 없었다. 다른 아이들이 여럿 있었지만 다들 밖에 나가 노느라 엄마가 아기를 낳는 것에 통 관심이 없었다. 가까운 병원이 있었지만 흑인은 출입할 수 없는 곳이었다. 그래서 결국 집에서 홀로 아기를 낳고 있었던 것이다. 그 산모는 마침 도움을 받아 무사히 출산할 수 있었지만 세바스티안 신부에게 그 장면은 극심한 가난과 차별 속에 살아가는 흑인들 삶의 한 단면으로 오래오래 잊히지 않았다.

미국을 여행하는 동안 세바스티안 신부는 멕시코와 인근 중남미 지역 교회를 돌아보며 독일에서 알던 가톨릭의 모습과 차이가 많음을 느낄 수 있었다. 현지에서 사목 활동을 하는 사제들을 보면서 그리스도의 복음을 전파하는 일이 단순히 교회법 안에 갇혀서 할 수 있는 일이 아니라는 사실을 새삼 확인했다. 짧은 체험이었지만 세바스티안 신부는 20세기 개발도상국들이 직면한 최대 과제는 인권 문제와 사회정의라는 사실을 절감할 수 있었다. 이러한 인식은 한국에 와서 더욱 굳어졌다. 그가 출판 사업과 영상 매체 보급에 그토록 혼신의 노력을 기울여 온 데는 이 당시의 체험이 기반이 되었다.

한국에 오기 전 얼마간 미국을 여행하면서 영어를 공부하겠다는 계획은 결국 영어 실력보다 더 많은 것을 얻게 해 주었다. 수도원에서 하루 종일 단어만 외는 것보다 훨씬 더 유익한 시간이었다. 이 시기를 통해 하느님은 세바스티안에게 보다 많은 것을 보여 주시고 느끼도록 해 주셨다.

워싱턴 베어 호

한국으로 가는 선교사, 세바스티안 신부가 드디어 그 첫발을 내딛는 날이 다가왔다. 1966년 6월 샌프란시스코 항구에서 그를 태운 배가 한국을 향해 출항했다. 배에 오르기 전 세바스티안 신부는 멀리 금문교를 바라보며 미국에 작별을 고했다. 채 1년이 되지 않는 시간이었지만 많은 것을 배운 땅이었다. 이제 40일쯤 지나면 한국 땅에 발을 딛게 되는 것이다. 그곳은 어떤 나라일까? 사람들은 어떤 모습으로 어떻게 살아가고 있을까? 세바스티안 신부는 뱃전에 올라섰다. 함께 한국으로 파견되는 스테파노 라스터(나현승) 신부가 동행하고 있었다.

　세바스티안 신부는 일부러 배편을 택했다. 미국에서 출발 준비를 할 즈음 스테파노 신부가 물었다.
　"한국으로 갈 비행기 표를 미리 사 둬야겠지요?"
　세바스티안 신부가 자신의 계획을 밝혔다.
　"글쎄요, 저는 배로 갈까 하는데요. 화물선을 타고 가는 편을 이미 알아 두었습니다."
　"아니, 왜요? 비행기가 더 빠르고 편하지 않아요?"
　"한국으로 가는 배가 일본과 대만을 거쳐서 간다니 그 나라들을 볼 수 있는 좋은 기회가 되기도 할 것 같습니다. 배로 여행하면 더 재믾을 것 같기도 해서요. 스테파노 신부님은 편하실 대로 하세요."

"좀 생각해 봐야겠네요. 배로 가는 편이 재미있을 것도 같군요."

하루쯤 생각해 보더니 스테파노 신부도 배로 가는 쪽을 택했다. 당시 한국까지 가는 배 삯은 450달러였다. 비행기 티켓도 비슷한 가격이었다. 같은 값이면 40일 걸려 배로 고생스럽게 가는 것보다 빠르고 편한 비행기를 타고 가는 것이 훨씬 합리적인 선택이겠지만, 세바스티안은 한국에 가기 전에 일본과 대만을 보고 싶었다. 아시아 국가들이 어떤 연관성을 가지고 있는지 미리 살펴보는 것도 한국에서 선교 활동을 하는 데 도움이 될 것 같았다. 광막한 바다를 바라보면서 여행하는 것도 기대가 되었다.

세바스티안 신부 일행이 타고 가는 워싱턴 베어 호는 밀을 싣고 가는 1만 5천 톤 급의 화물선이었다. 화물선을 탄 승객은 세바스티안 신부 일행과 한국인 목사 한 명, 그리고 대만 사람들이었다. 모두 합해서 일곱 명이었다.

샌프란시스코 항구를 떠난 배가 먼 바다로 나가는 이틀 동안은 갈매기가 뱃전으로 날아들었다. 사람들이 먹을 것을 던져 주면 날쌔게 받아먹곤 하더니 사흘이 지나자 갈매기들의 모습이 자취를 감추었다. 배가 망망대해로 접어들었다는 표시였다.

화물선 객실은 상당히 넓었다. 일곱 명의 승객은 한 달 이상 같이 지내야 할 사이라 그런지 곧 친해졌다. 함께 카드놀이를 하기도 했다.

두 신부는 평상복으로 항해를 했다. 예전이었다면 달랐을 것이다. 1930년대 이전에 한국으로 파견된 베네딕도회 선배 사제들은 여행할 때도 규칙에 따라 수도복을 입어야 했다. 수도복은 두껍고 거칠었다. 아무리 더워도 수도복을 벗을 수 없었다. 수도복 자락이 자동차 문틈에 끼는 일도 있었다. 수도복을 입은 본인도 고생스러웠지만 땀에 찌든 냄새 때문에 장시간 함께 배를 타고 가야 하는 여행객들에게도 민폐를 끼쳤던 것이 사실이다. 사람들이 신부들 곁을 피해 다닐 정도였다고 한다. 그 시절에는 수도원 내에서 노동하는 수사들도 성의를 벗었을 뿐 수단은 입은 채로 일을 했다. 어쨌거나 수도복을 입고 여행을 해야 했던 선배 선교사들이 총아빠스에게 난처함을 호소하는 편지를 띄운 덕분에 그 문제는 해결되었다. 이후 파견되는 선교사들은 수도복을 입지 않아도 좋다는 허락이 떨어진 것이다. 치렁치렁한 수도복을 입고 뱃전을 오가는 베네딕도회 선교사들의 모습은 더 이상 보이지 않았다.

세바스티안 신부와 스테파노 신부는 자주 항해사들에게 식사 초대를 받았다. 음식이 대단히 훌륭했다. 배에서 식사하는 일에 대해 별 기대를 하지 않았던 터라 진수성찬을 대하는 기분이었다. 항해사들은 먼 아시아로 떠나가는 세바스티안 일행을 각별히 대해 주었다. 매우 이례적인 일이긴 하지만 가끔은 조타실에서 먼 바다를 바라보게도 해 주었다. 배는 하와이를 지나 북쪽으로 한참이나 올라갔다. 일본을 향해서 가는 길이었다. 배를 타고 여행하는 재미가 날로 쏠쏠했다. 이런 여행이라면 지구를 두어 바퀴 돌아도 좋겠다 싶었다.

세바스티안 신부는 날마다 짧게나마 일기를 썼다. 독일을 떠나 영국과 아일랜드에서 한 달가량 머무는 사이에도, 그 후 미국을 여행하는 동안에도 그는 가는 곳마다 특징적인 인상기를 적곤 했다. 다이어리에는 여행할 때 사용한 버스나 비행기 티켓, 엽서, 사진들이 붙어 있었다. 배 안에서도 가끔 생각나는 대로 기록을 하곤 했지만 긴 글을 쓰지는 않았다.

독일인, 특히 베네딕도회 선교사들의 기록 문화는 상상을 초월한다. 그들이 정기적으로 쓰는 「보고서」와 『연대기』는 그 자체로 하나의 엄밀한 사료다. 게다가 여행기라면 베네딕도회에는 이미 엄청난 고수가 있었다. 상트 오틸리엔 수도원의 노르베르트 베버 아빠스가 1911년 2월부터 넉 달 동안 한국의 이곳저곳을 둘러보고 기록한 『고요한 아침의 나라』는 20세기 초 서양인이 쓴 한국 여행기의 전형을 보여 준다. 세바스티안 신부도 이 책을 알고 있었다. 선배 선교사가 이미 탁월한 노작을 남겨 놓은 바에야, 그것 말고도 달리 할 일이 많은데 굳이 자신까지 거들 필요가 있으랴 싶었다. 세바스티안 신부의 일기는 오롯이 자신만을 위한 것이었다.

미사도 매일 봉헌했다. 스테파노 신부는 멀미가 심해서 미사 도중 애를 먹기도 했지만 세바스티안 신부는 뱃멀미를 전혀 하지 않았다.

쾌청한 날이면 갑판에 나가서 하늘을 올려다보았다. 저 멀리 수면 위로 솟구쳐 오르는 큰 물고기들도 보았다. 배 후미에서 거친 물살을 타고 물보라가 튕겨 올랐다. 망망대해에서도 볼거리는 많았다.

샌프란시스코를 출발하고 열흘 정도 지났을 무렵 드디어 일본 땅이 보였다. 일본에서는 요코하마에 들렀다가 고베항에 정박했다. 항구마다 너댓새는 머물렀다. 배에 싣고 온 화물을 내리고 다시 물건들을 선적하는 데 걸리는 시간이었다. 세바스티안 신부는 낯선 곳에 도착할 때마다 잠깐이라도 새로운 풍물을 접할 수 있다는 사실이 무척 좋았다. 동양 문화를 직접 체험해 보는 것은 처음이었다. 배가 항구에 정박해 있는 동안 육지에 내려 여행을 할 수도 있었다. 짧게라도 이름난 지역은 둘러볼 수 있는 시간이었다. 도쿄, 오사카, 교토에도 다녀왔다. 교토에서는 새로 금박을 입힌 금각사를 구경했다. 지붕에서 난간까지 온통 샛노란 황금빛 건물은 세바스티안으로서는 처음 접하는 양식이라 매우 인상적이었다. 오키나와에서는 일본이 패망하자 수많은 일본군이 한꺼번에 목숨을 끊었다고 알려진 동굴 속을 둘러보기도 했다.

일본을 거쳐 배는 다음 정박지인 대만으로 향했다. 배는 타이베이 가까운 항구에 닻을 내리더니 또 며칠간 머물렀다. 기차로 시내까지 가서 여러 곳을 둘러봤다. 일본과 대만에 며칠 머무는 동안 세바스티안은 낯설지만 흥미로운 문화를 접할 수 있었다. 아시아 국가들과 만나면서 드디어 한국에 가까워지고 있음을 실감하게 되었다.

인천의 불고기 백반

"신부님, 곧 인천에 도착합니다. 한국 땅이에요. 드디어 도착하셨어요."
대만을 출발한 배가 드디어 인천항에 닿은 모양이다. 줄곧 동행해 온 목사가 목소리 높여 한국 도착을 알렸다.

1966년 7월 한여름이었다. 한국 땅 인천에 도착했지만 아직 목적지에 완전히 다다른 것은 아니었다. 워싱턴 베어 호의 최종 목적지는 부산항이었고 세바스티안 신부 일행의 목적지 또한 부산이었다. 그곳에서 정식으로 입국하여 왜관수도원으로 들어가기로 되어 있었다. 인천에서도 다른 나라 도시에서처럼 일주일 정도 머물기만 할 것이었다.

워싱턴 베어 호처럼 큰 배는 먼 바다에 정박했고, 작은 보트가 항구까지 사람이나 짐을 실어 날랐다. 워싱턴 베어 호는 한국으로 밀을 싣고 왔다. 그 밀을 항구로 실어 나르기 위해 작은 배들이 며칠 밤낮을 왔다 갔다 했다.

이번에도 인천을 관광하고 싶어 하는 선객들을 위해 작은 보트가 매일 아침 8시에 인천 항구로 나갔다가 밤 11시가 되면 배로 돌아오도록 했다.

세바스티안 신부는 설레는 마음으로 자신의 선교지 한국 땅에 첫걸음을 내디뎠다. 뱃전에서 인천항 주변을 둘러보는 순간 세바스티안 신부는 적이 놀라지 않을 수 없었다. 한국이라는 나라가 예상했던 것보다 훨씬 더 가난했기 때문이다. 며칠 전에 들렀던 일본이나 대만과는 차마 비교할 수도 없었다.

한국 사회가 여전히 가난의 터널에서 벗어나지 못하고 있는 것이 분명했다. 인천항에서 시내로 들어가는 길목에는 장사꾼들이 늘어서서 좌판을 벌여 놓고 갖가지 물건을 팔고 있었다. 그 옆으로는 암달러상들이 의자를 바짝 앞당겨 앉은 채 지나다니는 외국인들에게 야단스레 말을 걸고 있었다.

그중 유난히 눈길을 끄는 장사꾼이 있었다. 커다란 가위를 손에 들고 큰 소리로 외치는 사람이었다. 그가 손에 든 가위는 무척 컸는데 생전 처음 보는 물건이었다. 나중에 알고 보니 엿장수였다. 장난기가 발동한 세바스티안 신부가 스테파노 신부에게 농을 건넸다.

"스테파노 신부님, 한 달간 이발도 못 했는데 저 가위로 이발이나 좀 하시죠."

스테파노 신부는 질겁을 하며 손사래를 쳤다.

"무슨 말씀을! 저 큰 가위로 어떻게⋯. 보기만 해도 겁나는데요."

그날 세바스티안 신부는 처음으로 한국 음식을 먹어 보았다. 인천 시내를 구경하던 중에 시장기가 돌아 식당을 찾아 헤매다가 한 군데를 발견했다. 그다지 비싸 보이진 않았지만 깨끗한 식당이었다. 그러나 난생 처음 한국 음식을 먹어야 한다는 사실에 둘은 좀 긴장했다. 갑자기 서양 젊은이 둘이 들어서자 식당 주인은 놀란 얼굴이 되었다.

아직 한국말을 한마디도 모르는 세바스티안 신부가 호기 있게 '라이스!'를 외치자 주인은 용케도 불고기 백반을 내왔다. 세바스티안 신부는 백반 한 그릇을 말끔히 비웠다. 단돈 120원이었던 그 백반은 미국에서 파는 햄버거보다 낫다는 생각이 들었다. 그날의 불고기 백반은 평생 먹어 본 한국 음식 중 가장 맛있는 음식으로 기억에 남아 있다. 스테파노 신부는 맥주 한 병으로 식사를 대신했다.

"잘 알지도 못하면서 밥을 시켰다가 탈이 나면 어쩌시려고요?"

하지만 용감하게 불고기 백반을 주문하고 탈 없이 맛있게 먹은 세바스티안 신부의 도전 정신을 스테파노 신부는 부러워했다.

모름지기 선교사의 기본 덕목은 현지 적응이요, 현지 적응의 밑바닥에는 음식, 수면, 배설 같은 생리적인 문제가 깔려 있다. 아무거나 잘 먹고 땅바닥에 머리만 닿아도 단잠에 빠지는 체질이라면 선교사로 성공할 수 있는 생리적 소양은 갖추었다 할 것이다. 낯선 것에 대한 호기심과 몸을 사리지 않는 도전 정신, 그리고 겁 모르는 모험심이 없다면 꿈틀거리는 세발낙지에 어찌 감히 첫 젓가락을 댈 수 있을 것인가? 처음 보는 음식에 대한 친화력은 다른 모든 분야에서 선교사에게 요구되는 덕목과 일맥상통하는 바 있었다.

한국에서 오랜 세월 살아온 선교사라면 대부분 한국 음식을 즐기는 편이지만, 개중에는 놀랍게도 보신탕이나 청국장까지 마스터한 고수들도 있다. 하지만 그들도 한때는 회 한 점에 벌벌 떠는 초보였을 것이 뻔한데, 지금의 경지에 오르기까지 쌓아 올린 도전과 좌절의 공든 탑을 생각하니 실로 눈물겹다.

이런 점에서 세바스티안 신부는 입국 첫날부터 비교적 순조로운 출발을 보였다. 도전 과제가 불고기 백반이라 다소 평이한 감이 없지 않으나, 맥주 한 병으로 저녁을 때운 스테파노 신부에 비하면 제법 후한 점수를 얻어도 무방할 것이다.

장차 한국에서의 선교사 생활이 더도 덜도 말고 불고기 백반 맛만 같기를, 밥 한 공기를 뚝딱 해치우고 나오면서 세바스티안 신부는 속으로 빌었다. 그러나 불고기 백반이 한국 음식의 전부는 아니었다.

일주일 뒤 마침내 배가 부산항에 도착했다! 인천에서 부산까지는 배로 하룻길이었다. 밤 11시에 부산 앞바다에 도착했지만 큰 배가 으레 그렇듯 항구에서 멀리 떨어져 정박해야 했다. 다음 날 아침이 되어서야 승객들은 하선 수속을 밟게 될 것이다.

배 위에서 밤을 보내며 세바스티안 신부는 부산의 밤 풍경을 바라보았다. 저 높은 곳 어디쯤에선가 반짝이는 불빛들이 항구를 아름답게 수놓고 있었다. 밤에 볼 때는 부산이 인천보다 나아 보였지만 이튿날 아침이 되자 세바스티안 신부는 자신의 생각이 빗나간 것임을 알았다. 아침 햇살에 드러난 부산의 달동네는 인천과 별반 다르지 않았다.

이른 아침 왜관수도원의 오도 하스 아빠스가 배 위까지 마중을 나왔다. 오도 하스 아빠스는 뷔르츠부르크 대학 시절 존경하며 따르던 선배 수도자였다. 세바스티안 신부보다 6년 먼저 한국으로 파견될 때 자신도 따라나서고 싶었던 기억이 떠올랐다. 오도 하스 아빠스가 1964년 왜관수도원의 초대 아빠스로 선출된 이후 수도원은 쇄신을 거듭하며 발전하고 있었다.

오도 하스 아빠스는 주님의 충실한 일꾼이 둘이나 와 준 것이 여간 기쁘지 않았다.

"하느님의 은총으로 무사히 도착하셨습니다. 한국에 오신 것을 진심으로 환영합니다!"

세바스티안 신부는 미국 뉴튼 수도원에서 왜관수도원으로 보내는 책 상자들을 작은 배로 옮겨 싣느라 바빴다. 한국 선교에 필요한 각종 책들을 실어 올 수 있는 만큼 가져왔다. 책 무게로 보트가 기우뚱거렸다. 그에 비해 젊은 선교사의 짐 가방은 아주 작았다.

왜관수도원에서의 첫 일정은 처음 온 사제들이 늘 그렇게 하듯이 본당을 둘러보는 일이었다. 처음 일주일 동안 관할 지역에 있는 본당 거의 모두를 방문했다. 성주, 가천, 김천, 상주, 점촌, 화령본당들이었다.

본당에 인사를 다녔지만 아직 한국말을 모르니 신자들과는 그저 눈인사만 나눌 뿐이었다. 보름 정도 지난 어느 날 연락이 왔다.

"신부님, 김천 평화동본당에 가셔야겠습니다. 본당신부님이 입원하셨어요. 신부님께서 당분간 그 본당을 좀 돌봐 주셔야겠습니다."

"그런데 저는 아직 한국말로 미사를 드릴 수가 없습니다. 어떻게 하면 좋을까요?"

"아무 문제 없어요. 라틴어로 하시면 됩니다. 걱정하지 마세요."

당시까지 한국에는 라틴어로 미사 전례를 거행하는 성당이 남아 있었다. 오래된 신자들에게 라틴어 미사는 오히려 친숙한 것이었다. 신자들은 여전히 바닥에 꿇어앉아서 미사를 드렸다. 김천 평화동성당도 신자들이 마룻바닥에 앉은 채 미사를 봉헌하고 있었다. 미사 시작전에 신자 한 사람이 세바스티안 신부에게 다가왔다. 그는 자신을 평화동본당 신자라고 밝히더니 영어로 조심스럽게 말을 꺼냈다.

"신부님, 오늘 신부님께서 우리 본당 신자들에게 처음으로 영성체를 해 주실 텐데, 그때 한국말로 '그리스도의 몸'이라고 말씀해 주시면 신자들이 아주 좋아할 겁니다. 그렇게 해 주실 수 있지요?"

"네, 노력해 보겠습니다."

세바스티안 신부가 생각하기에도 한국 신자들에게 처음으로 성체를 영해 주는 것인데 가능하면 한국말로 "그리스도의 몸!"이라고 하면 참 기쁠 것 같았다. 그는 속으로 몇 번이고 그 말을 되뇌었다. '그리스도의 몸!' '그리스도의 몸!' '그리스도의 몸!' 아하, '그리스도'는 '크리스트'하고 발음이 비슷하니 별문제 없고, '… 의 몸'만 잘하면 되겠구나 싶었다. 하지만 미사가 시작되자 그 말을 완전히 까먹었다. 발음이 비슷하여 걱정하지 않았던 '그리스도'조차 떠오르지 않았다. 도리 없이 라틴어로 "코르푸스 크리스티!" 해 버리고 말았다. 관건은 기억력이 아니라 순발력임을 세바스티안 신부는 그때 깨달았다.

그에게 한국어는 정말이지 완전히 딴 세상의 말이었다. 한국으로 선교사로 가고 싶다고 했을 때 주위에서 말리던 게 새삼 떠올랐다. 언어만 보자면 아프리카로 가는 것이 더 쉬울 것이라고 충고하는 사람도 있었다. 사실 그 말이 맞을지도 몰랐다. 아프리카 여러 부족의 언어는 비교적 단순하고 배우기도 쉬워서, 서너 달만 공부하면 웬만큼 통달할 수 있다는 이야기를 들은 적이 있다.

세바스티안 신부로서는 한국말을 배우는 것이 급선무였다. 당장 9월부터 서울에서 본격적으로 한국어 공부를 시작할 계획이었지만 쉽지는 않을 것이란 예감이 들었다.

평화동성당으로 주임신부가 새로 부임해 오면서 세바스티안 신부는 수도원으로 돌아왔다. 잠시 동안이었지만 한국어 공부가 얼마나 필요한지 절감하게 된 시간이었다.

한국에 막 도착한 그에게 무더위와 모기는 한국어만큼이나 넘기 어려운 관문처럼 느껴졌다. 도착한 첫날부터 세바스티안 신부는 더위 때문에 고생이 이만저만이 아니었다. 수도원에 도착한 7월 중순은 해가 져도 더위가 물러갈 줄 몰랐다. 게다가 습도까지 높아 후텁지근한 것이, 습기라고는 없는 독일의 여름 날씨에 익숙한 그에게는 큰 고역이었다. 그의 피부는 뙤약볕이 아니라 습기를 통해 한국의 여름을 인지했다. 이불을 덮지 않고 자다가 배탈이 나서 고생하기도 했는데, 그 때 나이 많은 독일 신부가 그에게 충고해 주었다.

"젊은 신부님, 아무리 더워도 신문지 한 장 정도는 배에 덮고 주무시오. 배탈이 나면 하느님 말씀도 제대로 못 전하니까."

왜관수도원에는 북한의 덕원수도원이나 연길수도원에서 선교 활동을 하다 강제수용소를 거쳐 독일로 송환되었다가 다시 한국으로 파견되어 온 독일 신부가 여럿 있었다. 그들은 대부분 본당 사목을 하고 있었다. 온갖 고초를 겪고 나서도 조금의 망설임도 없이 재차 한국 땅으로 달려온 선교사들이었다. 그들은 무더위와 모기 떼에 대해서도 한국 사람인 양 익숙하게 대처했다.

한국에 파견된 다른 선교사들처럼 세바스티안 신부도 한글 이름을 지었다. 한국에서 선교사로 지내려면 한글 이름이 필요했다. 세바스티안은 자기 이름 하인리히 로틀러에 발음이나 뜻이 맞아떨어지는 한글 이름을 생각해 냈다.

로틀러는 나무라는 뜻이니 한국어 성씨 가운데서는 '수풀 림'을 따서 '임'씨로 하기로 했다. 하인리히는 한국어 발음으로는 '현리'에 가까웠는데 한자로 쓰면 '검을 현', '이로울 리'가 되었다. 뜻이 몹시 거슬렸다. '검은 이익'이라니, 부정한 돈을 먹거나 부당 이익을 취한다는 뜻이 아닌가! 청빈을 덕목으로 삼아야 하는 수도자의 이름으로는 도저히 어울리지 않는다는 생각이 들었다. 옆에서 한자어를 골라 주던 동료 수사도 난감한지 고개를 가로저었다. 세바스티안 신부는 유교 사상이 지배적인 이 나라에서 중요시되는 공자의 가르침 가운데 뛰어난 덕목인 '어질 인'과 '큰 덕'을 이름자로 골랐다. 그렇게 '임인덕'林仁德이란 이름이 탄생했다. '하인리히'가 '세바스티안'을 거쳐 마침내 '임인덕'으로 탈바꿈하는 순간이었다. 임인덕 신부, 임 세바스티안 신부! 사람들은 이제부터 그를 '임 신부'라고 불렀다.

한국말 공부

베네딕도회 선교사들은 어느 나라에 가든 맨 먼저 그 나라의 말을 배운다. 모든 것에 우선하는 일이었다. 베네딕도 수도회가 이 땅에 들어온 초기에도 그들은 먼저 온 수도회 선배들로부터 한국말을 배우고 나서야 사목 활동에 나설 수 있었다. 일제 강점기에 덕원수도원으로 파견된 사제들도 한국말 배우는 일을 가장 먼저 했다.

임 세바스티안 신부도 그 순서를 따랐다. 한국말을 배우기 위해 9월 초에 서울로 올라왔다. 2년 동안 정동에 있는 프란치스코 수도원에서 한국어 수업을 받기로 했다. 장충동의 베네딕도 수도원에 짐을 풀고 매일 장충동에서 정동까지 걸어 다녔다. 퇴계로와 을지로를 거쳐 걸어가자면 아침을 먹고 서둘러 출발해야 했다. 임 신부와 스테파노 신부, 그리고 1년 전에 이미 한국에 와 있던 플라치도 베르거(백이근) 신부가 함께 학교를 다녔다.

수업에는 여러 나라에서 온 사제와 수도자가 참석했다. 뉴질랜드, 미국, 일본, 프랑스 등지에서 온 학생 40여 명이 한국어를 익히느라 열을 올리고 있었다. 간단한 한글 능력 테스트를 통해 반을 편성하고, 두 개 반으로 나눠서 수업을 시작했다. 물론 임 신부는 완전 초급반이었다. 그는 이런 방식이 썩 마음에 들지 않았다. 처음부터 실력에 따라 갈라놓기보다는 일단 다 같이 공부하다가 어느 정도 지난 다음에 학습 능력에 따라 다시 공부할 수 있도록 해 주는 방법이 더 나을 것 같았다. 어릴 때 독일에서 라틴어를 공부하던 방식이 떠올랐던 것이다.

공부하면 할수록 어렵게만 느껴지는 한글과 더불어 한자 공부도 시작했다. 임 신부는 오히려 한자 공부가 더 재미있었고 실력도 한글에 비해 쑥쑥 늘었다. 한자 시험에서 1등은 독일에서 온 수녀에게 빼앗겼지만 2등은 자신 있었다. 하지만 한국어 선생은 이 점을 못마땅해 했다.

"신부님, 한자 공부는 중요하지 않아요. 그거 공부하느라고 너무 애쓰지 마세요. 한자는 얼마 있으면 우리나라에서 쓰지도 않을 텐데요, 뭐. 지금 신부님이 신경 쓰셔야 하는 것은 한국어 공부예요. 한글! 아시겠어요?"

한글은 정말 배울수록 어려웠다. 단어를 배워도 금세 까먹었다. 완전히 새로운 언어 체계에 입문하기란 여간 힘든 일이 아니었다. 먼저 논리적으로 납득이 되어야 했기에 그는 수업 시간에 질문을 가장 많이 하는 학생이었다. 어떤 이치로 그 말이 그런 의미를 가지게 되는지 알고 싶었다. 문제는 교실 안에서의 한국어와 교실 밖에서의 한국어가 항상 일치하지는 않는다는 것이었다. 한국어의 높임말과 낮춤말도 여러 단계였다. 그 이치를 아는 것보다 어려운 일은, 언제, 누구에게, 어떤 상황에서, 어느 단계의 높임말이나 낮춤말을 쓸지 직관적으로 판단하는 것이었다. 한국 사람들은 그걸 전혀 어려워하지 않았다. 임 신부는 신기했다. 책으로 배울 수 있는 지식이 아니었다.

"그냥 외우세요. 그렇게 따져 가면서 언제 다 배우겠어요? 그냥 외우시면 돼요."

임 신부는 도저히 납득이 가지 않는 방식으로는 외워지지도 않았다. 그러니 학습의 흥미가 떨어지면서 자연스레 한자 공부 쪽으로만 관심이 쏠렸다. 사실 한자는 독일에서 이미 접해 보았다. 누군가 건네준 천자문 책을 훑어보면서 아주 흥미롭다는 생각을 했다. 한자의 모양과 뜻풀이가 무척 재미있었다. 예를 들면 '편안 안安' 자는 여자가 집 안에 들어앉아 있는 모습이다. 여자가 집에 있으면 평화롭다니 이 얼마나 재미있는 뜻인가. 그런데 나중에 '국가안전기획부'라는 말에도 같은 '안' 자가 쓰인다는 사실을 알고는 좀 혼란스러워졌다. 또 중국에 가서 보니 중국 '공안'의 '안' 자도 이 '편안 안' 자임을 알고는 글자가 같다고 해서 의미까지 같지는 않다는 것을 깨닫게 되었다.

별 진전도 없는 한국말 공부를 마치고 돌아오는 길은 맥이 빠지고 허기가 졌다. 수업 후에 점심 식사 시간이 있긴 했지만 양도 적고 입에도 안 맞았다. 수도원으로 돌아가도 저녁 식사 때까지는 한참이나 기다려야 했다. 한국 음식에 온전히 적응이 안 되었을 때라 저녁 식사를 해도 배는 여전히 고팠다. 음식이 너무 매워서 양껏 먹을 수 없었다.

그리고 주변에는 사 먹을 만한 음식을 파는 가게나 식당도 마땅치가 않았다. 서울은 아직 낯선 곳이었다.

플라치도 신부는 한글을 익히는 데 아무 문제가 없었다. 신학교 시절부터 머리 좋기로 유명하고 언어 감각이 뛰어나서 한국말도 썩 잘했는데 수업 방식에는 불만이 많았다. 수업이 시작되면 지각생이 못 들어오게 문을 잠그는 것을 보고 플라치도 신부는 정식으로 항의했다.

"우리가 유치원 애들입니까? 다 큰 어른입니다. 단지 한국어 수업을 받고 있을 뿐이지요. 어린아이 다루듯 하지 마세요."

그 이후 문을 잠그는 일은 없었다. 그는 또 시험을 보이콧했다. 시험 시간이면 시험지는 밀쳐 두고 신문을 읽곤 했다.

"나는 한국말을 배우려고 수업을 받는 거지, 시험을 치려고 받는 게 아닙니다."

결국 그는 수업을 중간에 그만두고 개인 교습을 받았다. 다방에 앉아서 두 시간씩 실습을 했는데, 확실히 교실에서 받는 수업보다 효과가 있었는지 한국말이 부쩍 늘었다. 역시 '교실 한국어'보다는 '다방 한국어'가 실속이 있었다.

플라치도 신부는 위트 넘치는 강론으로 신자들에게 인기가 많았다. 훗날 주로 신학원에서 강의를 했는데, 다들 그의 강의를 좋아했다.

우니타스

한국어 수업을 받으러 매일 지나다니는 퇴계로에서 어느 날 눈길을 잡아끄는 작은 벽보를 발견했다.

'독일어 공부 모임 — 독일어 공부하실 분 환영'

벽보는 허름한 건물 2층으로 올라가는 입구에 붙어 있었다.

임 신부는 몇 번인가 그냥 지나치다가 어느 날 한번 올라가 볼까 하는 마음이 생겼다. 2층으로 올라가니 작은 방에 학생으로 보이는 젊은이들이 모여서 뭔가 열심히 토론하고 있었다. 임 신부는 뒤쪽에 앉아서 조용히 듣기만 했다. 독일어를 공부하러 온 사람들이지만 영어나 프랑스어로도 자유롭게 대화하며 회화 실력을 쌓고 있었다. 개인적인 관심사에서 사회문제에 이르기까지 대화 주제는 다양했다. 임 신부는 모임에 자주 참석했지만 굳이 신분을 밝히지는 않았다. 독일어 표현이나 발음에 도움을 주는 것 외에는 조용히 있다가 나오곤 했다. 그러던 어느 날 한 학생이 그에게 말을 걸어왔다.

"신부님이신 것 같은데, 그렇지요?"

"네, 맞습니다. 저는 독일에서 온 베네딕도회 신부입니다."

"왜 모임에서 소개를 하지 않으십니까? 진작 말씀하시면 좋았을 텐데요."

"저는 이 모임에 신부로 오는 것이 아니기 때문에 굳이 그럴 필요가 없다고 생각했습니다."

그 학생은 처음에는 임 신부를 그저 한국말을 배우고 싶어 하는 외국인으로만 알았다면서, 혹시 앞으로 종교에 관해서 이야기를 나눌 수 있는지 물어 왔다. 학생은 장차 독일로 공부하러 가고 싶은 마음도 있다고 했다.

임 신부는 흔쾌히 승낙했고 매주 시간을 정해 그 학생과 이야기를 나누었다. 그렇게 해서 임 신부와 한국 젊은이들과의 모임이 시작되었다. 그 학생은 서울대학교에서 미학을 공부하는 김소남이라는 학생이었다. 우선 같이 독일어 성경을 읽어 나가면서 임 신부가 설명을 덧붙였다. 토론 모임에 나오던 다른 학생들도 한두 명씩 참석하기 시작하면서 임 신부의 성경 공부 모임은 점점 인원이 늘어났다. 이 독일어 성경 공부 모임이 바로 우니타스의 씨앗이 되었다.

"우리가 매번 모여서 이렇게 성경 공부를 하는 것도 좋은 일이긴 합니다만 좀 더 실천적인 활동이 필요하지 않을까요?"

"좋습니다. 우리 대학생들이 뭔가 뜻있고 도움이 되는 일을 해야 한다고 생각합니다."

모임 참석자들은 저마다 사회의식이 투철한 학생들이었다. 1960년대 후반의 한국 사회는 헐벗고 굶주리는 사람들이 도처에 널려 있는 상황이었다. 암울한 독재가 정치 현실을 짓누르고 있었다. 진리를 추구하고자 학문을 하는 학생이라도 이런 현실을 외면한 채 공부만 하기에는 양심의 가책이 느껴지는 그런 시대였다.

학생들은 '우니타스'Unitas라는 이름으로 모임을 만들어 정기적으로 활동할 것을 제안했고, 우선 야학 활동부터 하기로 의견을 모았다. '우니타스'는 '일치', '협동'이라는 뜻을 가진 라틴어였다.

토요일마다 야학을 열었다. 당시 거리에서는 학교에 가야 할 나이에도 신문을 팔거나 깡통이나 폐지를 주우러 다니는 어린아이들을 쉽게 볼 수 있었다. 그 아이들이 주로 살고 있는 한강 다리 근처에 판자로 얼기설기 집을 지어서 교실을 만들었다. 그곳에서 아이들에게 한글을 가르쳐 주고 함께 이야기를 나누기도 했다.

애초에 말을 배우려고 참가한 모임에서 임 신부는 한국 젊은이들과의 친교라는 의외의 소득을 얻었다. 그들은 가난했지만 당당했고 개인과 사회의 미래에 대해 긍정적이었다. 지적 호기심과 열정만큼은 세계 어디에 내놓아도 손색이 없을 듯했다. 임 신부는 앞으로 이런 젊은 이들과 함께할 것을 생각하니 가슴이 뛰었다. 한국 사회가 지금 아무리 어렵고 고달파도 이런 학생들이 있는 한 언젠가는 세계 속에 우뚝설 것이고, 이들 또한 그 책무를 너끈히 감당할 것 같았다. 임 신부는 한국 젊은이들의 앞길에 비질을 해 주고 싶었다.

우니타스 초기 멤버는 15명이었는데 해가 갈수록 그 수가 늘어났다. 우니타스 회원들은 모두 사회의식이 뚜렷하고 명석한 학생들이었다. 대학 졸업 후에 유학을 떠난 학생도 많았는데, 학위를 받고 돌아와 대학에서 교편을 잡거나 사회 각 분야에서 두드러진 활동을 했다. 우니타스 멤버로 활동하면서 가톨릭 신자가 되거나 활동 중에 만나 결혼을 하게 된 커플도 있었다. 임 신부를 만날 때만 해도 무신론자였던 학생들이 우니타스 활동을 하면서 자연스레 가톨릭에 관심을 가지게 되었다. 우니타스 멤버들과 임 신부와의 인연은 그 후로도 오랫동안 지속되었다. 세월이 흐르면서 많은 것이 변했다지만 임 신부의 환갑 때도 70여 명이나 자리를 함께했을 정도다.

한국의 젊은이들과 함께 우니타스 활동을 하는 동안 임 신부의 한국어 실력도 부쩍 향상되었다. 길 위에서 배운다는 전략이 이번에도 주효했다. 미국 전역을 여행하며 영어를 배웠듯이 한국에서는 젊은 친구들과 어울리면서 한국 사회와 언어를 익혀 나갔다. 임 신부는 자기만의 방식으로 새로운 것을 배우는 사람이었다. 우니타스 활동을 하는 동안 한국말을 배우는 데 허락된 2년이라는 시간이 훌쩍 지나갔다. 이제 새로운 소명을 받아 왜관수도원으로 내려가야 했다.

본당과 기숙사

성주본당 (1968년 9월~1969년 3월)

선교의 최전방은 역시 본당 사목이다. 임 신부의 선교 활동도 예외 없이 본당 사목으로 시작되었다. 2년 동안 한국말을 배운 걸 빼면, 뭘 제대로 준비했다고 말하기가 쑥스러웠다. 특히 주로 서울에 있느라 한국의 농촌 생활을 그 속내까지 들여다볼 겨를도 없었다.

직접 부딪쳐 보는 게 상책이었다. 사람 속으로 들어가자. 가서 그들의 냄새를 맡자. 그들이 먹는 것을 먹고, 그들이 보는 것을 보고, 그들이 듣는 것을 듣고, 그들이 하는 말을 하자. 생각으로가 아니라 몸으로 일하자. 내 생각의 주인은 하느님이시니 나는 그분께 몸만 빌려 드리면 된다 …. 그리 여기니 돌연 모든 것이 밝아지고 가벼워지고 편안해진 느낌이었다. 하느님 안에서 임 신부는 아늑했다.

"이보게 젊은 신부, 나하고 비슷한 순서로 시작을 하게 되었네. 내가 왜관수도원으로 왔을 때 첫 부임지가 바로 여기였거든. 성주본당 보좌 신부였단 말이지. 그때 주임신부님이 엑베르트 되르플러(정묵덕) 신부님이셨지. 그게 벌써 십 년도 더 된 이야기네."

임 신부의 첫 사목지인 성주본당의 에른스트 지베르츠(지인수) 신부는 잠시 옛날을 떠올리는 듯한 눈빛이더니 이내 큰 목소리로 말을 이어 갔다. 쾰른 출신으로 목소리가 우렁찬 에른스트 신부는 대화 사이의 침묵을 별로 좋아하지 않는 분이었다. 말이 끊겼을 때 자신이 말을 이어나가야 한다는 일종의 사명감에 불타는 듯했다.

"그런데 한국말은 많이 배웠나? 신자들하고 이야기하려면 아직 한참 더 배워야 될 거야. 이곳이 경상도거든. 이 지방 말은 좀 달라."

에른스트 신부는 경상도 특유의 억양으로 말하며 웃었다. 막 환갑을 넘긴 나이였지만 매사에 활기가 넘쳤다. 유머 감각이 출중하고 끝도 없이 이야기를 이어 나가는 재주가 있었다. 쾌활한 성격으로 언제나 목청 높여 말했기 때문에 성당 안에서 강론하는 소리가 바깥까지 다 들릴 정도였다. 임 신부는 에른스트 신부가 강론할 때 신자들에게 하는 인사말을 새겨들었다가 참고해야겠다고 마음먹었다. 그리고 어느 날 강론을 마치면서 에른스트 신부가 하던 대로 인사를 했다.

"다음 주에도 빠짐없이 미사에 오시기 바랍니다."

그러자 신자들이 하나같이 웃음을 참는 표정이 되었다. 나중에 이유를 물었더니 한 신자가 작은 소리로 알려 주었다.

"신부님께서 다음 주에 바지 없이 오라고 하셨거든요."

임 신부의 강론은 길어야 3, 4분 정도로 다른 신부들에 비해 상당히 짧았다. 강론은 짧을수록 좋다는 것이 그의 평소 신념이었다. 서툰 한국어로 인해 신자들이 겪을 고통(?)을 헤아리고 배려하는 마음도 있었지만, 일찍이 고향 마을 신부의 긴 강론이 주는 폐해를 겪어 보았기 때문이다. 어린 시절 본당신부가 강론을 어찌나 길고 지루하게 하는지 신자들 중에는 아예 강론이 끝날 무렵 성당에 오는 사람도 있었다. 강론을 길게 하는 것과 신심을 북돋우는 일은 아무 상관이 없다는 사실을 임 신부는 잘 알고 있었다.

한국말이 서툴러 발생한 에피소드는 일일이 열거하기 힘들 정도다. 한국 파견 1세대인 덕원, 연길 출신의 신부들 중에는 한국말로 고생하는 이가 드물었다. 이미 오랫동안 한국 생활을 해 온 이들이라 어려움이 없었다. 그런데 대부분 연배가 높은 분들인지라 생각이나 태도에서 자연스레 보수적인 성향이 묻어 나왔다. 제2차 바티칸 공의회 이전의 교회 정신으로 살아온 그들과 새롭게 한국으로 들어온 젊은 2세대 사제들 간의 사고방식 차이는 분명 존재했지만, 에른스트 신부와 세바스티안 신부는 주임신부와 보좌신부로서 더없이 잘 어울리는 짝이었다.

제2차 바티칸 공의회 이후 각국 교회마다 세상을 향해 창문을 활짝 열어젖히고 변화와 쇄신의 바람을 맞아들이고자 했다. 한국 베네딕도 수도회에서도 공의회 정신을 교회 쇄신의 기폭제로 삼고 적극적으로 변화를 시도했다. 가장 먼저 전례 개혁 정신에 입각한 변화가 일어났다.

　1965년 3월 사순 첫 주 미사를 드리러 온 신자들은 이제까지 보아온 풍경과는 너무나 달라진 성당 내부에 깜짝 놀랐다. 제대와 신자석을 엄격히 나누던 제대 난간이 없어지고 제대는 신자석을 마주 보면서 앞으로 나와 있었다. 이제부터 사제는 신자들을 대면하면서(versus populum) 미사를 봉헌하게 되는 것이었다. 중요한 변화의 상징이었다. 신자들이 적극적으로 미사의 신비에 동참하게 된 것은 교회 안에서 신자의 역할 변화를 상징하는 것이기도 했다. 사실 이러한 실험은 제2차 바티칸 공의회 이전 연길수도원 시대부터 시도된 것이었다.

공의회 이후 미사 전례 기도문도 모두 라틴어에서 한국어로 바뀌었다. 예전처럼 사제가 "도미누스 보비스쿰" 하면 신자들은 뜻도 모르고 "엣쿰 스피리투 투오"라고 응송하지 않아도 되었다. "주님께서 여러분과 함께"라는 사제의 말에 신자들은 "또한 사제와 함께"라고 답했고, 그러면 주님께서 우리 모두와 함께하심이 진실로 가슴에 와 닿았다. 교회의 전반적인 변화와 쇄신은 신자들의 능동적·자발적 신앙생활을 촉진시켰고, 이런 움직임은 자연히 한국어로 쓰인 종교·신학 관련 서적의 수요 증대로 귀결되었다.

1964년 왜관수도원 성탄 미사를 사제들이 공동으로 집전하면서 베네딕도회는 한국 교회 최초로 시도된 전례 쇄신의 모습을 보여 주었다. 전통적으로 전례 분야에서 강세를 보인 베네딕도회는 이 땅에서도 전례 운동의 선구자 역할을 해낸 것이다.

변화와 쇄신의 교회 분위기에다 이제 한국말 공부도 마친지라 임 신부는 비록 보좌신부지만 한국에서 첫 본당을 맡았다는 설렘에 매일매일이 충만한 시간이었다.

점촌본당(1969년 3월~11월)

성주본당에서 보좌를 마치고 수도원으로 돌아온 임 신부의 다음 사목지는 점촌본당이었다. 점촌본당 주임 아르놀트 렌하르트(노도주) 신부가 독일로 휴가를 가게 되어 오랫동안 성당이 비게 되었다.

"세바스티안 신부, 내가 없는 동안 성당을 잘 돌봐 주세요."

아르놀트 신부는 한국에 온 지 얼마 되지 않은 젊은 신부가 자신이 없는 동안 본당을 잘 지켜 낼 수 있을까 다소 염려스러운 마음에 이것저것 상세히 가르쳐 주었다. 아르놀트 신부가 성당을 잘 돌보라는 말은 신자들만 잘 보살피라는 의미가 아니었다. 성당 정원에 심어 놓은 과실나무까지 잘 살피라는 말이었다. 10여 년 전에 성당을 새로 지으려고 성당 부지로 과수원 5천 평을 매입했는데, 그 묘목 중 일부가 성당 정원에서 자라고 있었다.

"매일 아침 5시에 일어나서 정원 일을 하면 7시 미사까지 시간은 충분할 겁니다. 절대 잊으시면 안 됩니다!"

아르놀트 신부가 점촌본당에 부임한 것은 1956년 7월이었다. 당시 본당은 너무 비좁아서 제대 난간까지 신자들이 붙어 앉아야 할 정도였고, 비가 오면 제대고 신자석이고 할 것 없이 함석지붕 틈새로 빗물이 떨어졌다. 아르놀트 신부는 그런 성당을 단 3년 만에 완전히 멋진 건물로 탈바꿈시켰다. 1959년 6월에 첫 삽을 떠서 1961년에 봉헌식을 거행한 이 성전 역시 한국 베네딕도 수도회와 관련된 거의 모든 건물을 설계한 알빈 슈미트(안경빈) 신부의 도면을 따랐다. 점촌 근방 모든 신자에게 꿈의 궁전이었던 이 성당의 봉헌식 날 3천 명의 신자가 모여서 축하 미사를 드렸다고 한다.

평생 육체노동을 좋아한 이 신부는 만주 남평 수용소 시절의 그림에서도 늘 곡괭이를 든 모습으로 묘사될 정도였다. 아르놀트 신부가 본당을 맡게 되면 당연히 농장과 가축 기르는 일도 함께 시작했는데, 문제는 성당을 비우게 될 경우였다. 잠시 본당을 봐 주러 온 손님 신부 중에 누가 돼지우리를 청소하고 사료를 챙겨 주는 일까지 할 수 있었겠는가 말이다.

주임신부가 본국 휴가를 떠나고 난 뒤 점촌본당을 지키는 일은 임 신부에게 별문제가 없었지만, 날마다 새벽 5시에 일어나 정원 일을 하라는 엄명은 지킬 수 없었다. 그 시간에 도저히 일어날 수 없었기 때문이다. 임 신부는 밤늦도록 청년들과 시간을 보내야 했다. 임 신부가 오기 전까지 점촌본당에는 젊은이들을 위한 프로그램이 거의 없었다. 나이 든 본당신부가 해 오던 방식은 젊은 층의 마음을 끌지 못했다. 젊은 신부가 왔다는 소식에 성당을 찾는 청년 신자들의 발길도 잦아졌다. 또 중고등학생을 위한 새로운 교리 교재를 만들어 가톨릭에 대해 흥미를 느끼게 해 주었다.

저녁이면 교리실에 불빛이 환했다. 늦게야 학생들을 보내고 자리를 정리하고 나면 자정을 넘겨 잠자리에 드는 날이 많았다. 그러니 새벽 5시 기상은 도저히 불가능했다. 아르놀트 신부의 얼굴이 떠올랐지만 더 중요한 일에 매진하느라 과실나무와 정원의 묘목들은 순서에서 밀려나고 말았다.

점촌본당에는 총 15개의 공소가 있었다. 공소까지 돌보다 보면 일주일이 후딱 지나갔다. 한 주일 동안 치러 내야 할 일이 여간 많지 않았다. 아르놀트 신부는 공소 방문 때 오토바이를 이용할 수 있다고 일러 주었다. 지난번 성주본당에는 지프차가 있었지만 점촌에는 작은 오토바이 한 대가 고작이었다. 비록 100cc짜리 오토바이지만 임 신부의 발이 되어 점촌 근방을 달리는 데는 무리가 없었다. 뷔르츠부르크 대학 시절의 250cc짜리 BMW 오토바이는 잊은 지 오래였다.

임 신부가 성주와 점촌에서 사목 활동을 시작하던 즈음은 베네딕도회 한국 선교가 반세기를 훌쩍 넘어선 때였다. 한국 선교 60년 동안 파견 첫 세대 사제 중에는 북한에서 순교한 이들도 있었지만, 후배 사제들과 함께 현직에서 여전히 활동하고 있는 이도 많았다. 공산 치하에서 수용소에 억류되어 간난신고를 겪고도 전쟁이 끝나자 그들은 주저 없이 한국으로 돌아왔다. 덕원수도원과 연길수도원을 중심으로 북한 지역에서 선교 활동을 하던 이들의 역사는 고스란히 남한의 왜관수도원에 살아 숨 쉬고 있었다.

　북한 선교사들은 어려운 여건에서도 영혼 구제와 복음 전파라는 두 가지 최우선 과제를 너끈히 해낸 이들이다. 고해성사를 비롯한 여러 성사를 통해 신자들의 영혼을 구제하고자 선교사들은 자신의 몸, 자신의 생명까지 바칠 준비가 되어 있었다. 신자가 한 사람이라도 있으면 깊은 산골짜기, 험난한 길도 기꺼이 찾아갔다. 살을 에는 빙판길, 무릎까지 빠지는 눈길을 걸었고, 장마로 물이 턱까지 불어난 강을 옷가지를 벗어 들고 건너갔다.

　북한 선교에 비해 남한 지역 선교는 비교적 쉬운 것이라고 말할 수 있을지도 모르겠다. 임 신부는 아름다운 가을날 밤하늘에 총총한 별을 보며 공소에서 돌아오면서, 선교사로서 자신이 누리는 은총을 충만히 느끼곤 했다. 성사와 말씀을 전달받은 신자들의 맑고 아름다운 모습을 떠올리노라면 힘든 일 따위는 새까맣게 잊어버렸다.

　한국 파견 2세대인 임 신부는 달라진 시대에 복음 말씀을 어떻게 하면 가장 효과적으로 전달할 수 있을지, 신자들이 하느님 말씀을 더 잘 알아듣게 할 수 있을지에 관심이 많았다. 그는 특히 청소년과 젊은이들에게 집중했다. 교리 공부를 마치면 가끔 마을 뒷산으로 소풍도 갔다. 당시 한국의 야산은 주민들의 살림살이만큼이나 척박했다. 그래도 높은 데서 시원한 그늘을 골라 앉으면 마을이 훤히 내려다보였다. 각자 삶은 계란이나 김밥을 준비해 와서 함께 나누었다. 임 신부는 기타를 치면서 흥을 돋우었다. 서툰 한국말로 노래라도 부르면 아이들이 자지러졌다. 그의 눈에는 독일 아이들과 한국 아이들이 전혀 다르지 않았다. 독일에서 김나지움 교사로 일한 기억들이 한국 사목 현장에서도 새록새록 되살아났다. 고맙고 다행한 일이었다.

점촌본당에서는 어린이 교리교육을 위해 여러 방법을 시도했다. 당시만 해도 한국에는 어린이나 청소년 교리 프로그램이 많지 않았다. 그룹 게임이나 시청각 자료를 활용해서 아이들이 교리에 재미를 붙이게 해 주고 싶었다. 네덜란드 교리서도 이용했는데 아이들이 무척 흥미로워했다. 그렇다고 해서 임 신부가 아이들에게 성경만 가르친 것은 아니다. 신부와 함께 축구공을 차면서 아이들은 더 즐거워했다.

두봉 주교

임 신부가 점촌본당을 맡고 있던 1969년 5월, 본당에 변화가 생겼다. 안동이 대구교구에서 분할되면서 안동교구가 새롭게 설정된 것이다. 왜관감목대리구에 속하던 점촌본당도 안동교구 관할로 바뀌었다.

안동교구의 초대 교구장으로 두봉 주교가 선임되었다. 두봉 신부의 주교 착좌식이 8월 15일 안동 목성동성당에서 거행되었다. 안동교구에 속하는 본당의 신부들이 그날 모두 모였다. 한국 신부 셋, 프랑스 신부 셋, 독일 신부 셋이었다. 다 같이 점심 식사를 하고 나서 두봉 주교는 사제들에게 사목지를 임명했다.

안동교구는 18개 본당에 공소 숫자만 175개나 되었지만 사제는 턱없이 부족했다. 가난한 농촌 지역이 대부분인 안동교구를 짊어지고 갈 길이 멀어 보였으나 두봉 주교의 표정은 밝았다.

두봉 주교는 안동교구로 편입된 점촌본당을 임 신부가 그대로 지켜 주기를 바랐다.

"임 신부님은 점촌본당을 그대로 맡아 주시면 좋겠습니다."

주임신부의 본국 휴가 동안 임시로 맡고 있던 임 신부로서는 쉽게 대답할 수 없는 입장이었다.

"걱정하지 마세요. 아르놀트 신부님께는 이미 편지로 말씀을 드렸습니다."

그때 본국 휴가를 가 있던 아르놀트 신부는 한국에서 편지를 받고 자신의 임지가 갑자기 점촌에서 해평본당으로 바뀐 사실을 알게 되었다. 통보를 받고 아르놀트 신부는 서운함을 감추지 못했다고 한다. 그가 점촌본당에 쏟은 열정을 모르는 사람은 없었다. 하지만 받아들이지 않으면 어쩌겠는가 ….

베네딕도회는 왜관감목대리구로서 본당 사목에 열성을 다해 왔지만 서서히 그 입지가 좁아지고 있었다. 본당 중심의 선교 활동에 대한 재고의 목소리가 수도원 안팎으로 높아지고 있던 시기이기도 했다.

새로이 설정된 안동교구를 책임진 두봉 주교는 공의회 정신에 따라 새로운 교회상을 구현하고자 노력했다. 그러나 안동교구는 지금이나 그때나 한국에서 가장 가난한 교구로서 재정적으로 어려움이 컸다. 그 부담을 해결하기 위해 두봉 주교는 동분서주했다. 외국의 교구와 기관들에 원조를 요청하는 한편, 내부적으로는 사제들에게 가난의 영성을 강조하면서 부족하지만 서로 나눠 가지는 형제애를 강조했다.

두봉 주교는 교구의 본당들을 자주 방문하면서 신설 교구의 기초를 다지는 데 힘썼다. 평신도들과 함께하는 자리도 되도록 많이 가지려 했고, 사목 현장을 둘러보는 데도 기꺼이 시간을 냈다. 신자들과 어울려 식사를 하고, 날이 지면 시골 본당의 빈한한 사제관에서 새우잠을 마다 않고 묵어 갔다. 두봉 주교는 언제나 밝고 소탈한 모습으로 신자들을 대했다. 자그마한 체구에 웃음을 잃지 않는 이 파란 눈의 주교를 안동교구 신자들은 진심으로 좋아하고 따랐다.

두봉 주교는 점촌본당에도 자주 와서 강론을 했다. 신기하게도 두봉 주교가 강론을 하면 신자들이 감동의 눈물을 쏟았다. 두봉 주교의 강론 때는 분심이 들지 않았다. 주교의 강론에서 큰 위안을 받고 하느님 나라를 생생히 체험한 신자들은 더욱 눈이 빛나고 표정도 밝아졌다. 그리고 마지막은 항상 눈물바다였다. 단순하면서도 진심 어린 강론이 신자들 마음에 오롯이 전달된 것이다.

두봉 주교는 가난한 시골 본당 신자들의 아픔이 무엇인지 잘 헤아리는 진실한 목자였다. 게다가 한국말도 무척 잘했다. 언제쯤이면 나도 두봉 주교처럼 한국말을 잘할 수 있을까, 그런 날이 오기는 할까, 임 신부는 부러울 따름이었다. 하지만 한국어 실력보다 진정 부러웠던 것은 언제나 신자들을 감동시키는 주교의 그 따스한 성품이었다.

두봉 주교는 본당을 방문할 때 버스를 타고 다녔다. 로마의 주교는 검정 벤츠를 타고 다닌다지만 안동의 주교에게는 너무 먼 이야기였다. 덜컹거리며 비포장도로를 달리는 시골 버스는 언제나 만원이었다. 설사 자리를 잡고 앉는다 하더라도 이 자상한 주교가 어린아이를 그냥 서 있게 할 리가 없었다. 무릎에 앉히고 오는 경우가 많았다. 하루는 점촌본당에 들어서는 두봉 주교의 옷에 덕지덕지 얼룩이 져 있었다.

"주교님, 옷이 왜 이래요? 뭐가 많이 묻었네. 어쩌다가 이렇게 더러워진 거예요?"

"아니, 별거 아닙니다. 얼른 물로 닦아 내면 됩니다. 이거 좀 닦을 수 있지요?"

식복사 아주머니는 얼른 물수건을 가져다가 주교의 옷에 묻은 얼룩을 닦아 냈다. 하지만 쉽게 지워지지 않았다. 얼룩이 진 사연인즉 버스에서 어린아이를 무릎에 앉혔는데 그 아이가 멀미를 하면서 주교 옷에다 토하는 바람에 그렇게 되었다는 것이다. 아이가 버스를 자주 타 보지 못해서 멀미를 심하게 한 모양이라며 주교는 안타까운 표정을 지었다. 두봉 주교의 얼굴에는 양들을 지키고 돌보는 목자의 깊고 따스한 사랑이 배어 있었다.

두봉 주교의 언행은 젊은 선교사인 임 신부에게는 하나의 큰 모범이었다. 두봉 주교는 가톨릭 농민회를 통해 농민 사목을 구현하려 했다. 강제로 선교지를 떠나야 하는 고통도 겪었지만, 시국 문제가 생길 때마다 정의와 양심의 편에 서서 한 발짝도 물러서려 하지 않았다. 안동교구 사제들의 강경한 시국 발언이나 기도회가 있을 때마다 정부와 기관은 두봉 주교를 강하게 압박했으나 그는 사제의 양심과 책임, 그리고 신자들에 대한 신뢰를 한결같이 강조했다. 두봉 주교는 가장 낮은 곳에서 주교직을 수행하고자 노력했다.

막 사목 활동에 나선 임 신부는 이 같은 두봉 주교의 모습에서 큰 가르침을 얻었다. 정치적 암흑기를 지나고 있는 한국 사회와 민주화를 바라보는 두봉 주교의 시각에 임 신부는 전적으로 공감하고 있었다.

마오로 기숙사(1969년 11월~1975년 2월)

점촌본당 사목은 짧게 끝났다. 1969년 11월 오도 하스 아빠스가 수도원의 기숙사 사감으로 임 신부를 임명했다.

"마오로 기숙사를 맡아 줄 사람이 임 신부님밖에 없어요."

오도 하스 아빠스는 임 신부가 점촌본당 사목에 깊은 애정을 가지고 있다는 사실을 잘 알고 있었다. 하지만 수도원 내의 사정이 여의치 않았다. 더욱이 안동교구로 관할 지역이 바뀐 점촌본당에 베네딕도회 사제를 남겨 둘 이유가 없다는 의견이 수도원 내에 대두되었으리라는 점을 짐작하는 것도 어렵지 않았다.

오도 하스 아빠스는 임 신부가 독일에서 김나지움 기숙사 학생들을 지도한 경험이 있다는 사실을 떠올렸던 게 틀림없다. 그래서 마오로 기숙사를 맡을 인물로서 최적임자라는 결론을 내린 것이다. 사실 두 번째 요청이었다. 먼젓번에 아빠스에게 기숙사 사감을 맡으라는 연락을 받았을 때 임 신부는 점촌본당에 남아 있고자 하는 뜻을 조심스레 비쳤었다.

"아직 이곳에서 할 일이 많습니다. 좀 더 있고 싶습니다."

당시 임 신부는 점촌본당뿐 아니라 다른 본당과 공소까지 책임져야 했다. 문경본당을 맡고 있던 신부가 갑자기 부산교구로 옮겨 갔고, 또 그 옆 마을 본당은 주임신부가 프랑스로 본국 휴가를 떠나 비어 있었다. 15개 공소 이외에 점촌과 문경 사이에 있는 신기공소도 그의 몫이었다. 일주일 내내 오토바이로 바쁘게 다녀야 했지만 즐거운 나날이었다. 그래서 임 신부는 가능하면 기숙사 사감 직책은 사양하고 싶었다. 점촌본당을 떠나고 싶지 않았다. 어느새 신자들과 정도 많이 들었다. 신자들은 임 신부가 1년도 채 못 있고 떠난다는 사실에 서운함을 감추지 않았다.

"신부님, 가지 마세요. 아직 교리 공부 덜 마쳤잖아요."

"신부님, 저번에 하시던 얘기 마저 해 주세요."

특히 어린아이들은 재밌는 이야기로 교리를 가르쳐 주고, 놀이도 같이 하고, 함께 축구도 하는 이 서양 신부와 헤어지는 것을 못내 서운해했다. 임 신부의 마음도 이와 다르지 않았다. 촌로들의 순박한 인심과 아이들의 산머루 같은 눈동자를 또 어디서 다시 만날까? 지난 한 해 동안 서툴면 서툰 대로 신자들을 위해 온몸의 진액 한 방울까지 다 바쳤으므로 임 신부는 후회도 아쉬움도 없었다. 행복했지만, 그리움은 남을 것이다. 제 젊음의 한 자락과 신자들의 고단한 일상을 뒤로 하고 이제 그는 떠나야 했다. 순명은 모든 사제의 운명이기에 ….

곧 다가올 성탄맞이 채비를 함께 하다 말고 임 신부는 신자들을 남겨 둔 채 수도원으로 돌아올 수밖에 없었다. 저무는 겨울 햇살을 받으며 돌아서는 임 신부의 그림자가 유난히 길어 보였다.

성 베네딕도의 제자인 성 마오로를 주보성인으로 한 마오로 기숙사는 애초에 왜관수도원이 소신학교 형태로 운영할 계획이었다. 청소년 교육의 일환으로 왜관수도원은 순심학원, 김천 성의학원, 함창 상지학원을 운영했다. 1955년 순심고등학교가 개교하면서 마오로 기숙사는 미국 스카일러 수도원의 재정 지원을 받아 1957년 3월 축복식을 거행했다. 맨 처음 30명의 학생이 입사하면서 문을 연 마오로 기숙사는 수도원의 사제성소 발굴이 일차 건립 목표였다. '이 기숙사는 누구나 들어올 수 있지만, 사제나 수도자 지망자를 우선으로 한다'고 분명히 밝히고 있었다. 사제의 꿈을 안고 전국에서 모여든 어린 학생들은 소신학교와 같은 엄격한 일과표를 따르면서 공부해야 했다.

기숙사에는 중학교 1학년생부터 입소해서 고등학교를 졸업할 때까지 생활할 수 있었다. 사제성소자 입소 원칙은 시간이 지나면서 조금씩 바뀌다가 나중에는 원칙에 크게 얽매이지 않게 되어, 성적이 우수하지만 형편이 여의치 않은 학생들도 기숙사에 들어갈 수 있게 되었다. 고교 평준화가 시행되기 전이라 서울이나 광주같이 먼 지역에서도 순심학교를 찾아왔다. 왜관에 마오로 기숙사가 들어설 무렵 사람들은 시골에 왜 이렇게 큰 기숙사를 짓는지 의아해했다. 자식을 제대로 교육시키려면 대도시로 보내야 한다는 게 그들 생각이었다. 그러나 우수한 학생들이 모여들자 지역민들의 생각도 바뀌어 갔다.

 임 신부가 기숙사 사감으로 부임할 무렵 기숙생은 전부 60명이었다. 과연 사제성소자들을 염두에 둔 교육이라 수도생활에 준하는 분위기였다. 기숙생들은 일과표에 따라 생활했으며 규칙을 지키지 않으면 퇴사를 각오해야 했다. 편지 검열은 기본이었다. 저녁 기도 시간부터 이튿날 아침 식사 전까지 침묵을 지키고, 정해진 시간에 잠자리에 들어야 했다. 토요일이면 영어로 말하기 시간을 갖고 영작문 숙제를 발표해야 했다. 사감신부에게 성적표를 받으면서 학업 태도에 대해 지도를 받는 것도 당연한 일이었다.

 임 신부가 기숙사 사감으로 오면서 마오로 기숙생들은 조금 달라진 기숙사 분위기를 느끼게 되었다. 새로 부임한 사감신부는 엄한 규율보다는 부드럽고 자유로운 환경에서 학생들에게 자율을 일깨워 주고자 했다. 항상 열린 마음으로 학생들을 대하면서, 잘못을 꾸짖기보다 스스로 깨달을 때까지 기다려 주었다. 학생들을 인격적으로 대우하면서 스스로에 대한 책임 의식을 갖도록 이끌었다. 그 모습은 영락없는 독일 김나지움의 세바스티안 신부였다.

권위적이지 않고 너그러운 사감신부였지만 기숙사 폭력에 대해서만큼은 매우 엄격한 태도를 보였다. '폭력은 어떠한 경우에도 용납할 수 없는 것'이라고 가르쳤다. 그럼에도 불구하고 기숙생들이 사감신부의 눈을 피해 선후배 사이에 기합을 주는 일이 전혀 없지는 않았다.

2층에 있는 사감신부 방은 북쪽을 면해 있었다. 말할 수 없이 추운 방이었다. 난방장치도 없어 겨울이면 금오산에서 불어오는 북풍한설로 얼음장이 되어 잠을 이루기 힘들 정도였다. 그나마 여름은 좀 나았다. 이 방의 문을 임 신부는 늘 열어 두었다. 학생들이 어려워하지 않고 사감신부를 찾아올 수 있게 하려는 마음에서였다. 자신의 김나지움 시절, 방문을 활짝 열어 놓고 학생들을 기다려 준 율리우스 되프너 주교처럼, 학생들이 사감신부인 자신에게 고민이나 어려움을 털어놓기를 바랐다. 사감신부의 격의 없는 태도는 학생들에게 제대로 전달되었다. 기숙생들은 책임과 자유를 잘 분간하였고 한 인격체로서 존중받고 있다는 자부심을 느낄 수 있었다.

임 신부는 학생들에게 공부 시간만큼 운동장에서 보내는 시간도 소중하다는 것을 알려 주고 싶었다. 직접 학생들과 어울려 운동을 즐겼다. 축구라면 또 왕년의 세바스티안이 아닌가! 축구 시합에서 골키퍼로 나선 그를 학생들은 '철벽'이라 불렀다. 운동과 음악, 그 밖의 여러 예술 활동을 통한 전인교육 프로그램 덕분에 기숙생들은 다채로운 경험을 할 수 있었는데, 그 가운데 특히 음악 활동이 인기 있었다. 아이들은 독일에서 들여온 다양한 악기에 감탄했다. 트럼펫, 아코디언, 드럼, 색소폰 같은 악기를 하나씩 배우게 된 학생들은 1층 연습실에서 신나게 악기를 연주하며 사춘기의 열정을 마음껏 발산했다. 필요하면 개인 레슨까지 받을 수 있었으니, 마오로 기숙생들은 당시로서는 굉장히 높은 수준의 교육 환경을 누렸다고 할 수 있다. 종종 슬라이드 필름과 단편영화를 볼 수 있는 기회도 있었다.

기숙사에서는 일주일에 한 번 저녁 자습 시간에 교리를 가르쳤다. 매일 새벽 미사도 참석해야 했다. 겨울철에는 아침 6시, 다른 계절에는 5시 30분이 기상 시간이었다. 일어나자마자 세수를 하고 미사에 참석하게 되어 있었다. 기숙사 1층에서 미사를 드렸는데 수도원 성당으로 가는 경우도 있었다. 한창 잠이 많은 때였지만 학생들은 이른 아침 짙게 드리워진 안개를 뚫고 종종걸음으로 성당을 향하곤 했다. 그런데 임 신부는 모든 기숙생이 의무적으로 미사에 참석할 필요는 없다고 생각했다. 마오로 기숙사 설립 당시에는 '사제나 수도자 지망자를 우선으로 한다'고 했지만 임 신부 생각은 달랐다.

"여러분이 원하면 미사에 오십시오. 원하지 않는 사람은 도서관에 가서 공부해도 좋습니다. 결코 의무가 아닙니다."

수도원 내 다른 사람들은 임 신부의 이런 태도를 이해하지 못했다. 그래서는 안 된다고 강력히 반대하는 이도 있었다. 하지만 임 신부는 기숙사에서 미사 참석은 의무 사항이 아니라는 소신을 굽히지 않았다.

그는 기숙생들이 반드시 가톨릭 신자일 필요는 없다고 생각했고 그래서 기숙생 중에는 개신교 신자도 더러 있었다. 수요일 저녁마다 예배당에 가야 한다고 외출을 신청하는 학생에게 임 신부는 언제든 다녀오라고 허락해 주곤 했다. 후에 마오로 기숙사 출신 중에 개신교 신학대학에 가서 목사가 된 이도 여럿 되었다. 굳이 가톨릭 기관에서 물질적 지원을 해 가며 개신교 신자를 교육시켜야 하냐고 누군가 물을 때마다 임 신부는 이렇게 대답했다.

"가톨릭 신자든 개신교 신자든, 설사 아무 종교도 가지고 있지 않더라도 누구나 순심학교에서 공부할 수 있고 기숙사에 들어올 수 있습니다. 우리 기숙사에 들어오는 조건은 신앙이 아니라 시험 결과입니다. 어떤 종교를 가질지는 자기 스스로 결정할 일입니다. 조건이나 형편 때문에 신앙을 결정할 수는 없지 않습니까?"

결코 강요에 의해서 신앙을 가져서는 안 된다는 점을 분명히 한 것이다. 그가 기숙사 사감으로 지내는 동안 세례를 받은 학생은 고작 두 명이었지만 임 신부는 전혀 개의치 않았다. 그에게는 '사람'만이 중요했다. 사람이면 누구나 하느님의 아들딸이었다. 예수도 사마리아 사람을 가슴에 품었다. 적어도 임 신부는 그리 알아들었다.

1984년 2월 문을 닫기까지 마오로 기숙사를 거쳐 간 학생은 310명에 달했다. 그 가운데 가톨릭 성직을 희망한 학생이 50여 명이나 되었다. 현재 왜관수도원의 이형우 아빠스, 3대 아빠스였던 이덕근 신부, 그리고 지금 왜관수도원 원장인 김종필 신부도 마오로 기숙사가 배출한 인재들이다. 대구교구의 여러 본당에서도 이제는 의젓한 사제가 된 기숙사 출신 학생들을 만나 볼 수 있다.

임 신부는 성적은 우수하지만 집안 형편 때문에 고등학교 진학이 어려운 농촌 지역 학생들에게 공부할 수 있는 기회를 주고 싶었다. 그는 직접 시골 중학교를 찾아가 졸업반 학생 중에 순심고등학교에 올 만한 학생들을 선발했고, 그들이 기숙사 시험을 통과하기만 하면 학비와 기숙사비 전액 무료로 학교를 다닐 수 있는 장학제도를 마련했다. 그 제도를 통해 입학한 학생들은 내내 반에서 1, 2등을 다투었다. 다들 열심히 공부하는 우수한 인재들이었다.

임 신부는 만 5년 넘게 기숙사 사감으로 일했는데, 그렇다고 그 기간 내내 기숙사 일만 한 것은 아니었다. 그것 말고도 할 일이 많았다. 왜관수도원 관할의 여러 본당에서 사목적으로 도움을 청하면 그때마다 달려가야 했다.

 1970년 무렵 요셉 챙글라인(송만협) 신부가 주임으로 있던 화령본당으로 가는 일은 즐거웠다. 상주를 지나 해발 700미터 높이의 가야산 중턱에 있는 화령본당은 여름이면 왜관이나 상주보다 훨씬 시원했다. 임 신부의 수련기에 특별한 인연이 있었던 요셉 신부는 임 신부와 산길을 걸으면서 지난날 되프너 추기경과 함께했던 김나지움 시절 이야기를 신이 나서 들려주곤 했다.

'시청각 종교교육 연구회'를 꾸려 가는 일도 임 신부의 몫이었다. 다양한 교리 교재를 만들어 내기 위해 시작한 이 연구회에서 시청각 교리 교재를 제작하면서 임 신부는 자연스럽게 기숙사 학생들을 참여시키기도 했다. 독일에서 들여온 그림 성경 교재를 한국어 교본으로 제작하기 위해서 고무 판화 작업을 할 때였다. 한 학생에게 고무 판화 제작을 맡겨 보았더니 놀라울 정도로 완벽하게 표현해 내는 것이었다. 임 신부는 학생들을 통해 한국 사람들의 뛰어난 손재주와 예술적 감각을 엿보게 되면서 감탄과 의문을 동시에 가지게 되었다.

'교회는 어째서 신자들이 지닌 이 훌륭한 예술 감각을 활용하려 하지 않는 것일까?'

결국 의문에 대한 해결책은 임 신부 스스로 만들어 내야 한다는 사실을 깨달았다. 그리고 바로 실천에 옮겼다. 일찍이 뮌헨 대학 시절부터 싹 틔웠던 영화에 대한 관심과 갈고 닦은 지식들이 한국 땅에서 꽃 피우고 열매 맺게 된 것이다. 1971년부터 시청각실을 본격적으로 가동하여 각종 종교교육을 위한 슬라이드와 사진, 영상물을 만들어 내기 시작했다.

이 효과적인 기법의 원조는 그 누구도 아닌 바로 예수였다. 그분은 항상 비유로 말씀하셨다. 이를테면 "하늘나라는 밭에 숨겨진 보물"(마태 13,44)과 같고 "온갖 종류의 고기를 모아들인 그물"(마태 13,47)과 같은 것이었다. 그것은 또한 "겨자씨"(마태 13,31)요 "누룩"(마태 13,33)이며 "좋은 진주를 찾는 상인"(마태 13,45)이었다. 예수는 하늘나라를 추상적인 이론이나 물샐틈없는 논리로 설명할 수도 있었을 것이다. 그러나 그리하지 않은 것은 "저들이 보아도 보지 못하고 들어도 듣지 못하고 깨닫지 못하기 때문"(마태 13,13)이었다. "저들"이 누구인가? 말씀을 갈망하는 익명의 백성들 아닌가? 그들이 이스라엘 사람이든 한국 사람이든 무엇이 다른가?

예수의 비유는 바로 그림이었다. 추상과 논리의 시각화였다. 너와 나, 뭇사람들이 알아보지 못하는 신비를 드러내 눈앞에 확연히 보여 주는 기발한 방책이었다. 2천 년 전의 이름 없는 군중들처럼, 임 신부 주위에도 많은 이가 복음에 목말라했으나 쉽게 다가가는 길을 알지 못하여 애태우고 있었다. 임 신부는 그들의 원의를 읽었다. 그렇다면, 말씀을 그림으로 보여 주자! 길고 어렵게 설명하지 말자! 예수가 그랬던 것처럼, 보물과 그물과 겨자씨와 누룩을 통해 하늘나라를 드러내 보이면 될 일이었다.

비유가 그림이면, 정지된 그림은 사진과 슬라이드요 움직이는 그림은 영화였다. 말과 글로 들을(聞) 것을 그림으로 보게(見) 된다면 믿기가(信) 더 쉬울 것이다. 그래서 '백문이 불여일견'이다. 임 신부는 신이 났다. 영상 매체를 통한 복음 전파라는 새로운 길을 찾아낸 것이다.

당시만 해도 우리의 시골 마을에서는 영상 매체를 접하기가 쉽지 않았다. 텔레비전은 말할 것도 없고 영화관도 중소 도시가 아니면 구경 못하던 시절이었다. 임 신부가 직접 만든 시청각 자료들은 도회지 학생들뿐 아니라, 문화의 응달에서 숨죽이고 사는 벽지 신자들에게도 신통하고 값진 보물이 될 것이었다. 두고 떠나온 성주와 점촌의 신자들을 생각하면 무시로 가슴이 먹먹했는데, 언제라도 이렇게 멋진 프로그램을 매개로 그들을 다시 만나게 된다면 그 또한 서로에게 얼마나 큰 기쁨일 것인가!

임 신부의 이 소박한 꿈은 장차 엄청난 파급효과를 몰고 올 나비의 작은 날갯짓과 같은 것이었다. 그것이 조용한 혁명의 시작이었음을 임 신부 자신도 그때는 몰랐다.

기숙사 사감과 시청각 업무에 혼신의 열정을 쏟아붓고 있던 그에게 또 다른 소임이 기다리고 있었다. 그 소임은 … 생각보다 … 무거웠다.

책 속에 혼을 담아

책을 만드시오

1971년 가을, 왜관수도원 제2대 아빠스이자 베네딕도 수도회 첫 한국인 아빠스로 선출된 이동호 아빠스가 임 신부를 불렀다.

"신부님, 출판사를 한번 맡아 보시겠습니까? 분도출판사를 책임지고 운영해 보십시오!"

출판사라 …. 출판사가 무슨 일을 하는 곳인가, 책 만드는 곳 아닌가. 책이란 종이 위에 글을 담아 묶어 놓은 물건이다. 글이란 사람의 감정과 사람의 생각, 사람의 마음이 문자라는 도구를 통해 세상 밖으로 드러난 것이다. 마음은 그 자체로 드러나지 않고 말도 허공으로 흩어지지만, 글은 기록되고 보존되어 동시대인과 후대인에게 전해진다. 하느님 말씀도 글로 남았고, '성경'이라는 책의 형태로 우리에게 전해졌다. 문명은 문자와 글에서 태동했다. 책은 참으로 신묘한 물건이다. 그런 물건을 만들게 되다니, 순간 임 신부는 짜릿한 전율을 느꼈다.

이미 시청각 교재를 만들고 있었기에 출판은 그리 낯선 일도 아니었다. 임 신부는 기꺼이 소임을 받아들였다. 그동안 하느님 말씀을 그림과 영상으로 전하는 일에 재미와 보람을 느꼈지만, 거기에 책이라는 또 다른 매체를 보태면 사유思惟와 논리에 익숙한 이들의 지적 욕구도 긴 호흡으로 충족시킬 수 있으리라 여겼다. 영상이든 문자든 수단만 다를 뿐, 복음 전파라는 한 가지 목적에 봉사하기는 매한가지였다.

아빠스는 한 가지 소임을 더 맡을 것을 명했다.

"인쇄소 일도 같이 하시면 좋을 것 같습니다. 지금 기숙사 사감으로 하시는 일이 많다는 것을 알지만 꼭 맡아 주셨으면 합니다."

임 신부는 잠시 고민했다. 출장이 잦으면 사감 일과 병행하기가 곤란할 것 같았지만 적임자를 찾을 동안 우선 1년만 인쇄소 일을 병행하기로 했다.

시간이 흐르면서 인쇄소와 출판사의 업무는 분리되었지만 베네딕도 수도회가 인쇄소를 설립한 일을 출판사의 효시라고 보는 이들도 있다. 전통적으로 베네딕도 수도회는 문서 선교의 역할을 매우 중요하게 여겼다. 세계 어디든 베네딕도 수도회가 진출하는 곳이면 제일 먼저 인쇄 시설부터 갖추고 전례서, 성가, 교리서 등을 찍어 보급했다고 한다. 1927년 덕원수도원이 들어서면서 바로 설립한 인쇄소(당시 인쇄방)는 전례 운동의 선구인 베네딕도회의 각종 전례서 보급과 문서 선교에서 일익을 담당했다.

당시 덕원 인쇄방의 첫 번째 시설물은 발로 눌러 가면서 가동하는 일제 인쇄기였고, 그 인쇄기에서 나온 최초의 인쇄물은 '미사 양식'이었다. 1931년 대림 첫 주부터 나온 그 미사 양식은 매주 덕원과 연길 지역의 여러 성당에 두루 배포되었다. 이듬해부터 각종 미사책 번역에 착수했으며 얼마 후에는 『미사 규식』과 『주일미사 경본』이 나왔다. 연이어 성인용, 아동용으로 『매일 미사 경본』이 나왔고 세례, 고해, 성체 등 각종 성사에 관한 책과 성무일도에 관한 책이 쏟아져 나왔다. 전례서만이 아니라 각종 문답서와 성가집, 아동용 그림성경도 나왔다.

그러나 아쉽게도 덕원 인쇄방은 오래가지 못했다. 해방 후 들어선 공산 정권의 탄압으로 수도원이 폐쇄되면서 인쇄 사업은 중단되었고 그때 발간된 책도 모두 불태워졌다. 다행히 수사들이 남한으로 피신하면서 가져온 자료 몇 권이 당시 인쇄소의 역사를 증언하는 흔적이 되었을 뿐이다.

왜관수도원이 기반을 다져 가던 1950년대 후반, 인쇄소가 들어섰다. 사실 외형적으로는 진작부터 모든 준비가 갖춰져 있었다. 기숙사 안에 마련된 인쇄소에는 상트 오틸리엔 수도원에서 들여온 중고 하이델베르크 실린더 인쇄기와 종이 절단기가 설치되어 있었고, 식자 기사로 로코 시벨(신) 수사가 파견되어 있었다. 뮌스터슈바르작 수도원에서 전문 출판 경영 교육을 받고 한국으로 파견되어 온 이소 샤이빌러(심) 신부도 있었고, 특히 덕원 시절부터 뛰어난 제본 기술로 수많은 인쇄물을 다루어 온 비토 슈텡거(백오리) 수사도 있었다. 비토 수사 역시 북한 수용소 시절을 겪어 내고도 기꺼이 한국으로 재파견되어 자신의 인쇄 기술이 하느님 말씀 사업에 쓰이기를 고대하는 중이었다.

당시로서는 상당히 양호한 설비에다 출중한 인력이 상주하고 있는데도 수도원 인쇄소에서 생산해 내는 물량은 미미한 수준이었다. 수도원 내에서는 인쇄소에서 도대체 무얼 하는지 모르겠다는 성토의 소리가 들리곤 했다. 인쇄 담당 수사들이 하는 일이 그저 기계 닦는 일이 아니냐는 말까지 나왔다. 당시 인쇄소에서 일하던 어떤 신부조차 가끔 편지나 쓰는 일에 만족할 뿐이라고 자조 섞인 푸념을 늘어놓았다. 일감을 찾는 일이 만만치 않은 인쇄소를 맡는 일은 누구에게라도 부담이 되는 일이었다.

분도출판사 3대 사장으로 임 세바스티안 신부를 임명한 것은 어쩌면 가장 탁월한 선택이었는지 모른다. 산업화 바람이 거세게 불기 시작한 한국 사회에서 베네딕도 수도회는 이러한 시대 변화와 요구에 발 빠르게 부응하는 선교 활동이 시급했다. 출판사의 역할이 그 어느 때보다 중요하게 대두되는 시기였다. 임 신부야말로 당시 분도출판사를 맡기에 가장 적합한 인물이었다는 것은 그 후 출판사를 통해 보여 준 활약으로 증명되었다. 뷔르츠부르크와 뮌헨에서 연마한 전문 지식과 유년 시절부터 습관이 되다시피 한 폭넓은 독서 덕분에, 현대 신학 동향과 탁월한 학자를 식별하는 눈이 날카로웠고 한국 사회와 한국 교회가 무엇을 원하는지 읽어 내는 감각 또한 타의 추종을 불허했다. 게다가 어떤 일에도 지칠 줄 모르는 젊음과 열정과 건강으로 무장하고 있었다.

한국에 온 지 5년이 된 젊은 사제는 한국 사회의 맥을 짚을 줄 알았다. 잠시였지만 이미 두 곳에서 본당 사목을 해 보았고, 기숙사 사감 생활을 통해서 한국 교육 현장을 경험했다. 또 시청각 교리 교재를 연구하면서 선교라는 측면에서 한국 교회가 가지고 있는 한계와 전망을 분명히 직시할 수 있었다. 한국 사람들과 그 심성에 대한 이해도 해를 더할수록 깊어졌다. 그는 한국 사람들이 좋았고 자신의 마음과 여러모로 맞는다고 여겼다.

 그동안의 경험과 앞으로의 기대를 출판 사업에서 어떻게 구현해 낼 것인가, 그것이 고민이었다. 소임을 맡은 첫해는 모색의 시간이었다. 무슨 책을 내야 할지, 또 베네딕도회가 가지고 있는 출판 전통을 오늘날 한국 사회와 어떻게 관계 맺어 가야 할지 고민스러웠다. 덕원 수도원에서 시작된 베네딕도회 출판 전통의 정신을 왜관에서도 그대로 이어 가는 일이 자신의 중요한 소임임을 임 신부는 분명히 인식하고 있었다.

출판이라는 도구로 하느님 말씀을 세상에 전하고자 노력한 분도출판사는 선배 책임자들, 특히 제2대 사장인 코르비니안 슈래플(주성도) 신부를 통해 수도생활과 전례에 관한 내용을 중심으로 출판을 해 오면서 어느 정도 궤도에 올라 있었다.

1962년 5월 7일 정식으로 출판 등록을 마친 분도출판사는 첫 책으로 『성 베네딕도 수도규칙』을 출간했다. 장면 박사가 번역한 『나는 왜 고통을 받아야 하나』와 『사랑이 익기까지』, 『예수의 생애』 등이 그 뒤를 이었고, 이듬해에는 『구세사』가 수도원 편역으로 나왔다.

코르비니안 신부는 출판사 책임자로 부임하기 이전에 이미 티모테오 비털리(이성도) 원장신부의 명을 받아, 덕원수도원 시절 루치오 로트(홍태화) 원장신부가 만든 『매일 미사 경본』의 개정판을 펴냈다. 1963년 출판된 이 미사 경본은 1966년까지 30만 부가 팔려 나가 한국 교회의 미사 전례서로 널리 사용되었다. 덕원 시절의 전통을 살린 미사 경본 개정판은 모두의 간절한 바람이었다. 마침내 미사 경본이 나왔을 때 모든 수도 형제가 크게 기뻐했다고 한다.

임 신부 전임자로서 8년 동안 출판사를 맡아 온 코르비니안 신부는 성경 관련 도서 10여 종을 출판했다. '성경의 세계' 시리즈로 『시편은 우리의 기도』(1967), 『하느님의 아들 그리스도의 증인들』(1968), 『구약과 신약의 빠스카』(1968), 『예수의 비유』(1969) 등이 나왔다. 셸클레의 『신약 성서 입문』, 『모세오경』 등도 1969년에 출간되었고, 한국 천주교 주교회의에서 위탁한 『미사 경본』도 만들어 냈다. 이렇듯 분도출판사는 임 신부 이전 10년 동안 이미 신학 전문 출판사로서의 기반을 착실히 다지고 있었고, 그 탄탄한 저력을 바탕으로 임 신부는 출간 도서를 한층 다양화하여 신앙과 인식의 지평을 넓혀 가기만 하면 될 일이었다. 그러나 매사가 생각처럼 순조로울 수 없음을 알게 되기까지는 그리 오랜 시간이 걸리지 않았다. 70년대의 한국 정치 현실이 분도출판사와 임 신부에게 그리 따뜻하지만은 않았던 것이다.

1964년 당시 오도 하스 아빠스는 수도원 전례 쇄신에 새로운 각오를 다졌다. 그래서 부산 올리베따노 수녀원 지도신부로 있던 코르비니안 신부를 왜관으로 불러들여 새로 문을 연 피정의 집 책임자로 임명하고 피정 지도와 교리교사 강습을 맡겼다. 1965년 초 문을 연 베네딕도 피정의 집은 신자들의 신앙을 심화하는 데 크게 기여했다. 개인 피정뿐 아니라 그룹 피정도 이루어졌는데 1965년 한 해에만 피정 횟수가 60회를 넘어설 정도였다.

문제는 피정 지도자였다. 모두가 독일에서 젊은 세대가 와서 이 일을 맡아 주기를 바라던 참이었다. 플라치도 베르거, 세바스티안 로틀러, 스테파노 라스터 같은 젊은 신부들이 한국에 도착한 것이 이즈음이었다. 피정의 집에서는 연일 전국의 사제들을 대상으로 새로운 전례 교육이 이루어지고, 각 지역 교리교사들을 위한 강좌가 열리고 있었다.

이때까지 피정 지도와 교리 연구, 거기다가 출판사까지 겸해서 코르비니안 신부가 일하고 있었는데, 그는 예순 넘은 나이가 벅차다며 신동본당으로 옮겨 가기를 원했다. 그리고 얼마 후에는 원래 있었던 부산 수녀원 지도신부로 떠났다. 이리하여 분도출판사는 새로운 책임자가 필요해진 것이다.

1972년 임인덕 세바스티안 신부는 분도출판사 사장에 정식 취임했다. 이제부터 그는 무엇을 해야 할지와 더불어 무엇을 하지 말아야 할지도 정확히 알 필요가 있었다. 그것이 책임진 사람으로서 마땅히 판단해야 할 우선적 사안이었다.

모름지기 출판사는 '좋은 책'을 내야 한다. 그렇다면 어떤 책이 '좋은 책'인가? 새롭게 출판사를 맡은 임 신부는 이 근본 물음에서 한순간도 자유롭지 못했다. 어떤 책이 '좋은 책'일까? 생각하고 또 생각해도 임 신부의 대답은 물음만큼이나 간단했다. 사람을 어떻게든 선한 방향으로 인도하는 책, 사람을 착하게 만드는 책이 좋은 책이었다. 임 신부는 이 말보다 '정확한' 대답을 찾아낼 재간이 없었다. 더 이상의 대답은 말로 할 것이 아니었다. 말로써 말하게 할 것이 아니라 책으로써 말하게 할 것이었다.

성난 70년대, 현실에 도전하다

출판사 사무실 책상에 바티칸 소인이 찍힌 편지 봉투가 놓여 있었다. 임 신부는 얼른 봉투를 열어 보았다. 반가운 소식이었다. 교황청 정의평화 위원회 공보 문서국의 사무국장에게서 온 번역 허가 통지서였다.

분도출판사 사장 귀하

바바라 워드 여사의 저서 『성난 70년대』의 한국어판 번역 허가를 요청해 온 귀하의 1972년 9월 5일 자 서한을 반갑게 받아 보았습니다. 우리는 잭슨 부인이 동서의 한국어판 출판에 동의했음을 기쁜 마음으로 알려 드립니다. 따라서 귀하는 일에 착수하실 수 있습니다. 귀하가 추진하는 한국어판의 번역과 출판 및 보급이 크게 성공하기를 빌며, 아울러 책이 발행되면 몇 권을 정의 평화 위원회 공보 문서국으로 보내 주시기 바랍니다. 교황청 정의 평화 위원회의 사업에 관심을 가져 주심에 깊이 감사드립니다.

『성난 70년대』는 임 신부가 출판사를 맡은 후 처음으로 출간하기로 마음먹은 책이다. 이동호 아빠스로부터 출판사를 맡으라는 명을 받고 처음 1년간은 단 한 권의 책도 내지 않았다. 다만 어떤 책을 낼 것인지 오래 고민했다. 그 어느 때보다 귀하고 진중한 시간이었다. 출판이란 무엇보다 중요한 복음 전파 수단이다. 어떤 책으로 출판 방향을 드러낼지 숙고한 끝에 그는 『성난 70년대』를 선택했다.

영국의 한 여류 경제학자가 쓴 책으로, 세계 평화와 사회정의에 배치되는 후진국의 경제개발과 환경 문제에 대해 신랄하게 비판하는 내용이었다. 이 책의 저자인 바바라 워드는 오늘날 '지속 가능한 발전'이라는 개념을 맨 먼저 제기한 선구적인 환경학자로 재평가되고 있다.

애초 교황청 정의 평화 위원회는 위원의 한 사람인 바바라 워드 교수에게 향후 10년 안에 우리에게 닥칠 문제를 잘 파악하고 깨우쳐 줄 만한 논문을 청탁했는데 그 소산이 바로 『성난 70년대』였다. 저자는 개발의 시대인 70년대에 대해 이렇게 피력했다.

차가운 무관심을 거쳐 파멸로 옮아가고 있는 현 세계의 추세를 역전시킬 시간적 여유가 많다고 생각하기 어렵다. 그러나 크리스천은 징조를 필요로 하지 않는다. 오히려 크리스천이 징조를 만드는 것이다. 크리스천은 사랑과 평화의 나라의 공동 창조자로서 현세의 모든 부와 힘과 기술은 죽음이 아니라 생존을 위한 일에 쓰이도록 마련될 수 있다는 표징을 보여 주어야 할 소명을 받고 있다. 그래서 우리는 기적이란 다름 아니라 우리를 아끼시는 하느님의 선의라는 믿음을 가지고 "빛이 있는 동안에" 일을 할 수 있는 것이다(『성난 70년대』 87).

임 신부가 이 책을 선택한 이유는 여기에서 제기하는 문제점이 당시 한국 사회에도 바로 적용될 수 있는 것이었기 때문이다. 한국 사회에서 환경이라는 주제는 당시만 해도 시기상조였다. 독재 치하에서 신음하는 사람들이 환경에 눈 돌릴 겨를도 없었거니와, 한국은 그야말로 건설의 망치질 소리가 방방곡곡에서 울려 퍼지는 중이었다. 잘살게 해 주겠다는 구호에 홀린 사람들에게 환경 문제는 전혀 와 닿지 않는 먼 나라 이야기였을 뿐이지만, 임 신부는 이런 문제에 대해서 이 땅의 사람들이 눈을 떠야 한다고 생각했다.

『성난 70년대』(1972)는 분도출판사가 시대의 징표를 읽어 나가겠노라고 천명한 첫 번째 책이기도 하다. 장차 어떤 책을 펴낼지 그 방향성을 제시하는 중대한 지표가 되는 책이라 할 수 있었다. 어둠을 밝히는 등불과 같은 책을 만들고자 하는 의지를 담은 책! 분도출판사를 맡아 1993년까지 총 400여 권의 책을 펴낸 임 신부의 첫 작품 『성난 70년대』는 100쪽도 안 되는 얇은 소책자로 장고 끝에 세상에 나왔다. 하지만 별 반응을 얻지 못했다. 오히려 너무 앞서 나간 책이라는 평을 받았다. 개발 지상주의가 팽배한 한국 사회에 환경 문제를 다루는 책이라니!

1981년 출간한 『핵 산업의 약속과 허구성』, 1987년 출간한 『공업 사회의 붕괴』 등도 이런 맥락에서 읽어야 할 책이었다. 한 세대 전의 통계 자료들이라 지금은 아쉽게도 절판되었지만 이 책들이 전하는 문제의식과 경고만큼은 차라리 오늘날 더 강한 호소력을 발휘할 법하다. 주위 사람들은 임 신부에게 제발 '반 발짝'씩만 앞서 나가라고 충고했다. 그러나 임 신부는 눈앞의 이익을 위해 보폭을 조절하는 법을 알지 못했다.

임 신부는 출판 사업의 내용을 크게 두 개의 축으로 나눠, 한편으로는 신학과 성경 관련 서적을 펴내고, 다른 한편으로는 사회정의와 건전한 사회의식을 고취하는 서적을 발간하고자 했다. 임 신부의 작업은 탄력을 받기 시작했다.

복음화 사업으로 영성신학과 교부학, 성경을 우선적으로 출판했다. 성서학과 교의신학, 기초신학, 윤리신학, 실천신학 분야에서도 중량감 있는 도서들을 계속 쏟아 냈고 한국 가톨릭교회에 필요한 총서 발간도 서서히 준비하기 시작했다. 그러나 '교부 문헌 총서', '아시아 신학 총서', '종교학 총서', '사목 총서' 등이 오랜 기획과 준비 단계를 거쳐 세상의 빛을 본 것은 1980년대에 들어서였다. 이 총서들은 2000년대 이후부터 기획·출간되기 시작한 '신학 텍스트 총서'와 더불어 국내 신학 발전과 사제 양성에 획기적인 전기를 마련했다.

초창기 임 신부의 출판 스펙트럼은 의외로 광범위했다. 꼭 종교나 신학이 아니라도 좋은 책이기만 하면 인문·사회과학 분야나 심지어 문학과 아동 도서 영역까지 마다하지 않았다. 환경과 여성 문제도 그가 다루고 싶어 한 테마였다.

지금도 크게 다를 바 없지만 당시에도 지방에는 출판사가 매우 드물었다. 게다가 분도출판사는 독일어권 서적의 번역 출간에 비교적 강세를 보였다. 그 분야의 출간 의뢰가 몰릴 수밖에 없었다. 이쯤에서 임 신부는 당시 한국 사회에 가장 절실한 출판물이 어떤 것인지 파악하여 나아갈 방향을 잡고 우선순위를 정하기로 했다.

왜관수도원은 1960년대 국내 정치 현실을 애써 외면하는 듯했다. 선교 활동을 지키려는 일종의 자구책이었다. 1961년도 왜관수도원『연대기』는 이렇게 밝히고 있다.

> 1961년 5월 16일 권력을 장악한 군사정권은 실업과 부패를 몰아내고 자립 경제의 기틀을 마련하기 위해 무던히 노력했다. 포괄적인 경제개발 계획도 수립되어 있다. 왜관수도원은 이 정권의 통치 방법에 대해 가족계획 정책에 대해서만 유감을 언급했을 뿐 별다른 언급이 없었다.

당시 정부가 추진하던 산아제한 정책은 가톨릭 교리와 근본적으로 배치되는 것이라 반대 의사를 밝힐 수 있었던 것이다. 그러다가 60년대 말에 이르러 수도원은 서서히 밖으로 시선을 돌리려 하고 있었다. 독재 정권에 항거하는 구체적인 움직임이 분도출판사와 대구 가톨릭 신학원을 중심으로 일기 시작했다. 임 신부는 이러한 변화의 흐름을 놓치지 않았다.

임 신부가 펴낸 두 번째 책은『현실에 도전하는 성서』(1973)였다. 임 신부가 신자들에게 무척 읽히고 싶어 한 책이었다. 이 작은 책은 처음에 독일에서 나왔다. 1969년 독일에서 발간된 후 영문판이 1972년에 나오고 불과 1년 만에 한글판이 나왔다. 정학근, 이형우, 박효종, 정하영이 함께 번역했고 장익 주교(당시 신부)와 박상래 신부가 감수를 했다. 당시 한국 사회에서 보기 드문 내용이 담겨 있는 책이었다. 영문판 제목 'Radical Bible'(급진적 성경)이 가리키는 대로 본문에 인용된 성경 구절은 모두 사회정의에 관한 내용이 주를 이루었다.

서문에 신자들에게 전하는 글이 있다.

> 신구약 가운데서 몇 가지 대목을 뽑아 그 사상이 최근에 발표되는 여러 문헌에 어떻게 반영되고 있는지를 보여 줌으로써, 성경이 수천 년 전의 고전으로만 이해되는 것이 아니라 현재 우리 생활을 이끌어 가는 지침이 되고 있다는 사실을 알려 준다.

이 책은 성경을 새로운 안목으로 읽게 하고 새로운 의미를 찾아내는 길잡이로 제시한다. 예를 들어 "옷을 두 벌 가진 사람은 못 가진 이에게 나누어 주어라. 먹을 것을 가진 사람도 그렇게 하여라"(루카 3,11)라는 구절을 들 수 있다. 이 성경 구절과 베를린 주교회의에서 나온 다음의 내용을 서로 관련지어 독자들로 하여금 그 의미를 새기게 한다.

> 개발 정책이 교회와 무슨 관계가 있는 것일까? […] 교회는 그런 이질적인 일에 휘말려 들어가야 할 이유가 있는가? 크리스천 공동체는 사실 이러한 도피적인 사상에 너무나 오랫동안 안일하게 젖어 있었다. 기존 질서를 유지하는 데 만족함으로써 하느님께서 우리 공동체로 하여금 보다 먼 곳을 내다보고 미래를 향하여 나아가도록 이끌고 계시다는 사실을 망각하는 유혹은 우리에게 있어서 너무나도 크다. 개혁은 자기 내부에서 시작되는 법이다(『현실에 도전하는 성서』 126).

발간한 지 한 달이 채 못 되어 『현실에 도전하는 성서』는 초판 1만 부가 다 팔려 나갔다. 이 책은 그리스도인 필독의 생활 지침서였다. 임신부는 책값을 단돈 130원으로 매겨 보다 많은 이에게 다가갈 수 있도록 했다. 이 책은 수감 중인 시국 사범들의 애독서가 되기도 했다. 말 만들기 좋아하는 이들이 '교도소 베스트셀러'라 불렀다.

『현실에 도전하는 성서』는 무엇보다 정의와 평화에 대해서 말하는 책이었다. 당시 정치적 상황 속에서는 반독재적이고 반정부적인 메시지로 읽히는 것이 당연했다. 임 신부는 한국 사회의 실상을 알고 깨우치게 하기 위해서는 이 책이 널리 읽혀야 한다고 믿었다. 정의가 무엇인지, 정의를 위해 우리가 어떻게 생각하고 행동해야 하는지를 사람들이 알아야 했다. 그런 인식이 강해질수록 우리 사회가 정의와 평화의 길로 느리게라도 아주 조금씩 나아갈 수 있을 것이라 여겼다.

손바닥보다 작은 책자였지만 담겨 있는 내용은 어마어마했음에도 다행히 당국의 검열에 걸리지는 않았다. 비슷한 시기에 나온 다른 책들에 신경 쓰느라 그랬는지, 아니면 제목에 성서라는 말이 들어 있어서였는지 어쨌든 『현실에 도전하는 성서』는 정부의 판금 처분이나 내용 삭제라는 그물에서 벗어날 수 있었다. '현실에 도전'하거나 말거나 '성서'라는 데야 당국도 별 할 말이 없었을 것이다.

분도소책

말씀의 씨뿌리기 작업이 본격화되었다. 하느님 말씀을 다루는 내용에 한정되거나 반드시 제도 교회의 분위기에 따르는 것은 아니었다.

다양한 국내외 저자의 책이 망라되어 소책 형태로 출간되었다. 첫 권은 임 신부 부임 전에 이미 나와 있었다. 장익 주교가 옮긴 한스 큉의 『세속 안에서의 자유』(1971)였다. 5년 후 임 신부는 로마노 과르디니의 『거룩한 표징』(1976)을 출간하고, 연이어 마르틴 부버의 『인간의 길』(1977)을 선보인다. 둘 다 장익 주교가 번역했다. '분도소책' 각 권의 번호는 나중에 매겨져 출간 순서와 일치하지 않는다. 제1권은 1980년에 출간된 칼 라너의 『일상』이다.

'분도소책'은 그 후 20여 년에 걸쳐 총 73종이 출간되었다. 칼 바르트, 까를로 까레또, 토머스 머튼, 헨리 나웬, 헤르베르트 하크, 헬더 카마라, 위르겐 몰트만, 샤를르 드 푸코, 솔제니친 등의 신학과 영성을 이렇게 작은 책에 함축적으로 소개할 수 있었던 것은 모두 임 신부의 빛나는 안목 덕분이다. 이 사상의 보석 상자는 주머니에 쏙 들어가는 크기에 책값도 쌌다. 독자들의 부담을 덜어 주고 그들에게 더 가까이 다가가고 싶은 것이 임 신부의 한결같은 소망이었다.

1970년 중반에 이르기 전에 벌써 출판사는 발전의 징조를 보였다. 임 신부가 출판사를 맡고 2년이 지나면서 편집자도 보강되었다. 그들은 임 신부를 인간적으로 좋아했고 헌신적으로 일했다. 출판 종수도 점점 늘기 시작했는데, 초기에는 매년 5권씩이던 출간 계획이 3년도 안 되어 매년 10권으로 상향 조정되었다.

『정의에 목마른 소리』

암담하고 숨 막히는 시대적 고통 속에서 독자들은 분도출판사의 책들을 통해 새로운 공기를 들이마셨다. 이 같은 현실에 대한 책임을 바탕으로 책을 펴내야 한다고 임 신부는 날마다 새롭게 다짐했다.

독자는 가톨릭교회 안에만 있는 게 아니었다. 분도출판사가 만들어 낸 책의 영향력은 금세 교회 밖으로 퍼져 나갔다. 사람들이 그런 내용에 얼마나 목말라 있었는지 알 수 있었다. 독자들에게는 이처럼 샘물과 같은 책들이었지만 정권으로부터는 따가운 눈총을 받게 되었다. 그 시발점이 바로 브라질의 마틴 루터 킹으로 불리던 헬더 카마라 대주교의 『정의에 목마른 소리』(1973)였다. 카마라 대주교의 책은 그것 말고도 『평화 혁명』, 『황무지를 옥토로』 등 여러 권이 분도출판사를 통해 한국에 소개되었다.

훗날 교황 요한 바오로 2세가 두 번째로 한국을 찾았던 1989년 10월 세계성체대회에서 카마라 대주교는 '참평화의 길'이라는 주제로 감동적인 강의를 하기도 했다.

한평생 평화를 위해 헌신한 카마라 대주교의 저서는 당시 대학생과 지식인들에게 큰 감명과 영향을 주었는데, 카마라 대주교는 『정의에 목마른 소리』에서 그리스도인이 가져야 할 사회정의 의식에 대해 목소리를 높였다.

> 현실 생활이 종교적 진리의 실천과는 거리가 멀거나 신앙 자체에도 배치될수록, 아마 당신은 더욱더 깊이 진리를 사랑하며 정의를 위해 갖가지 어려움을 견디어 내야 할 것이다(『정의에 목마른 소리』 58).

임 신부는 이 책을 출간하면서 원주교구의 지학순 주교를 떠올렸다. 1960년대 말 왜관수도원은 구미를 중심으로 가톨릭 농촌 청년회를 결성했다. 당시 오도 하스 아빠스는 한국의 농촌을 살리기 위해 특별한 활동이 필요하다고 생각했고, 구미본당 이석진 신부가 이 일을 적극적으로 맡고 나섰다. 전국의 본당신부들, 특히 농촌 지역 사제들이 정기적으로 왜관에 초대되었다. 농촌 청년 운동이 정착한 지역의 주교들은 특별히 관심과 기대를 표시했다.

지학순 주교는 왜관수도원에서 강의를 하며 한국의 시대적 상황을 자세히 언급했고, 사회정의를 위해 교회가 적극 협조해야 한다고 강조했다. 독일에서 헬더 카마라 주교를 만나 강연을 듣고 책을 접했을 때 임 신부는 지학순 주교의 강연을 떠올리며 '지금 한국 사회에 꼭 필요한 책'이라는 결론을 내렸던 것이다.

독자들의 반응은 뜨거웠다. 다행히 정부도 별로 간섭하지 않았다. 그런데 교회가 냉담한 반응을 보였다. 책에 대한 비판을 넘어 아예 책 자체를 인정할 수 없다는 태도였다.

『정의에 목마른 소리』가 출판되고 얼마 지나지 않았을 무렵, 교회 일각에서 분도출판사에서 나오는 책들에 대한 우려의 목소리가 쏟아지기 시작했다. 임 신부는 단호했다.

"교회에서 이런 책을 만들지 않으면 누가 만들겠습니까? 이 책이 담고 있는 메시지를 신자들이 알아야 합니다. 김수환 추기경님도 강론 때마다 사회정의에 대해서 말씀하시지 않습니까? 우리 출판사는 교회에서 무엇을 생각하고 말해야 하는지에 대한 책들을 내려고 노력합니다. 우리 교회와 모든 신자가 과연 정의가 무엇인지를 깊이 생각해 봐야 합니다. 이 책이 말하려는 바가 바로 그것입니다. 그러니 마땅히 펴내야 할 책입니다."

임 신부의 목소리에는 결연한 의지가 배어 나왔다. 제도 교회가 이렇게 편협한 모습을 보일 수 있다는 사실이 그저 놀라울 뿐이었다.

겉으로는 차분하면서도 속으로는 치열한 설전이 오갔다.

"교회 안의 생각이 다 신부님 같지는 않습니다. 우리는 이런 책이 교회에서 나오는 것을 바라지 않습니다. 이 책은 일단 나왔으니 어떻게든 판매해 보겠지만 앞으로는 책을 낼 때 우리와 상의해 주시면 좋겠습니다. 그렇게 하시겠지요?"

임 신부도 고집을 꺾지 않았다.

"누가 분도출판사의 책임자입니까? 어떤 책을 낼지는 제가 결정합니다. 다른 사람과 의논할 필요가 없습니다."

"앞으로도 이런 책을 계속 출판하겠다는 말입니까? 그렇다면 우리도 더 이상 분도출판사 책 판매를 책임질 수 없게 될 겁니다."

"괜찮습니다. 그럼 이제부터 책을 그쪽으로 넘기지 않겠습니다. 우리 책은 우리가 알아서 팔겠습니다."

"직접 책을 팔겠다고요? 판매 경험이 전혀 없지 않습니까? 어떻게 판로를 뚫을지 알고 있습니까? 그러다가 망합니다. 이런 책만 아니면 늘 하던 대로 우리가 맡아서 판매해 드릴 텐데요."

"아닙니다. 우리가 직접 하겠습니다. 망해도 괜찮습니다. 우리가 알아서 팔 수 있습니다."

임 신부는 문을 닫고 나왔다. 이야기는 끝난 것 같았다.

교회의 입장은 확고했다. 문제 있는 책에 대한 판매를 중단할 뿐 아니라 이제까지 분도출판사에 맡겨 오던 전례집이나 미사 경본 등의 인쇄도 전면 중단하겠다고 알려 왔다. 거래를 끊겠다는 말이었다.

'판매를 책임질 수 없다'는 말은 분도출판사에 큰 부담이 되었다. 자사 판매망이 전혀 없이 모든 출판물 판매를 천주교중앙협의회에 의존하고 있는 분도출판사로서는 그 말이 지닌 무게를 헤아려야 했다.

수도원은 교회의 결정에 충격을 받은 모습이었다. 그리고 그 책임이 임 신부에게 있다는 사실에 대해 서운함을 감추려 하지 않았다.

하지만 임 신부는 결정을 번복할 뜻이 전혀 없었다. 어떤 책을 출간할 것인가는 오직 출판사가 결정할 일이었다. 누가 그 자유를 막을 수 있다는 말인가!

책을 낼 때마다 판매하는 쪽의 의견에 따라야 한다면 그것은 출판에 대한 자유가 없다는 뜻이다. 출판의 자유를 빼앗기고 싶지 않았다. 그것을 위해서라면 어떤 대가라도 치를 각오가 되어 있었다. 임 신부는 오히려 마음이 홀가분해졌다.

김윤주 편집장도 같은 마음이었다. 그동안 전례서와 미사 경본 교정 작업에 많은 시간을 할애해야 했는데, "이제 마음 놓고 우리 책에만 전념할 수 있게 되었습니다" 하며 좋아했다.

하지만 이제부터는 판매를 직접 해야 한다. 그것은 큰 숙제였다. 이를 어쩐다…. 임 신부는 생각에 잠겼다. 해법은 간단했다. 발로 뛰면 된다! 임 신부의 다리는 누구보다 튼튼했다.

영업의 선봉에서

양쪽 어깨에 크고 묵직해 보이는 가방을 하나씩 짊어진 벽안의 신부가 서울역에 내렸다. 몇 번이나 길을 물어 마침내 도착한 곳은 서강대학교 앞에 있는 서점이었다. 교문 앞 큰길은 오가는 학생들로 붐비고 있었다. 서점 문을 열고 들어섰다. 주로 사회과학 서적들이 눈에 띄게 진열되어 있었다. 선 채로 책을 읽고 있는 학생도 여럿 보였다. 낯선 서양 사람이 들어서자 서점 주인은 얼른 자리에서 일어났다.

"어떻게 오셨습니까?"

"네, 저는 분도출판사에서 왔습니다. 저희가 이번에 출간한 책을 보여 드리고 싶습니다."

"분도출판사요? 네, 알고 있습니다만 …. 그런데 직접 오셨습니까? 무슨 책을 가져오셨나요?"

서점 주인은 분도출판사가 낯설지 않은 모양이었다. 임 신부는 반가운 마음에 얼른 가방에서 책들을 꺼내 보여 주었다. 바로 일주일 전에 나온 솔제니친의 『제일권』도 가져왔다. 『소품과 외침』, 『평화 혁명』도 꺼냈다. 서점 주인은 책을 한 권씩 들고 페이지를 넘기며 대략 훑어보았다. 그런데 그는 책보다 책을 들고 온 사람이 더 궁금한 듯했다.

"인쇄는 어디서 했습니까? 인쇄소를 직접 운영하시는 겁니까?"

임 신부는 왜관의 분도출판사를 설명했다. 그래도 주인은 궁금증이 가시지 않은 듯 질문을 이어 갔다.

"그런데 신부님은 무슨 일을 하십니까? 어떻게 직접 오셨습니까?"

"제가 출판사 책임자입니다. 책을 팔러 왔습니다."

"그런데 책임자가 직접 책을 팔러 다닙니까? 다른 사람 없나요?"

"요사이 우리 사정이 좀 그렇습니다. 제가 팔아야 합니다."

『정의에 목마른 소리』 사건 이후 위탁 판매의 길이 봉쇄되었지만 임 신부는 그다지 두렵지 않았다. 그는 마음을 다잡았다. '직접 영업에 나

서면 해결될 일이다. 내가 나서서라도 하겠다. 출판사 사장이니 당연한 책임이다.'

즉시 큰 가방 두 개를 구해서 메고 다닐 만큼 책을 꽉꽉 채워 담았다. 그리고 바로 서울행 기차를 탔다. 평소 분도출판사 책을 판매하던 서점 주소를 들고 찾아 나선 것이다. 서점 주인은 웃으면서 말했다.

"신부님, 책 파는 일은 다른 사람에게 맡기세요. 오늘 가지고 오신 책은 저희가 판매하도록 하겠습니다. 그리고 책이 팔리면 이 주소로 다시 주문하겠습니다."

직접 뛰어다닌 보람이 있었다. 대학가와 종로를 다니며 서점들을 순방하고 나니 판매에 숨통이 트이는 것 같았다. 서점 주인들은 하나같이 서울에 영업 사원을 두라고 임 신부에게 조언해 주었다. 꼭 한국 사람이면 좋겠다는 말도 잊지 않았다.

알음알음으로 찾아간 서점들을 통해 판매가 순조로워지면서 서울에 작은 사무실을 열고 영업 사원을 채용했다. 이로써 분도출판사 책을 서울의 서점에 진열하는 데 아무 문제가 없게 되었다. 오히려 그전보다 더 잘 팔렸다. 대학 서점가에서 책이 많이 팔리면서 분도출판사의 인지도는 더욱 높아 갔다.

그래도 임 신부는 영업 일선을 떠나지 않았다. 주일마다 대구 시내 각 본당을 돌면서 책을 팔았다. 성당 마당에 작은 매대를 설치하고 미사를 마치고 나오는 신자들에게 책이나 비디오 영상물을 권했다. 분도출판사 매대 옆에는 「가톨릭시보」도 함께 자리하곤 했다. 대구대교구에서 발행하는 「가톨릭시보」는 김수환 추기경이 마산교구로 가기 전에 2년 동안 사장으로 재직하면서 심혈을 기울여 일으켜 놓은 신문이었다. 책이나 영화에 관심을 보이는 신자들에게 임 신부는 성심성의껏 설명해 주었다. 날개 돋친 듯 팔릴 일이야 있으랴마는 본당 판매를 게을리 하지는 않았다. 분도출판사에서 나온 책들을 최선을 다해 신자들 손에 쥐여 주고 싶었다. 한 권, 두 권 신자들의 손에 책을 쥐여 주는 일이야말로 말씀의 알곡을 나누는 일이라고 그는 믿었다.

『200주년 신약성서』

한국 천주교 전래 200주년을 10년 앞둔 1974년이었다. 임 세바스티안 신부는 긴 안목으로 200주년 맞을 준비에 들어갔다. 독일 유학을 마치고 돌아온 정양모 신부를 만났다.

"10년 후면 한국 천주교가 200주년을 맞이하는 해가 됩니다. 이에 맞춰 신약성경을 내놓으면 어떻겠습니까? 아직 가톨릭에서는 신구약 통틀어 그리스어에서 번역된 성경이 없지 않습니까? 우리 분도출판사에서 신약성경 번역서를 만들어 보고 싶습니다."

10년 계획으로 신약성경 번역을 제안했다. 그때까지 한국에 나와 있는 신약성경 번역본은 라틴어에서 중역한 것들로, 그리스어 원문에서 번역한 성경은 없는 실정이었다. 이미 나와 있는 번역본은 가톨릭과 조금씩 다른 표현이 있어 강론 중에 신약성경을 인용할 때 다소 어려움을 겪고 있었다. 가톨릭에서 처음으로 신약성경을 그리스어 원전 번역으로 내놓는다면 그 의미가 아주 클 것이라는 임 신부의 말에, 성경에 정통한 신학자 정양모 신부는 고개를 끄덕였다.

사실 교회 안에서는 꼭 필요한 일로 누구나 생각하고 있었지만 아직 시작한 사람은 없던 참이었다. 그리스어 원문 판독이 가능한 전문가는 국내에 10명 정도 되었다. 정양모 신부, 서인석 신부, 김병학 신부, 박상래 신부, 그리고 왜관수도원의 토마스 팀프테(진문도) 신부와 엘마로 랑(장휘) 신부가 있었다. 모두 신약성경을 전문적으로 공부해 온 사람들이었다. 박사 논문으로 신약성경을 다루었던 사람들, 교회 안에서 그 누구보다 성경에 관한 한 일가견을 가진 전문가들로서 이들이 함께 한다면 신약성경 번역에서 그 권위는 더할 나위 없을 것이었다.

드디어 1974년 7월 16일 서울 장충동 베네딕도 수도원 피정의 집에서 '200주년 신약성서 번역 위원회'의 발기회가 있었다.

번역 작업은 호흡을 길게 잡고 시작하기로 했다. 오랜 시간 꾸준히 걸어가야 할 길이었다. 서두르지 말고 찬찬히, 그러면서도 열성적으로 임해야 하는 작업이었다. 번역자들은 한 해에 네 차례 정기 모임을 가지기로 했다. 주로 서울 장충동 수도원이나 대전 프란치스코 수도원, 부산 분도 명상의 집, 베네딕도 수녀원 등지에서 모임을 가졌다.

대학 강단에 서는 이들의 사정을 고려하여 모임은 주로 방학 기간에 이루어졌다. 방학 때는 열 일 제쳐 놓고 일주일간 합숙을 하면서 독해 시간을 가졌다. 모임에 앞서 원고를 서로서로 바꿔 읽고 왔다. 서로의 번역 원고에 대해 의견을 말할 수도 있었는데, 이는 결코 쉽지 않은 일이기도 했다.

"신부님, 마르코 복음의 이 부분에 대해서 저는 좀 다르게 보고 있는데요. 그러니까 …."

"그렇습니까? 제가 좀 생각을 해 봐야겠네요."

어떤 역자는 30분을 꼼짝도 않은 채 앉아 숙고하기도 했다. 그동안 다른 이들은 밖에 나가서 산책을 하기도 했고, 그러다가 돌아오면 대답을 들을 수 있었다.

"그렇군요. 그렇게 고치는 게 더 낫겠습니다."

자기 원고에 대한 남들의 의견을 받아들이는 경우도 있었고, 한참이나 의견을 주고받고도 끝내 자신의 것을 고수하는 이도 있었다. 그래도 큰 문제는 없었다. 신약성경 번역 작업의 전체 테두리 안에는 정확한 지식에 대한 근거와 역자의 자유가 공존했다. 역자들은 또 우리말 표현에 대해서 의견을 모으는 데 상당한 시간을 할애해야 했다.

"무엇보다 그리스말 원전에 충실해야 합니다. 그리스말이 뜻하는 바에 가장 가깝고 정확하게 옮겨야 하지 않을까요?"

"하지만 그렇게 하면 오히려 이상한 표현이 많습니다. '하늘에 계신 아버지'라고 해야 하는데, '하늘들에 계신 아버지', 이렇게 번역됩니다. 그러니 우리말 표현에 좀 더 신경을 써야 하지 않을까요?"

때로는 원문에 대한 토론보다 우리말 표현에 더 시간을 쏟기도 했다. 한국 천주교회로서는 처음 있는 작업이었으니 우리말로 어떻게 표현하느냐가 실로 첨예한 문제였다. 적절한 낱말을 찾아내는 게 여간 힘들지 않았다. 단어 하나를 결정하는 데 몇 시간을 쏟은 적도 있었다.

그렇다고 이들이 줄곧 독해의 긴장 속에만 있었던 것은 아니다. 여름이면 항상 부산에서 모였는데, 오후에는 바닷가에 나가서 수영을 즐길 줄도 알았다.

신약성서 번역 위원회는 1974년 12월 대전 목동 프란치스코 수도원에서 첫 독회를 가진 이후 12년 만인 1986년 2월 서울 상지회관에서 36차 독회를 끝으로 대장정을 마무리하고 신약성경 완역을 확정하기에 이르렀다.

애초 번역 작업의 기한은 10년을 잡았지만 늦어지는 바람에 1991년에야 마침내 『200주년 신약성서』가 나올 수 있었다. 최종 합본이 나오기 전에 전체적인 의견 조율을 통해서 번역이 끝난 복음서는 단행본으로 따로 묶어 주석서 형태로 출판했다. 그 첫 번째 주석서인 정양모 신부의 『마르코 복음서』가 1981년 출간되었다. 거기에는 성경 본문과 입문, 충실하고 상세한 주해가 달려 있었다.

단행본으로 엮은 복음서들은 출판되자마자 많은 부수가 팔려 나갔다. 그리고 2001년 마침내 『200주년 신약성서 주해』 합본이 고급 가죽 장정으로 출간되어 오늘까지 수많은 신자 가정에 보급되었다. 200주년 신약성서 주석판의 낱권들은 2002년 민병섭의 『요한묵시록』을 끝으로 전체 18권이 완간되었다.

임 신부는 신약성서 번역 모임이 있을 때마다 빠짐없이 참석해 끝까지 자리를 지켰다. 17년에 이르는 대장정 동안 임 신부는 헌신적으로 이 모임을 뒷바라지했다. 그의 헌신적인 뒷바라지가 아니었다면 이 기나긴 여정이 과연 가능했을지 장담할 수 없다. 이런 열정은 신약성경이 한국 교회에 얼마나 절실한지를 임 신부가 절감하고 있었기에 가능했다. 분도출판사에서 책을 펴내는 데 있어서 임 신부의 기본 원칙은 단 하나, 한국 교회에 얼마나 필요하고 도움이 되는가 하는 점이었다.

당시 한국 교회는 보수적인 데다 세상에 그다지 열려 있지 않았다. 이런 한국 교회와 신자들의 눈을 뜨게 하는 데 도움만 된다면 비용이 얼마든 따지지 않았다. 한국 독자들이 꼭 읽어야 할 책이라면 무조건 펴내고 봐야 한다는 게 출판사 사장인 임 세바스티안 신부의 최우선 원칙이었다.

한국 사회에 아파하다

출판사와 시청각실 일을 같이 하게 되면서 임 신부는 서울 출장이 잦아졌다. 시청각 교재 슬라이드 필름을 현상하러 코닥 컬러 현상소에 다녀오고, 기계를 고치고, 출판 및 영화 심의 문제로 관공서 출입도 잦아졌다. 이런 일들 때문에 서울에 올 때마다 임 신부는 명동성당에 꼬박꼬박 들렀다. 김수환 추기경 미사에 되도록이면 참석하려 했다. 추기경의 강론을 들을 때마다 진정한 사목자가 어떻게 정의를 실천해야 하는지 깊이 공감하고 깨달을 수 있었기 때문이다.

독재가 기승을 부리는 사회에서 정치와 종교는 구별되지 않았다. 거의 하나였다고 할 수도 있다. 폭압적인 정권에 맞서 날선 비판을 거침없이 쏟아 내는 추기경의 모습은 교회가 이 땅에서 정의와 양심을 어떻게 구현해야 하는지를 보여 주는 듯했다. 임 신부는 자신도 한국 사회의 소용돌이 한복판에 서 있다는 사실을 직시했다.

추기경의 미사는 경비가 삼엄했다. 명동성당 전체를 군인들이 에워싸고 출입하는 사람을 일일이 검문했다. 군인들이 지키고 있으니 성당 정문으로 들어가기는 상당히 어려웠다. 명동성당 주변에 줄지어 들어서 있던 다방들 문을 통해 이 다방에서 저 다방으로, 또 그다음 다방으로 건너가다 보면 복잡한 샛길로 해서 성당으로 들어갈 수 있었다. 김수환 추기경의 시국 미사에는 성당 안까지 형사들이 들어왔다. 성당 종탑에는 커다란 스피커가 달려 있어 성당 안으로 들어가지 못하는 사람들도 밖에서 들을 수 있게 해 주었다. 제대 마이크에 달린 선이 종탑까지 잘 이어지도록 신부들이 줄지어 선을 잡고 있는 모습은 비장하기까지 했다. 마이크 선을 타고 스피커로 흘러나오는 김수환 추기경의 카랑카랑한 육성은 명동성당을 넘어 서울 시내 전역까지 퍼져 나갈 듯 크게 울려 퍼졌다. 미사를 마친 신부들은 성당을 나와 명동 들머리까지 행진을 하곤 했다. 그러나 군인들과 더 이상 맞서지는 않았다. BBC를 비롯한 외신 기자들 모습이 여기저기 보였다.

많은 이에게 그러했겠지만 임 신부에게도 김수환 추기경은 하나의 큰 본보기였다. '여러분과 모든 이를 위하여'(Pro Vobis et Pro Multis)라는 사목 표어 그대로 김 추기경은 복음 정신 안에서 정의가 어떻게 구현되어야 하는지를 구체적으로 보여 주고 있었던 것이다.

거침없이 비판하는 김수환 추기경, 감옥행을 두려워하지 않고 분연히 나서는 지학순 주교, 농민 사목에 목숨까지 걸 각오가 되어 있는 선교사 두봉 주교, 그들 모두가 한국 사회에서 그리스도인이 어떻게 행동해야 하는지 보여 주는 본보기였다. 임 신부는 자신의 작업들이 분명 한국의 민주화에 큰 보탬이 될 것임을 확신했다. 독재에 저항하는 이들을 보며 모두가 하나의 정신 안에 있음을 느낄 수 있었다. 마치 한 팀이 되어 싸우는 기분이었다.

『해방신학』

1974년 프랑크푸르트 도서전을 다녀온 임 신부는 페루의 신학자 구스타보 구티에레즈의 『해방신학』을 번역하여 출간하기로 했다. 라틴아메리카의 산물인 이 책은 분도출판사를 한국 사회에 가장 널리 알린 책 중 하나이며, 한국 젊은이들의 의식에 많은 영향을 끼친 책이자 분도출판사에서 낸 책들 가운데 최고 문제작으로 꼽힌 책이기도 하다.

1977년에 번역서가 출간되자 이를 달가워하지 않는 교회 내의 목소리가 높았다. 책이 나오자마자 보수 성향의 사제들은 드러내 놓고 반대를 했다. 교회 출판 허가는 대구가 아닌 서울에서 받았다. 원래는 대구교구에서 인가를 받아야 했지만 보수적인 대구교구에서 허락해 줄 리가 없으니 번역자의 주거지가 있는 서울교구에서 받기로 했다. 서울대교구장 김수환 추기경으로부터 출판 승인을 받았다. 그다음에는 세속의 허가를 받는 순서가 남아 있었다.

초판 3천 부를 찍고 출판 규정에 따라 6권을 해당 기관인 문화공보부로 보냈다. 며칠이 지나도 감감무소식이었다. 임 신부가 직접 찾아가니 담당자는 곧 판매 금지 명령이 내려질 것이라고 잘라 말했다.

"무슨 말입니까? 판매 금지라니, 어째서 그렇다는 말입니까?"

"신부님, 이런 책을 왜 내셨습니까? 이 책은 사회주의 책입니다. 아주 위험하지요."

"이 책은 신학 책이지 공산주의에 관한 책이 아닙니다."

"아니, 제가 지금 읽어 보고 하는 말인데, 이래도 아니라고요? 여기 줄 친 부분들, 이거 전부 공산주의 찬양하는 거 아닙니까?"

담당 공무원이 보여 주는 페이지에는 여기저기 붉은 펜으로 줄이 죽죽 그어져 있었다.

"공산주의 책 아닙니다. 여기 있는 사회주의식 표현 때문이라면 잘못 생각하신 겁니다. 이런 말은 다른 책에도 나와 있습니다. 공산주의 책이라면 바티칸에서 이미 출판을 허락하지 않았을 겁니다."

사실 이 책이 1973년에 미국 오르비스 출판사에서 처음 나왔을 때 바티칸은 저자인 구티에레즈 신부에게 아무 말도 하지 않았다. 『해방신학』은 그 메시지에도 불구하고 어디까지나 신학 책이었다. 프랑크푸르트 도서전에서 처음 이 책을 읽었을 때 임 신부는 그다지 위험한 책이라고 느끼지 못했다. 다른 해방신학자들에 대해서는 바티칸에서 반대 의견을 표명한 적이 있었다. 예를 들어 브라질 신학자 레오나르도 보프에게는 출판을 즉시 중단하라는 서신을 보낸 바 있다. 그러나 『해방신학』에 대해서는 그런 제재가 없었다. 이 책은 다만 '이 사회에는 가난한 사람이 너무 많다. 그들에게도 빵을 나눠 줘야 한다. 미국에서 수입한 빵을 나눠 주기보다는 스스로 일하여 자기 빵을 만들 수 있게 하자'는 이야기를 하고 있을 뿐이었다.

그런데 한국에서는 독재에 반대하고 가난한 사람과 땅을 나눠서 쓰자고 주창하는 내용이 반정부 성향이 강한 책, 그것도 공산주의 성향의 책으로 분류된 것이다. 위정자들이 달가워하지 않는 것은 사실 놀랍지 않았다. 박정희의 유신헌법이 대한민국을 짓누르고 있던 시기였으니 그런 억지를 전혀 예상 못 한 바는 아니었지만 판매 금지는 지나친 결정이었다.

"뭐라고 하시든 우리나라하고는 상관없는 이야기입니다. 하여튼 우리는 판매를 허가할 수 없습니다. 애초에 인쇄도 하지 말았어야 할 책입니다. 이번에 이 책 몇 부 찍어 냈습니까?"

"……."

임 신부는 대답하지 않았다. 이제 막 출고를 기다리며 사무실 한가득 쌓여 있는 책 3천 부가 떠올랐다.

"전부 불태우세요! 절대 밖으로 내보내지 말고 전부 소각 처리 하십시오. 그리고 책을 태운 증거가 필요하니 사진을 찍어야 합니다. 아시겠습니까?"

담당 공무원은 성가신 듯 책을 소리 나게 덮었다. 물정 모르는 이 외국인 신부를 한심하기 짝이 없다는 표정으로 쳐다보았다. 임 신부는 아무 대답 없이 자리에서 일어났다.

히틀러 시대에도 책을 태웠다. 유대인이 저술한 모든 책이 독일 전역에서 불살라졌다. 소각 범위는 점차 넓어져 공산주의 사상을 담은 책과 반나치 성향의 책, 히틀러에 반대하는 모든 지식인의 저서도 불태우라는 명령이 떨어졌다. 당시 독일의 양심적인 지식인들은 자신의 저서가 이 리스트에 포함되지 않았다는 사실에 개탄할 정도였다. 그런데 한국에서조차 금방 나온 책을 모두 불더미에 던져 넣어야 한다는 사실에 임 신부는 할 말을 잃었다. 하지만 결코 당황하지 않았다. 자신이 해야 할 바가 무엇인지를 그는 잘 알고 있었다.

그는 즉시 왜관행 기차를 타러 서울역으로 달려갔다. 책을 숨겨야겠다는 생각에 한시가 급했다.

저녁 늦게야 왜관수도원에 도착한 임 신부는 저녁 식사는커녕 숨 돌릴 새도 없이 잉크 냄새 풍기는 책 꾸러미를 싸안았다.

"어서 이 책들을 지붕 밑 다락방으로 옮겨 놓읍시다. 어서요."

수도원 신학생들이 그를 도왔다. 막 세상에 나온 책 3천 권. 30권씩 묶인 책 꾸러미를 수도원 다락방으로 옮기기 시작했다. 그 다락방은 평소 쓰지 않는 물건을 넣어 두는 곳이었다. 이제 이 책들도 햇빛을 피해 그 물건들 사이에 쟁여져 숨어 있게 될 것이다. 쉬지 않고 옮겼지만 책 더미는 좀처럼 줄어들 기색이 안 보였다. 7월 초로 접어든 여름밤이라 더위는 식을 줄 몰랐고, 다들 온몸에서 땀이 비오듯 흘렀다.

"신부님, 밤새도록 옮겨야겠는데요. 아직 반도 못 했어요."

책을 왜 옮겨야 하는지 신학생들도 알고 있었기에 누구도 힘들다는 내색을 하지 않았다. 아래층에 두었다가는 반정부적인 불온서적이라는 이유로 모조리 불 속에 던져져 재가 될 책들이었다. 아침이 되어서야 책은 모두 다락방으로 무사히 몸을 숨겼다. 200부 정도만 출판사 사무실에 남겨 두었다. 형사나 누가 와서 책을 내놓으라고 하면 보여줄 참이었다. 가져갈 테면 얼마든지 가져가라! 200부는 눈가림용이었던 것이다. 그러나 아무도 찾아오지 않았다. 혹시나 싶어서 다시 한 번 문공부에 찾아가 허가를 신청했지만 이번에도 별 소득이 없었다. 담당 공무원은 재차 다짐할 뿐이었다.

"이 책은 문제성이 있으니 판매를 절대 허가할 수 없습니다."

남은 200부마저 얼른 숨겨야겠다는 생각을 하며 출판사로 돌아왔다. 하지만 그 후에도 책을 뒤지러 오는 사람은 없었다. 그보다는 책을 찾는 사람들의 전화가 빗발쳤다.

"신부님, 『해방신학』 좀 보내 주세요."

전화벨이 쉼 없이 울려 댔다. 전화 주문을 하는 독자들이었다. 처음에는 주소를 불러 주는 이들에게 무턱대고 책을 보내도 되는지 망설여졌다. 특히 대량으로 주문하는 서점의 경우에는 어느 지역에 있는지, 실제로 그 서점이 존재하는지 확인하고 보내기도 했다.

전국 여기저기서 개인적으로 주문하는 전화도 많았다. 서울의 대학가 서점에서도 매주 꼬박꼬박 주문이 들어왔다. 대학생들의 필독서가 된 것이다.

이번엔 다락방에서 아래층으로 책을 다시 내리는 작업을 해야 했다. 무겁기는 해도 지난번 밤에 옮기던 때와는 기분이 달라서 그런지 하나도 힘이 들지 않았다. 주문이 들어오는 대로 책은 소포 꾸러미로 전국으로 보내졌다. 초판 3천 부가 팔리는 데는 1년도 채 안 걸렸다. 계속되는 주문에 재쇄를 찍기 위해 인쇄기를 돌려야 했지만 '재쇄'라는 표시를 할 수는 없었다. '초판' 일자 그대로 찍었다. 초판을 내고 나서 책의 내용 중에 수정할 부분이 발견되었지만 아무것도 손대지 않았다. 초판본 그대로 계속 찍기만 했다. 그렇게 매번 3천 부씩 '초판'을 14번이나 찍었다. 세월이 흘렀지만 책 가격도 그대로, 책 내용도 전혀 손대지 않았다. 영원한 초판본인 『해방신학』이었다. 『해방신학』을 필독서로 읽으면서 자란 대학생들은 중년이 넘어서도 분도출판사를 기억한다. '『해방신학』을 낸 그 출판사', '그 출판사의 그 신부님'이라고 임 신부를 알아보았다.

민주화에 대한 열망은 그 당시 모든 사람의 가슴속에서 용암처럼 들끓고 있었다. 언제 분출될지는 시간문제였다. 『해방신학』 사태를 보면서 수도원에서는 출판사 내에 출판 위원회가 필요하다는 데 의견을 모았다. 아빠스는 5명 정도의 위원으로 위원회를 만들어 출판사에서 출간할 책에 대해 논의하기를 바랐다. 출판 전반에 관해 임 신부가 독단으로 결정한다는 오해를 사지 않게 하고, 외부 기관과의 관계에서 생길 수 있는 불협화음을 미연에 방지할 수 있는 완충지대 역할을 하게 하려는 의도였다. 출판 위원회는 편집부의 의견을 대부분 그대로 수용하면서 임 신부의 출판 계획을 전적으로 지원해 주었다.

『해방신학』은 분도출판사를 원하든 원치 않든 일약 출판계의 민주 투사로 만들어 주었다. 당시 운동권이나 민주화 진영의 인사들은 누구나 이 책을 읽었다. 그러니 누구도 분도출판사를 모를 수가 없었다. 하지만 교회 일각에서는 정반대 입장을 보였다. 특히 보수적인 지역에서는 노골적으로 싫은 내색을 했다.

대구의 본당으로 시청각 교재를 판매하러 갔을 때였다. 교구청에서 일하다가 본당으로 온 주임신부가 임 신부를 보더니 언성부터 높였다.

"『해방신학』을 팔러 오신 겁니까? 그럼 잘못 오셨어요. 그 책은 남미에나 가서 파십시오. 우리는 그런 책 필요 없으니 그냥 가시지요!"

임 신부는 짐짓 영문을 모르겠다는 표정을 지었다.

"그렇습니까? 저는 오늘 비디오를 판매하러 온 것인데 필요 없으시다면 그냥 가겠습니다."

본당신부는 약간 겸연쩍은 듯 목소리를 낮추더니 "그렇다면 가지고 오신 비디오를 제가 전부 다 사겠습니다" 하고 말했다.

『해방신학』 이후로도 분도출판사는 제목에 '해방'이라는 단어가 들어가는 책을 몇 권 더 냈다. 구티에레즈의 『해방신학의 영성』(1987), 레오나르도 보프의 『해방신학의 올바른 이해』(1984), 『해방하는 복음』(1990), 『해방자 예수 그리스도』(1993), 그리고 농민 교리서 편찬 위원회 이름으로 나온 『해방하시는 하느님』(1987) 등이 그것이다.

놀랄 것도 위협적일 것도 없는 책들이다. 그저 '주리고 헐벗고 나그네 되고 병들고 감옥에 갇힌 우리의 이웃들 안에서 하느님을 발견하고, 그들을 위해 무엇인가 해 주어야 하지 않겠느냐'고 권유하는 책들이다. 무슨 이데올로기를 정립하거나 세속 정치를 엮어 내자는 것도 아니었다. '주님의 말씀을 따라 현실과 우리 자신을 판단하고 서로 간에 사랑을 북돋우며 참된 의미에서의 인간 해방, 그리스도께서 선물로 주신 그 해방을 실현'해 보자는 것이었는데, 그 시절 '나랏일 보시는 분'들은 왜 그리 발끈했는지 돌이켜 생각하면 헛웃음만 나온다. 찔려도 단단히 찔리는 데가 있던 사람들 덕분에 임 신부와 분도출판사는 라틴아메리카의 신학 책 몇 권 내고 팔자에도 없는 유명세와 곤욕을 동시에 치렀다. 어느 쪽이든 임 신부가 의도한 바는 아니었다.

위험한 출판사

그 무렵 분도출판사의 책들은 툭하면 정부 당국의 심기를 건드리기 일쑤였다. 종교 서적이거나 아니거나 교회와 세상의 정의와 민주주의를 부르짖는 내용이 대부분이었다. 당국은 그것이 불안했다.

분도출판사는 이른바 '요주의' 출판사가 되었다. 아예 전담 형사가 배치되어 임 신부를 감시했다. 담당 형사가 수시로 출판사에 나타나는가 싶더니 언제부턴가는 아예 출판사로 출근을 했다.

"신부님, 요즘 별일 없습니까? 어디 외국에서 좋은 소식이라도?"

형사는 너스레를 떨면서 책상 위에 놓인 자료를 뒤적거리기 예사였다. 임 신부가 눈길을 주지 않아도 개의치 않고 한참을 머물다 돌아가곤 했다. 때로는 출판사를 드나드는 외부 인사를 감시하기도 했다.

분도출판사의 명성은 다른 곳에서도 높았다. 대학생들이 구속되어 법정에 서면 판사는 그 '불온한' 사상이 어디에서 연유한 것인지 묻곤 했는데, 이때 많은 학생이 분도출판사에서 나온 책 제목을 대는 바람에 분도출판사는 유명세를 치러야 했던 것이다.

그러니 불온서적을 낸 출판사의 책임자는 당연히 감시 대상이었다. 도청당할 우려가 있어 외국과 통화할 때도 방심할 수 없었다. 임 신부는 괘념치 않았지만 당국은 분도출판사에서 나오는 책들을 옥죄어 들기 시작했다. 판금 조치가 빈번해졌다. 분도출판사에 대한 정부의 감시는 박정희 정권에 이어 80년대 전두환 정권으로까지 이어졌다.

'납본 필증'은 분도출판사에서 가장 반가운 문서 중 하나였다. 출판사에서 나온 책에 대한 정부의 허가서였으니 말이다. 문화공보부 장관 명의로 나온 이 증은 칠곡군수를 경유하여 출판사로 넘어왔다. 그러나 분도출판사 책들 중에는 납본 필증을 받기 쉬운 책이 별로 없었다.

서울의 봄이 피지도 못하고 스러진 이후 각종 인쇄물에 대한 감시가 더욱 심해질 무렵이었다. 모 대학 교수가 쓴 사회학 책이 막 출간되었다. 출판 허가를 받아 서점에 내놓아야 하는데 걸리는 부분이 있었다. 저자가 '국민'이라는 표현을 몽땅 '인민'으로 표기해 놓았던 것이다. 출판 허가 받기가 쉽지 않을 것을 예상하면서 임 신부는 검열 담당자 앞에 책을 내밀었다. 책을 재빨리 뒤적거리던 담당자는 붉은 펜으로 표시를 하더니 도로 임 신부에게 내밀었다.

"이거 보시오! 인민이라니, 인민이 뭐요? 이거 빨갱이식으로 말하자는 거 아니오? 지금 정신이 있는 거요?"

검열관은 마치 엄청난 잘못을 적발한 것인 양 행세했다. 그리고 판결을 내리듯 준엄한 표정으로 말했다.

"이대로 못 낸다는 것은 아시지요? 이거 고쳐서 책을 다시 찍든지 아니면 책을 전부 태워 버리든지 해야 할 것이오!"

동대구역 구내에 있던 보안사 분실에서 군인들이 책과 신문의 검열을 도맡아 하고 있었다. 군인들이 붉은 펜으로 마구 긋고 덧칠한 신문지가 널브러져 있었고, 책들은 여기저기 페이지가 접힌 채 쌓여 있었다. 모든 양심과 지성이 질식당해 숨겨 있는 모습이었다.

임 신부는 차분히 대꾸했다.

"다 고치겠습니다. 인민을 국민으로 바꿔 오면 그때는 허가해 주시겠지요?"

"뭐요? 아니, 이걸 어떻게 다 고친다는 말입니까? 틀린 게 한두 개도 아니고…. 그거 말도 안 되는 소리 아뇨?"

"우리는 할 수 있습니다. 고쳐 오면 틀림없이 허가해 주는 것으로 알겠습니다. 곧 다시 오겠습니다."

사실 말로는 간단한 작업이라 할 수 있었다. 책 내용 중에 '인' 자를 '국' 자로 덮어 버리기만 하면 되는 것이니 복잡한 일은 아니었다. 문제는 '인민'이라는 낱말이 너무 많다는 것이었다. 출판사로 돌아온 임 신부는 즉시 직원 두 명에게 사정을 이야기하고 협조를 부탁했다.

일단 '국' 자를 수천 개 프린트했다. 그리고 그것을 일일이 하나씩 오려서 인민이라는 단어의 '인' 자 위에 붙였다. 어느 페이지에 몇 개의 '국' 자가 필요한지 꼼꼼히 헤아리면서 작업을 해야 했다. 그렇게 한 권을 다 고쳐서 붙이는 데 꼬박 이틀이 걸렸다. 보안 당국에 검열받아야 할 책이 전부 6권이었다.

여러 날이 걸린 끝에 6권을 완성본으로 만든 임 신부는 당당하게 보안사 검열관실 문을 열고 들어가 책을 내밀었다.

"그렇지, 이제 된 것 같네. 그래, 이렇게 하면 된다니까. 뭐든지 노력해서 안 되는 게 어디 있겠어요. 안 그렇습니까, 신부님?"

책을 살펴본 군인은 '인민'이란 단어가 더 이상 눈에 띄지 않자 흐뭇하게 미소 지었다. 임 신부는 말없이 6권의 책을 책상 위에 두고 나왔다. 돌아서 나오는 임 신부의 입가에도 미소가 번졌다. 달랑 6권에만 덧씌워진 '국민'이란 글자를 보고 위세를 떠는 그들이 무척이나 한심해 보였다. 지금 출판사 사무실에 있는 초판 3천 부에는 '인민'이란 단어가 그대로 살아 있다. 낱말의 뜻이 중요한 것이 아니라 그것을 제재하는 힘을 보여 주는 것이 그들에게는 더 중요한 일이었다. 6권으로 그 힘의 '증거'를 확실하게 챙겨 놓았으니 그다음은 관심조차 없을 것이다. '인민'이란 내용으로 초판이 다 팔릴 때까지 그 책에 대해서 누구도 말하는 이가 없었다. 분도출판사에서는 보안사의 감시와 간섭을 뚫고 계속해서 책과 각종 포스터와 유인물을 내놓았다. 정부에서는 한결같이 판매를 금했지만 임 신부의 작업은 결코 멈추는 일이 없었다.

정부가 '위험한 책'에 대해 반대를 하면 할수록 임 신부의 의지는 더욱 강고해졌다. 그는 조금도 겁내는 법이 없었다. 신학생 시절 루마니아까지 성서를 전달하기도 한 그가 아닌가. 사제서품을 앞두고 있던 1964년 세바스티안은 동료들과 함께 종교 서적 100여 권을 루마니아로 들여가는 일을 한 적이 있다. 당시 루마니아는 공산 치하로, 모든 종교 활동이 금지된 상태였다. 경찰이 여행객들을 검문하고 소지품을 샅샅이 수색했기 때문에 상본이나 묵주 같은 종교적 표식은 매우 위험한 것이었다. 신학생들이 챙겨 간 미사 제구는 끝까지 지닐 수 없게 되었고, 결국 몸에 지니고 있던 상본도 불태워야 했다. 그들이 찾아간 주교는 정신병원에 감금되어 있기까지 했다. 그 어려운 상황 속에서 임 신부와 동료들은 중요한 서적들을 루마니아 가톨릭 관계자들에게 무사히 전달한 것이다.

그런 임 신부였으니 군사독재 치하의 한국에서 판금 서적을 출판하고 판매하는 일이 사실 별로 두려운 일이라는 생각은 들지 않았다.

1985년 상트 오틸리엔 수도원의 노트커 볼프 총아빠스를 수행하여 중국을 방문했을 때도 중국 공안의 감시가 그다지 두렵지 않았다. 공산당의 억압을 피해 긴 세월 숨어 지내던 연길수도원 시절의 신자들을 찾아가 만날 때 그저 좀 방해가 되었을 뿐이다. 독재와 감시와 억압은 어떤 경우에도 두려운 일이 아니었다. 인간의 자유와 양심이 얼마나 소중한 가치를 지닌 것인지 다시금 확인시켜 주는 것이었을 뿐이다.

한스 큉

임 신부는 분도출판사 사장으로 일하면서 한국 실정을 바깥세상에 알리는 일에도 누구보다 적극적으로 나섰다. 갇힌 사회의 문을 열어젖히기 위해 그는 어떠한 수고도 마다하지 않았다.

세계적인 신학자 한스 큉의 저서를 한국에 가장 먼저 소개한 이도 임 신부다. 분도출판사에서 번역서를 출간한 것뿐만 아니라 한국으로 초청하여 직접 강연하는 자리를 마련하기도 했다. 독일 튀빙겐 대학교의신학 교수로 재직하던 한스 큉은 1982년 초 미국을 방문하여 여러 공동체를 다니면서 진보적인 신학 사상을 강의하고 있었다. 임 신부는 그에게 전화를 걸어 방한을 요청했다.

"지금 한국에는 당신과 같은 사람의 이야기를 듣고 싶어 하는 사람이 아주 많습니다. 이곳에 와서 그들에게 새로운 사상을 전해 주시기 바랍니다."

한스 큉은 흔쾌히 수락했다. 1982년 1월 중순 그는 일본 강연 일정을 마치고 김포공항에 도착했다. 공항은 이 진보적인 신학자의 방문을 취재하려는 기자들로 북적였다. 한국 사회에서도 한스 큉에 대한 관심은 아주 높았다. 사흘간 한국에 머무는 동안 그는 명동성당에서 한 차례 강연을 했다. 강연을 들으러 모인 이들 중에는 가톨릭 쪽 사람이 많았지만 목사를 비롯하여 개신교 인사들도 많이 몰려왔다. 강연장 밖으로 사람들이 줄지어 서 있었다. 결국 성당 밖에 대형 스피커를 설치해야 했다. 한스 큉은 멀리 보는 안목을 가진 신학자였다. '현대인은 과연 무엇을 믿을 수 있는가'라는 제목의 강연에서 그는 한국 교회 상황과 앞으로 나아갈 길에 대해서 분명하게 짚어 주었다.

그 방문 이후 임 신부와 한스 큉은 각별한 우정을 이어 가게 되었다. 또 한스 큉은 분도출판사의 중요한 필자가 되었다. 출판사로서는 최고의 필자였다. 그는 자신의 번역서에 대한 인세를 사양하기도 했다. 한국을 방문하고 어려운 한국 사정을 알게 된 그가 분도출판사를 통해 한국 사회에 건네준 선물이었다. 저자의 전폭적인 지원으로 한국에서 꾸준히 한스 큉의 책을 낼 수 있었지만, 교회 당국은 이 신학자를 그리 고운 시선으로 보지 않았다.

천신만고 끝에 출간한 『교회란 무엇인가?』(1978) 말고도, 『왜 그리스도인인가?』(1982), 『중국 종교와 그리스도교』(1988), 『세계 윤리 구상』(1992), 『신은 존재하는가 I』(1994), 『믿나이다』(1999), 『그리스도교』(2002) 등이 임 신부와의 인연으로 출간되었으며, 2011년에는 『한스 큉, 과학을 말하다』와 『그리스도교 여성사』도 출간되었다.

지금도 가끔 한스 큉의 신학적 성향을 우려하는 목소리가 출판사 홈페이지 게시판에 올라온다. 과거와 달리 목소리의 주인공은 정부 기관도

교회 기관도 아닌 열성적인 평신도다. 임 신부가 땀 흘려 뿌린 씨들이 꽃피고 열매 맺기 위해서는 더 많은 시간과 노력이 필요하겠다.

임 신부가 일흔 중반이 된 지금 어느덧 여든을 넘긴 한스 큉은 독일 튀빙겐에 살고 있다. 해마다 성탄절 즈음이면 임 신부는 그에게 인삼차를 보낸다. 오래전 그 추운 겨울날 한국을 방문했던 한스 큉은 그때 추위를 녹여 준 인삼차의 맛을 두고두고 못 잊어 했다. 그래서 해마다 인삼차를 크리스마스 선물로 보내고 있다. 말하자면 임 신부 나름의 필자 관리인 셈이다.

김지하

시인 김지하는 어느 날 밤 느닷없이 술에 취한 듯 몽롱한 상태에서 중얼거리기 시작했다. 잇따라 떠오르는 느낌, 생각, 울부짖음, 마치 누군가가 그의 속에서 불러 주는 듯한 소리가 있어서 그대로, 취한 듯 정신 잃은 듯 떠오르는 소리를 중얼거리자 그대로 그의 아내가 받아 적었다. '검은 산'과 '하얀 방'은 이렇게 해서 태어났다.

분도출판사의 오래된 '도서 목록'은 1986년에 출간된 김지하의 시집 『검은 산 하얀 방』을 이렇게 소개하고 있다. 그 명성에 걸맞지 않게 이 시집은 그리 널리 알려지지 않았다.

시인 김지하를 바깥세상에 알리는 일에도 임 신부가 함께했다. 분도출판사에서 김지하의 산문집 『밥』이 나온 것은 1984년에 이르러서였다. 하지만 임 신부와 김지하의 인연은 그보다 훨씬 전으로 거슬러 올라간다. 70년대 초 지학순 주교와 함께 왜관수도원을 찾아왔던 젊은 김지하를 임 신부는 잘 기억하고 있었다.

김지하는 담시譚詩 「오적」을 쓰고 반공법 위반으로 감옥에 갔다가 다시 민청학련 사건으로 사형선고까지 받았으나 무기징역으로 감형되어 지학순 주교와 함께 1975년 2·15 조치로 풀려나왔다. 그러나 곧 동아일보에 「고행 7·14」라는 제목으로 옥중 수기를 게재했다가 다시 반공법 위반으로 기소되었다. 독재에 온몸으로 항거한 이 시인에게 국제사회는 로터스 특별상, 위대한 시인상, 브루노 크라이스키 인권상 등을 수여하는 것으로 특별한 관심을 표했다. 그러나 당시 정권은 갖은 수단으로 그를 옥죄어 들었다.

당시 김지하의 구명 운동에 민주 인사들과 가톨릭계 인사들이 많은 힘을 기울였다. 그중에 물론 임 신부도 있었다. 원주교구의 지학순 주교와 임 신부는 평소 잘 알고 지내는 사이였다. 한국 사회의 민주화와 정의를 구현하는 일에 그리스도인으로서 뜻을 함께해 온 지 이미 오래였다. 새로운 출판물 간행에 대해 논의를 하기도 했다.

한국 독재 정권의 폭압을 드러내고 세계인의 관심과 협력을 모으는 일은 중요했다. 시인 김지하를 촬영하기 위해 독일 텔레비전 방송팀을 오게 한 것도 그런 목적에서였다.

임 신부가 촬영팀을 이끌고 원주로 가던 날은 유난히 눈이 많이 내렸다. 1980년 12월 형집행정지로 풀려난 김지하는 그때 원주교구청 주교관 아래 살고 있었다. 독일 방송국에서는 반독재 투쟁에 앞장선 시인의 이야기를 담으려고 준비를 꼼꼼히 해 왔다. 만남 첫날 김지하 시인도 이 작업에 흔쾌히 동의했다. 사흘 동안 김지하의 생활을 카메라에 담기로 했다. 그런데 촬영을 시작하기로 한 날 아침에 시인이 난색을 표했다.

"저희 어머니께서 반대하십니다. 이제 겨우 감옥에서 나왔는데 이 영화를 찍으면 다시 감옥에 가게 될지도 모른다고 …. 아무래도 어렵 겠습니다."

시인은 단호히 거절을 표하고는 집 안으로 들어가 나오지 않았다. 독일 촬영팀은 당황하여 어쩔 줄 몰라 했다.

"세상에, 말도 안 됩니다. 지금 와서 안 된다고 하다니!"

촬영팀 책임자인 여성 감독은 큰 소리로 울부짖다시피 했다.

"이렇게 그만둘 수는 없어요. 절대 빈손으로는 못 돌아갑니다. 제발 마음을 돌리게 도와주세요."

감독은 임 신부를 붙잡고 통사정을 했다. 결국 몇 시간을 설득한 끝에 조건부 촬영을 하기로 했다.

"촬영은 집 안에서만 하겠습니다. 그럼 남들 눈에 띌 일은 없지 않겠습니까? 괜찮겠지요?"

어렵사리 김지하가 동의하자 카메라가 돌아가기 시작했다. 꼬박 사흘간 집 안에서만 시인의 이야기를 카메라에 담았다. 스페인 출신 카메라 감독은 뛰어난 촬영 기술로 실내에만 한정되어 자칫 단조로울 수 있는 한계를 잘 보완해 주었다. 뛰어난 영상 감각을 지닌 임 신부는 이 다큐멘터리 필름에 깊은 인상을 받았다. 이 필름은 높은 완성도를 자랑하며 독일에서 즉각 방영되었고, 저항 시인 김지하에게 쏟아진 세상의 관심은 이내 한국의 독재에 대한 비판으로 이어질 수밖에 없었다.

분도우화

엄혹한 시대의 터널에 갇힌 사람들의 표정은 어두웠다. 끝이 보이지 않는 고통의 시간 속에서 희망을 품을 만한 여지도 없어 보였다. 그런 가운데 노랑나비 한 마리가 서점가를 날아다녔다. 날개를 활짝 펼친 나비가 그려진 노란 표지의 책, 『꽃들에게 희망을』이었다. 분도출판사가 펴낸 책이었다.

젊은이들은 이 책을 선물로 주고받았다. 세간에 선풍적인 인기를 끌게 된 이 책의 출판사가 가톨릭계 출판사라는 사실을 아는 이는 많지 않았다. 이 책에는 '하느님', '기도', '회개' 같은 말은 단 한마디도 나오지 않았다.

종교계 출판사에서 내놓은 책을 사람들이 이토록 열광적으로 좋아한 일이 아마 그전에는 없었을 것이다. 1975년 번역 출간된 트리나 포울러스의 『꽃들에게 희망을』은 일반인들에게 베스트셀러가 된 분도우화의 첫 시작일 뿐이었다.

뒤를 이어 『아낌없이 주는 나무』, 『어디로 갔을까 나의 한쪽은』, 『이상한 나라의 숫자들』 등등 총 36권에 달하는 분도 우화 시리즈가 쏟아져 나왔다. 수십 쇄를 찍은 책이 여럿이었다. 암울한 시대 분위기에 위로의 말을 던지는 듯한 이 우화 시리즈는 출판사의 의도대로 억눌린 젊은 영혼들에게 따스한 위안을 주었고, 기존 출판계에도 신선한 충격을 안겨 주었다. 특히 진중한 책으로만 신자들에게 다가가는 데 의미를 두었던 종교계 출판사들에게는 하나의 놀라운 도전이었다고 할 수 있다. 하지만 분도출판사의 놀라운 도전은 우화 시리즈에서 그치지 않았다. 이해인 수녀의 시집이 다음 차례를 기다리고 있었다.

이해인 신드롬

임 신부는 이해인 수녀를 부산의 수녀원에서 처음 만났다. 미사를 마치고 나오는 임 신부에게 한 수녀가 다가와 원고를 내밀었다.

수녀는 젊고 고왔다.

"신부님, 제가 그동안 쓴 시들입니다. 시집으로 묶고 싶은데 분도출판사에서 낼 수 있을까요?"

청아한 음성이었다. 임 신부가 원고를 받아 들고 낮게 말했다.

"아, 수녀님께서 시를 쓰시는군요. 편집부와 상의해 보겠습니다."

임 신부는 수녀의 원고를 정한교 편집장에게 보였다.

"신부님, 여성 독자들이 많이 좋아하겠는걸요. 그런데 우리가 굳이 이런 시집을 내놓아야 할까요?"

편집장은 시집 발간에 매우 신중한 태도를 보였다. 외부 원고에 대한 평가는 늘 조심스러웠다. 실망스런 경우도 많았다. 편집장은 이제까지 분도출판사가 펴낸 책들과 사뭇 성격이 다른 시집 발간을 낯설어 했다. 부드럽고 서정적인 분위기의 시집을 출간하는 일은 분도출판사로서 또 하나의 도전일 수밖에 없었다.

임 신부가 말했다.

"우리도 이런 시집을 한번 내 보는 게 좋지 않겠습니까?"

이해인 수녀의 시집 『내 혼에 불을 놓아』(1979)는 그렇게 세상에 나왔다. 다른 책들처럼 초판 3천 부를 찍어 평소 거래하는 서점에 내놓았다. 그런데 놀라운 일이 벌어졌다.

서점에 나간 지 2주도 안 지나서 매진되어 버린 것이다. 서울 영업소와 각 서점들마다 주문 전화가 쇄도했다. 분도출판사로서는 일찍이 경험해 보지 못한 일이었다. 즉시 인쇄소에 연락했다.

"시집 2쇄를 찍어야 합니다. 이번에는 5천 부입니다."

그 5천 부도 금세 동이 났다. 인쇄기는 더욱 바삐 돌아갔고, 시집은 인쇄되는 족족 서점으로 실려 나갔다. 1979년 그해 성탄 전에만 2만 권의 시집이 팔렸다. 얼어붙은 세상을 사람들은 이해인 수녀의 시로 녹여내고 싶었던 것일까? 그야말로 불티나게 팔려 나간 시집 덕분에 '분도출판사'라는 이름이 세상 사람들 사이에 널리 알려지게 되었다. 계속되는 베스트셀러의 행진이었다.

이해인 수녀의 시집은 이듬해에도 연이어 나왔다. 『오늘은 내가 반달로 떠도』와 『사계절의 기도』, 『엄마와 분꽃』 그리고 산문집 『두레박』 등은 1980년대에 가히 이해인 신드롬이라 할 만한 선풍적 반향을 불러일으켰다.

신학에의 초대

그랬다. 불의한 세상을 향해 하느님의 정의를 외치고 엄혹한 시대의 서러운 감성을 달래 준 몇 권의 책 덕분에 임 신부와 분도출판사는 세간의 난데없는 주목을 받은 게 사실이다. 그래서 그게 어쨌단 말인가?

주위의 칭송과 유명세도, 몇 종의 책으로 벌어들인 경제적 이득도, 임 신부에게는 이런저런 책들로 겪어야 했던 세속적 번거로움만큼이나 부질없는 것이었다. 스스로 그런 걸 노리고 좇은 것이 아니었으므로 영광과 좌절은 세상이 임 신부에게 덧씌운 것일 뿐, 애초부터 그의 몫은 아니었다.

물론 분도출판사가 어떤 이유로든 세상에 알려지고 그 덕에 책이 팔려 약간의 재정적 도움을 얻은 걸 나쁘다 할 수는 없다. 그걸 기반으로 더 많은 일을 추진할 동력과 재원을 확보할 수 있었기 때문이다. 그러나 그것은 다만 결과적으로 주어진 것이지 본질은 아니었다. 태산같은 본질이 아닌 바에야 언제라도 바람결에 흩날려 가 버릴 민들레 홀씨였다. 임 신부는 그 이치를 정확히 꿰뚫고 있었다.

당국의 핍박보다 무서운 건 세간의 허망한 칭송이었다. 언감생심, 그는 한 번도 자신을 대한민국 민주화 운동의 첨병이라 여긴 적 없고, 자신의 활동이 하루아침에 이 땅에 자유와 해방을 가져다줄 것이라는 착각에 빠진 적도 없었다. 자신이 누구인지, 왜 고향을 떠나 여기 있는지, 하느님이 자신을 통해 무엇을 이루시려 하는지, 자신의 역량이 어디까지 미치고 어디서 멈추는지, 임 신부는 촌각도 잊지 않았다.

임 세바스티안 로틀러는 독일인 수도자요 선교사로 그리스도의 복음을 전하러 이 땅에 왔다. 그리고 지금은 책 만드는 일을 통해 그 사명을 실천하고 있다! 더는 아무것도 필요하지 않았다.

임 신부는 신학자가 될 수 있었고 될 뻔도 했다. 그는 신학적 뿌리가 깊은 사람이었다. 본당 사목을 할 때도, 문서 선교라는 특수 사목을 할 때도, 해박한 신학적 지식이 그의 사고와 활동을 반석처럼 떠받치고 있었다. 임 신부의 삶과 활동은 매 순간 지식과 심성, 신학과 신앙의 조화가 빚어내는 절묘한 울림에 다름 아니었다.

가령 사랑과 나눔의 신학이 『아낌없이 주는 나무』로 구현되었다면, 정의와 구원의 신학은 『현실에 도전하는 성서』나 『해방신학』으로 구현되었다. 이해인 수녀의 시집을 출간한 것도 거기서 위로와 치유의 신학적 코드를 읽어 냈기 때문이다. 이런 책들이 사람을 선한 방향으로 인도하는 좋은 책이라고 임 신부는 확신했다.

임 신부에게 그것 말고 다른 노림수는 없었다. 사제가 투쟁 경력을 쌓아 국회로 진출하겠는가, 수도자가 돈을 벌어 땅을 사겠는가? 책 속에서 자신이 지향하는 신학적 가치를 발견했고, 자신이 읽어서 좋았던 책을 이웃과 나누고 싶었을 따름이다. 맛있는 건 남에게 권하는 게 인지상정이다. 몸의 양식도 그럴진대 하물며 마음의 양식은 더욱 그렇지 않겠는가!

지금도 임 신부와 분도출판사를 『해방신학』과 우화 시리즈와 이해인 시집으로 추억하는 이가 많다. 나쁜 일이 아닌 바에야 어떤 식으로든 누군가의 추억이 된다는 건 뿌듯한 일이다. 이 점에서 분도출판사는 그 책들을 사랑해 준 독자들에게 큰 빚을 지고 있다. 그러나 이들 '베스트셀러'는 우연의 산물이었고, 대중이라는 큰 산에 부딪쳐 되돌아온 메아리였다.

그 책들이 인구에 회자되던 바로 그 무렵, 임 신부가 심혈을 기울인 책들은 정작 따로 있었다. 신학 학술서들이다. 그것들은 뚜렷한 목적의식으로 공들여 기획되었고, 일부는 '총서'라는 형태로 학술적 가치를 극대화했다. 출간 종수는 많았지만 교회 밖으로까지 알려질 만한 성격의 책은 아니었다. 독자의 범위도 신학교 울타리를 넘기 어려웠다. 그러나 이것이야말로 분도출판사의 필수 불가결한 주력 사업이었다. 세상과 대중의 메아리는 미약했다. 임 신부는 개의치 않았다.

'신학자' 세바스티안 로틀러는 깊이 묵상했다. '내가 책을 통해 한국 교회에 봉사할 수 있는 길이 무엇일까?'

때는 1970~80년대였다. 유럽에서 서구 신학을 공부하고 돌아온 한국의 교수신부들이 서울과 광주의 신학대학에서 후진 양성에 혼신의 힘을 기울이고 있었다. 그들은 의욕적이고 헌신적이었다. 신학생들도 총명했다. 젊은 교수신부들과 어린 신학생들이 신학교 강의실과 캠퍼스 정원에서 함께 뒹굴고 땀 흘리며 그리스도의 진리를 좇아 용맹정진했다. 그들은 한국 교회와 한국 신학의 미래였다.

신학은 서양 학문이다. 서양 신학을 한국에서 한국 사람이 배우고 있다. 저들도 언젠가는 자신의 신학을 하게 되겠지만, 지금은 서양 신학을 받아들이고 배워야 할 때다. 이 기반 위에서, 이를 뛰어넘을 때 한국 신학이 정립될 것이다.

서양 신학을 서양 언어로 바로 배울 수 있다면야 제일 좋겠다. 영어, 독일어, 프랑스어, 이탈리아어, 스페인어에 옛말까지 더해 히브리어, 그리스어, 라틴어 … 이 글들이 줄줄 읽힌다면 뭐가 문제겠는가. 그러나 모든 한국 신학도가 그리할 수 있는 것은 아니다. … 임 신부 눈에는 그리 비쳤다.

당시만 해도 우리말 신학 책이 풍요롭지 못했다. 교수신부들은 유학 시절 강의 노트를 스스로 번역하고 등사하여 교재로 활용하거나, 수업 시간에 빽빽하게 판서하여 학생들의 혼과 팔을 빼 놓았다. 한 세대 전에는 그랬다. 책이 필요했다. 임 신부는 그들을 돕고 싶었다.

그래, 저들에게 공부할 책을 공급하자. 한국 신학생이 한국어로 공부하고, 적어도 석사 학위 이상의 연구 논문을 쓸 때 마음 놓고 인용할 수 있을 만큼 정확하고 권위 있는 번역서를 만들자. 교회 문헌의 원전과 아울러 세계 최고 석학들의 최신 이론을 시의 적절하게 한국어로 옮겨 신학생들로 하여금 지식의 청량한 호수를 마음껏 헤엄치게 하자. 이것이 내가 이곳에 있는 이유다. 하느님이 나를 통해 한국 교회에 하시고자 하는 일이다 ….

임 신부의 푸른 눈이 반짝였다. 이제부터 손발이 바빠질 것이다.

임 신부는 신들린 듯 일했다. 자신의 탈렌트를 총동원해서 서구 신학의 최신 트렌드를 분석했고, 한국 신학을 위해 꼭 필요하다 싶은 원전과 신간들을 엄선하여 최고의 학자들에게 번역을 의뢰했다. 새벽까지 방의 불이 꺼지지 않았다. 자신이 읽지 않고 남에게 읽힐 수는 없는 노릇이었다. 그는 이렇게 만들어진 책들이 인식과 진리에 목마른 신학생들에게 단비가 되어 주기를 바랐다.

언제부턴가 신학생들은 루돌프 오토, E. 스힐레벡스, 요아힘 그닐카, 루돌프 슈낙켄부르크, 게르하르트 로핑크, 요아킴 예레미아스, 발터 니그, 칼 라너, 피츠마이어, 요셉 라칭어, 테야르 드 샤르댕 같은 이름들을 더는 낯설어하지 않게 되었다. 이들과 한국 독자들 사이에 튼실한 다리를 놓아 준 이들이 장익, 성염, 정양모, 서인석, 정하권, 이봉우, 이경우, 길희성, 이형우, 김윤주, 정한교 같은 역자들이었다.

여기서 그들의 노고가 담긴 책들의 이름을 일일이 헤아릴 수는 없다. 그러나 지난 한 세대 동안 이 땅에서 공부하여 사제가 된 사람이라면 적어도 분도출판사의 신학 책을 한 권 이상은 읽었을 테고, 그렇다면 그 책들이 무슨 책인지 알 것이다. 이로써 임 신부는 교회 출판인으로서 자신에게 맡겨진 소명의 한 부분을 수행한 셈이다. 그가 만든 책들은 이 순간에도 사목 일선에서 봉사하는 사제들의 뇌리에 알게 모르게 각인되어 있을 것이다.

세인들이야 뭐라든, 임 신부를 진정한 하느님의 종으로 만든 결정적 요소는 독재 정권과의 갈등이나 베스트셀러 출판인에 대한 세인의 평가가 아니라, 전문 신학 도서 출간을 통해 한국 교회와 한국 신학의 드러나지 않는 밑거름이 되었다는 사실이다. 그것은 고되고 외로운 노동이었다. 그럴수록 임 신부는 행복했다.

총서의 시대

신학 책 출간에 대한 임 신부의 열정과 집념은 총서 발간으로 꽃을 피웠다. 실로 총서를 빼고 임 신부의 출판 여정을 논할 수는 없다. 총서는 출판인 임 세바스티안 로틀러 신부의 영혼이었다.

엄밀히 말하면 임 신부가 사장으로 부임하기 이전인 1960년대에도 다이슬러의 『구약성서 입문』과 셸클레의 『신약성서 입문』을 효시로 신학 전문 서적들이 발간되고 있었다.

　임 신부 부임 3년 후인 1974년, 분도출판사는 제2차 바티칸 공의회 이후 현대 신학의 중요한 흐름을 소개하는 '신학 총서'를 국내 최초로 출범시켰다.

　서문에 따르면 이 총서의 목적은 "한국의 신학도와 신학에 관심을 가진 모든 분들에게 어느 정도 일관성 있고 기본적인 신학 지식을 터득할 수 있는 터전을 마련하는 데" 있었다. 그리하여 "학계에서 정설로 인정된 신학적 제재를 '교과서식'으로 펴내고", "역사신학, 조직신학, 실천신학을 망라한 전 분야에 걸친 신학 내용이 각 방면의 전문가들의 손을 빌려 우리말로 번역되거나 직접 집필되어 독자들에게 소개될 것"이었다. 실로 담대한 프로젝트였다. 이 총서에는 발터 카스퍼, 수에넨스 추기경, 한스 큉, 판넨베르크, 예레미아스 같은 서구 신학자 외에도, 서인석의 『하느님의 정의와 분노』, 정하권의 『교회론』 등 당대 국내 신학자들의 저술도 포함되었다.

1999년 34권까지 출간된 이 총서는 2001년 '신학 텍스트 총서'에 그 시대적 소명을 넘기고 역사의 뒤안길로 사라지지만, 사반세기 동안 한국 신학의 견인차 노릇을 톡톡히 한 역작이었다.

1982년은 '아시아 신학 총서'와 '사목 총서'의 해였다. '아시아 신학 총서'는 아시아인의 심성에 투영된 그리스도 신앙의 참모습을 깨닫게 해 주는 획기적인 발상이었다. 한국 신학 정립의 가능성을 비춰 볼 수 있는 거울 같은 총서로, 지금까지 10종이 출간되었다.

사목 이론과 사목 체험을 아우른 '사목 총서'는 임 신부가 이 땅의 사목자들에게 드리는 작은 선물로서, 사목 현장의 길잡이 구실을 하기에도 족했다. 헨리 나웬의 『상처 입은 치유자』와 칼 라너의 『그리스도교 신앙 입문』을 포함하여 23종이 출간되었다.

1986년부터 출간되기 시작한 '종교학 총서'는 종교학의 확립과 정착이라는 시대적 소명에 적절히 부응했다는 평가를 받았다. 특히 루돌프 오토의 『성스러움의 의미』, 케네스 첸의 『불교의 이해』, 안네마리 쉼멜의 『이슬람의 이해』, 구보 노리따다의 『도교사』 등은 그리스도교의 영역을 넘어 종교 일반의 문화사적 의미와 본질을 일깨우는 탁월한 저작이다. 현재까지 10종이 출간되었다.

1987년에는 '교부 문헌 총서'가 출범했다. (교부학에 대한 임 신부의 관심과 애착은 앞서도 잠시 언급한 바 있다.) 라틴어·그리스어와 우리말 대역본으로 기획된 '교부 문헌 총서'의 발간은, 원전 번역이 취약한 학문 풍토에서 "성서 연구와 한국 교회 신학의 토착화와 한국 교회 에큐메니즘 운동"에 도움 될 것이라는 기대를 한 몸에 받았다. 교부들의 강론과 저술을 원전에서 선정하여 자국어와 대역본으로 출간하는 나라는 세계적으로도 손꼽을 정도다. 대역본에 대한 거부감도 없지 않았으나, 임 신부는 학에 뜻을 둔 신학도가 단 한 사람만 있어도 대역본을 고집할 태세였다. 이형우가 번역한 『치쁘리아누스』를 필두로 2012년 현재 암브로시우스의 『나봇 이야기』까지 총 20권이 나왔다.

신학 책 출간에 관한 한 정작 임 신부는 별 할 말이 없는 사람처럼 말을 아낀다. 그 작업이 중요하지 않아서가 아니다. 임 신부에게는 신학 책을 내는 것이 밥 먹고 숨 쉬는 일처럼 당연한 일상이므로 특별한 이야깃거리가 아닌 것이다.

이 모든 시도와 성취가 임 신부 혼자만의 노력으로 가능했던 것은 물론 아니다. 임 신부 곁에는 늘 걸출한 편집장이 함께했다. 초대 편집장 김윤주와 그 후임 정한교였다.

어느 편집장이든 임 신부와는 환상의 호흡을 자랑했다. 1977년까지는 김윤주와, 그 후 퇴임할 때까지는 정한교와, 임 신부는 험한 길 위를 달리는 한 쌍의 수레바퀴처럼 분도출판사를 튼튼히 지탱했다. 사장과 편집장은 서로를 존중했고 서로의 영역을 인정했다. 그들은 분도출판사라는 마차를 이끄는 쌍두의 준마였다. 임 신부는 그 둘을 먼저 떠나보냈다.

만남과 헤어짐, 김윤주와 정한교

김윤주 편집장은 출판사 운영에서 임 신부에게 더할 수 없이 든든한 조력자였다. 그는 1962~1977년 재직했고, 퇴임 후 1994년까지 편집 고문으로 봉사하다가 1995년 암으로 선종했다.

김윤주 편집장처럼 훌륭한 파트너를 만날 수 있었다는 사실을 임 신부는 지금도 큰 기쁨으로 여기고 있다.

분도출판사 초대 편집장 김윤주 아우구스티노는 코르비니안 신부와 함께 출판사 일을 시작했다. 평북 태천에서 태어나 서울에서 대학을 졸업하고 한국전쟁을 겪은 그는 구미 오상고등학교를 거쳐 1953년부터 순심학교에서 근무하고 있던 교육자였다. 젊은 시절 지방신문에 소설로 등단하기도 한 그는 문인으로서 작품 활동도 게을리 하지 않았다. 순심고등학교 교감으로 재직하던 중에 오후 시간에 짬을 내어 출판사 일을 간간이 도와주었는데, 출판사 규모가 확장되고 업무량이 많아지면서 1962년부터는 교직을 그만두고 편집장으로 일하게 되었다. 평소 성경과 교회 서적에 관심이 많았던 김 편집장은 출판사에서 일하게 되면서, 소설로 데뷔한 문필가로서의 역량을 마음껏 펼쳤다. 영문 번역은 물론 독학으로 독일어를 깨쳐 독일어 번역에도 능했다. 그러니 출판사 초기에 분도출판사의 번역 일은 그가 도맡다시피 했다.

그는 뛰어난 어학 실력을 바탕으로 1967년부터 '성경의 세계' 시리즈를 비롯하여 50권이 넘는 교회 서적을 번역하고 편찬했다. 이러한 공로로 1984년 제2회 가톨릭 대상 문화 부문 상을 수상하기도 했다. 독일어를 독학으로 익혀 번역서를 낼 만큼 김윤주 편집장은 새로운 것을 배우고자 하는 열의가 대단했고, 일단 배운 것은 자기 것으로 소화

해 활용하는 데 특별한 능력을 가진 사람이었다. 매사 맡은 일에 조금의 빈틈도 허용하지 않았고, 적확한 단어를 문장에 철두철미하게 구사하고자 노력한 문필가 편집장이었다.

김윤주 편집장은 분도출판사가 펴내는 책에 대한 기준을 매우 엄격하게 잡았다. 저자와 역자의 식별과 선정도 까다로웠다. 수준 미달 원고는 편집장의 데스크에서 살아남기 힘들었다.

후임 편집장 정한교 역시 분도출판사의 명성을 이어 가는 데 손색없는 실력의 소유자였다. 그는 1978년부터 임 신부를 도왔다.

1941년 경남 하동에서 태어나 부산고등학교를 졸업하고, 1966년 고려대학교 법대를, 1971년 광주 대건신학대학을 졸업한 후 1973년까지 오스트리아 인스브루크 대학 신학부에서 수학했다. 광주 대건신학대학 재학 중 「전망」지를 편집하기도 했다. 1976년 건국대학교 대학원을 졸업하고 경상대학교 교양학부 강사로 있을 때 임 신부가 그를 분도출판사 편집장으로 영입했다. 1992년 제5회 가톨릭 언론 대상을 수상했고, 2001년 정년 후에도 편집고문으로 한결같이 일하다가 2004년 2월 뇌출혈로 선종했다.

그는 편집 일을 무엇보다 사랑한 사람이었다. 늘 캄캄한 새벽에 출근하여 무서운 집중력으로 텍스트에 몰두했다. 임 신부는 그런 그가 미더웠다. 재임 중 630여 종의 책을 만들었고 『선민과 만민』, 『하나인 믿음』, 『그리스도교 이전의 예수』, 『나자렛 예수』 등 30여 종의 신학서를 빼어난 우리말로 번역했다.

『200주년 신약성서』와 『신약성서 주해』는 정한교 편집장의 정신이자 의지였고, 아우구스티누스의 『신국론』은 그의 마지막 노작이었다. 이런 업적은 해박한 지식과 열린 마음, 출중한 언어 능력의 소산이었다. 그는 타고난 편집자였고 한국 교회 출판계의 큰 별이었다.

정한교 편집장이 쓰러졌다는 소식을 들었을 때 임 신부는 온몸의 수액이 다 빠져나가는 느낌이었다. 병원으로 가는 차 안에서 임 신부는 슬픔에 몸을 맡겼다. 그와 함께한 세월이 1920년대 무성영화처럼 눈앞에 펼쳐졌다. 외롭고 쓸쓸했다. 다들 떠나는구나 ….

정한교 편집장은 자는 듯 누워 있었다.

임 신부가 말없이 그의 이마에 손을 얹었다.

순간 둘 사이에 수만 마디 말이 오갔다.

나라 밖 '동업자'

임 신부가 나라 밖 동업자들과 원만한 관계 속에서 일할 수 있었던 것은 그가 비단 독일인이기 때문만은 아니었다. 그에게는 국적 불문하고 사람을 흡입하는 묘한 매력이 있었다.

임 신부의 인세 지불 기준은 특이했다. 아직 저작권 법이 느슨하던 시절이라서 가능한 일이기도 했지만, 원본이 나온 나라 사정에 따라서 인세 지불 여부가 결정되곤 했다. 이를테면 미국, 영국, 독일에서 나오는 책들은 원출판사에 인세를 지불하지 않았다. 반면에 인도, 브라질, 페루 등 상대적으로 가난한 나라에서 나온 책들에 대해서는 일부러 출판사를 추적하여 인세를 꼬박꼬박 지불했다.

그중에는 저자나 출판사와의 친분 관계도 크게 작용했다. 특히 미국의 가톨릭계 출판사 오르비스 북스와는 오랫동안 무인세 관계로 지냈다. 오르비스 북스는 임 신부에게 특별한 호의를 가지고 있었다. 비즈니스 세계에서 흔치 않은 일이었다.

임 신부가 프랑크푸르트 도서전에 다니기 시작한 것은 1976년부터였다. 그때만 해도 한국에서는 해외 출간 서적들을 구하기 어려웠다. 간간이 수입이 이루어지기도 했지만 분야가 한정되어 있었고, 특히 왜관에 앉아서 그 흐름을 알아차릴 수는 없었다. 1년에 한 번씩 큰 도서 전시장에 다녀오는 것이 여러모로 필요한 일이었다.

임 신부가 도서전에 가면 가장 눈길이 많이 가는 매장이 미국 메리놀 선교회 출판사인 오르비스 북스였다. 그때만 해도 영세한 출판사였던 오르비스 북스는 전시장 내 자리 확보도 어려워 겨우 테이블 반쪽만 빌리는 형편이었다. 임 신부는 오르비스 북스에서 나오는 책에 유독 관심이 갔다. 한국에 소개하면 좋을 만한 내용이 많았다. 오르비스의 편집장을 만나 인사를 나누면서 자신이 한국에 와 있는 독일 선교사이며 수도원 출판사의 사장이라고 소개했다.

"오르비스의 출판 방향이 우리 분도출판사와 아주 잘 맞는다고 생각합니다. 오르비스에서 나오는 책들을 가능하면 많이 한국 독자들에게 소개하고 싶습니다. 한국 독자들에게 큰 도움이 될 것입니다. 그런데 한국의 출판 시장이 아직 많이 열악합니다."

당시 한국 시장은 출판물의 지적 소유권에 대한 제재를 받지 않고 있었다. 외국 출판사들도 한국 시장을 그다지 신경 쓰지 않았다. 오르비스는 분도출판사가 지향하는 바를 매우 잘 이해했고, 그쪽 편집장은 임 신부의 마음을 충분히 헤아려 주었다.

"신부님, 인세는 염려 마시고 이 책들 그냥 쓰세요."

더 필요하면 언제든지 연락하라는 인사도 잊지 않았다. 그 후 오르비스 북스와의 관계는 마치 분도출판사의 자매회사 같은 느낌이 들 정도였다. 다른 어떤 출판사보다 관계가 원만하게 유지되었다.

책임자가 바뀌더라도 전임 편집장이 후임에게 분도출판사에 대한 배려를 당부했다. 해마다 도서 전시회에서 만나게 되면 오르비스 직원은 이렇게 말하곤 했다.

"신부님, 앞으로도 우리 오르비스에서 나오는 책 중에 마음에 드는 책은 그냥 가져다가 쓰세요. 제가 책임지고 그렇게 해 드릴게요."

매년 카탈로그를 챙겨서 보내 주는 것은 물론이고 분도출판사가 관심 있어 할 만한 책들을 미리 왜관으로 보내 주기도 했다. 어느 정도 세월이 흐르면서 오르비스 북스 쪽에 저작권료를 제대로 계산해 주어야 하는 시기가 왔지만, 그 당시의 따스한 우정은 분도출판사의 역사에 그대로 배어 있다.

헤르더나 콜함머, 그리고 뮌스터슈바르작 수도원의 피어튀어메 같은 독일 출판사들이 뮌스터슈바르작 수도원 출신 선교사 임 신부를 특별한 호의로 대했음은 말할 나위도 없다.

친절한 사장신부

임 신부는 남들의 부탁을 거절하는 데 서툴렀다. 꼭 거절을 해야 하는 경우라도 그 마음 씀씀이는 상대방을 감동하게 만들었다. 분도출판사에서 시집을 내고 싶다며 원고를 보내온 여성이 있었다. 편집회의에서 출판이 어렵다는 결정이 내려져 결과를 알려 줘야 했다. 임 신부가 간

곡하게 출판사의 사정을 이야기하며 미안하다는 말을 담아서 편지를 보내자 즉시 답장이 왔다.

"신부님은 참 친절하시네요. 이제까지 제가 받아 본 어떤 편지보다 감동적이었어요. 출판하지 못해도 저는 이 편지가 고마웠습니다."

장애를 가진 이 여성은 그전에 수없이 출판 의뢰를 해 봤지만 출판사 사장으로부터 편지를 받은 것은 처음이라고 했다.

출판을 요청하는 이들의 요구는 끝없이 이어졌다. 목사, 장로 등 개신교 쪽 인사들도 가톨릭계 출판사인 분도출판사에서 책을 내고 싶어 했다. 임 신부가 출판사를 떠난 뒤에도 개신교 학자들에게 분도출판사의 문은 오래도록 열려 있었다. 숱한 익명의 초보 문사와 초보 학인들 … 이들의 요구를 전부 들어줄 수는 없는 노릇이었으니 거절 편지를 보내는 임 신부의 마음은 늘 편치 못했다.

하지만 도서를 기증받고자 하는 단체나 시설, 군부대에는 주저 없이 책을 보내 주었다. 재소자들은 분도출판사 책을 마음껏 읽을 수 있었고, 책값이 없는 가난한 신학생들도 분도출판사에서 나오는 신학 도서들을 무료로 받을 수 있었다. 장애인이나 영세 출판업자에게도 책을 보내 주었다. 분도출판사의 책을 원하는 사람들, 특히 그들이 가난하고 어려운 처지에 있는 사람일수록 임 신부는 마음을 아끼지 않았다.

출판사를 떠나 미디어 일을 하고 있을 때도 출판사 일이라면 팔을 걷어붙이고 도와주었다. 해외 판권 담당자가 따로 없던 시절에 편집부의 해외 업무는 임 신부에게 의지하곤 했다. 판권 획득이나 인세 문제가 꼬일 때는 임 신부의 도움이 더욱 절실했다. 독일 출판사들은 업무 처리가 확실해서 편지만으로도 해결되었다. 미국과 영국도 비교적 깔끔

한 편이었다. 주로 프랑스 출판사가 애를 먹였다. 감감무소식이거나 질질 끌거나 말을 배배 꼬아 속내를 알기 어려웠다.

임 신부는 그들을 대하는 법을 잘 알고 있었다. 전화 한 통화로 담당자의 성향과 그쪽 분위기를 파악했다. 끈질기게 협상하고 어르고 달래고, 짐짓 화난 척하는 것까지 능수능란했다. 그런 일은 누가 해도 귀찮고 성가실 게 뻔했다. 그럼에도 임 신부는 매번 그 일이 당신 삶의 마지막 일인 양 열과 성을 다하는 것이었다.

하루는 도움을 청하러 간 출판사 편집자가 궁금증을 참지 못하고, 속에 든 말을 조심스레 끄집어내 보았다.

"신부님, 이런 일 솔직히 귀찮지 않으십니까?"

귀찮아한다고 해서 부탁 안 할 리 없겠지만, 임 신부의 진지함이 하도 신기해서 물어본 말이었다.

임 신부의 대답은 간결했다.

"아닙니다. 매우 중요한 일입니다."

편집자는 더 할 말이 없었다.

영화도 복음이다

영화로 사목하기

1978년 후반 어느 토요일 저녁 무렵 서울에서 부산으로 가는 기차가 왜관역에 정차했다. 승객들이 서둘러 플랫폼을 빠져나갔다. 주말이면 왜관에서 내리는 승객이 특히 많았다. 대부분 수도원 피정의 집을 찾는 사람들이었다.

수도원 안에 피정의 집이 문을 열면서 주말을 이용해 잠시 기도에 전념하려는 신자들이 전국 각지에서 모여들었다. 각종 연수 프로그램에 참가하려는 신자나 수도자도 많았다.

피정에 모여든 신자들 틈에 서울에서 온 성우들이 섞여 있다는 사실을 아는 이는 거의 없었다. 낯선 그들을 눈여겨보는 사람도 없었다. 현역 성우인 이들은 임 신부가 진행하고 있는 외국영화의 한국어 더빙 작업을 하러 서울에서 내려오는 길이다. 수도원에 도착한 그들은 곧장 시청각실로 향했다. 임 신부가 그들을 반가이 맞이했다.

"잘 오셨습니다. 이렇게 와 주셔서 정말 고맙습니다. 미리 말씀드린 대로 오늘은 「사계절의 사나이」 더빙 작업이 있겠습니다."

성우들은 미리 받아 읽고 온 대본을 챙겨서 스튜디오 안으로 들어가 문을 닫았다. 그렇게 닫힌 문은 한동안 열릴 줄을 몰랐다. 더빙 작업은 밤새도록 이어졌고 아침이 되어서야 끝이 났다. 피곤한 기색이 비치기는 해도 그들의 눈은 빛나고 있었다. 영화 속 인물들이 주는 감동에 푹 빠져 있다가 나온 것 같기도 하고, 어려운 일을 무사히 마치고 나서 얻을 수 있는 보람 같은 것이 묻어나는 표정 같기도 했다.

그들이 방금 더빙을 마친 외화는 16세기, 영국 왕 헨리 8세의 권력에 저항하다 처형된 토머스 모어의 일생을 그린 영화로, 정의와 자유라는 주제를 다루고 있어서, 한국에서는 차마 입에 담지 못할 반독재 항거나 민주 투쟁과도 일맥상통했다. 성우들은 문제작의 더빙 작업에 참여하는 것만으로도 한국의 민주화에 기여한다는 자부심을 느꼈다.

1970년대 말부터 임 신부의 영화 작업은 보다 구체화되었다. 처음에는 슬라이드 필름으로 시작했지만 이 무렵 영사기가 들어옴에 따라 본격적으로 영화 필름을 보여 줄 수 있게 된 것이다. 따라서 한국말 더빙은 필수였다. 독일어와 영어로 만들어진 외화 필름을 한국어로 번역해서 다시 필름에 입히는 일은 공이 많이 들었다. 주로 서울에서 일하고 있는 성우들에게 미리 대본을 보내서 익히게 한 다음 왜관으로 내려와 작업을 하게 했다.

시간과 비용이 많이 드는 일이었지만 임 신부는 머뭇거리지 않았다. 영화를 통해서 큰일을 할 수 있다는 확신이 들었기 때문이다. 사람들에게 사회정의를 일깨워 줄 수 있다는 확신이었다. 그는 함께 일하는 이들에게 영화에 대한 소신을 이렇게 밝혔다.

"영화를 통해서 사람들에게 합당한 가치관을 가지는 것이 얼마나 중요한지를 깨우쳐 주고 싶습니다. 독재 시대에 살고 있는 사람들에게 민주주의와 정의의 가치가 얼마나 소중한 것인지 전해 주고 싶습니다. 하느님이 우리에게 하시는 말씀이 무엇인지, 양심에 따라 행동하고 진리와 평화를 지키기 위해 우리가 어떤 가치관을 지니고 살아야 하는지를 영화를 통해서 말할 수 있다고 나는 믿습니다."

이 땅에서 영화를 통해 하느님 말씀의 씨앗을 뿌리겠다는 선교사 임 세바스티안 신부의 결심은 사실 한국 땅에 발을 내디딘 지 얼마 되지 않았을 때부터 이미 시작되고 있었다.

첫 상영

임 신부가 한국에 와서 처음으로 대중들에게 영상 매체를 접하게 해 준 일은 아주 초기로 거슬러 올라간다. 그가 한국에 도착하고 한 달쯤 되었을 때인 1966년 8월 중순경이었다.

간간이 본당을 둘러보면서 지내던 어느 날 수도원 동료 신부의 소개를 받아 신자 한 사람과 인사를 나누었다. 그는 김천의 한 본당에서 교리교사로 활동하고 있다고 자신을 소개했다.

"신부님, 내일 마을 사람들한테 영화를 보여 주려고 하는데 좀 도와주시겠습니까?"

그는 임 신부가 최근 독일에서 가져온 최신식 녹음기에 큰 기대를 걸고 있었다. 전교의 한 방편으로 주민들에게 슬라이드 필름을 보여 줄 계획인데 그에 걸맞은 음향 기기가 필요했던 것이다. 한국에서는 아직 카세트테이프 녹음기가 드물던 때라 슬라이드 필름 상영에 필요한 음향을 릴 테이프에 녹음해서 틀어 주고 있었다. 그는 임 신부에게 직접 카세트테이프 녹음기로 영화 음향을 맡아 달라고 부탁했다.

주민들에게 보여 줄 슬라이드 영화는 성모 마리아에 관한 것이었다. 영화를 보여 주기에 앞서 사운드 작업이 필요했다. 녹음테이프에다 따로 녹음을 해서 사운드를 만들어야 했는데, 임 신부는 주민들에게 영화를 보여 준다는 사실에 절로 신이 나서 기꺼이 그 작업을 맡았다. 뮌헨에서의 일들이 떠올랐다. 한국에 오자마자 이렇게 일찍 영화와 관련한 일을 하게 된 것이 그는 무엇보다 기뻤다.

드디어 약속한 날이 되자 슬라이드 영사기와 녹음기, 하얀 천으로 된 스크린을 준비해서 한적한 시골 마을을 향해 길을 나섰다.

저녁 무렵 마을에 도착했다. 멀리서부터 아주 정겨운 느낌이 드는 마을이었다. 여름 저녁은 아직 환했고 서늘한 바람이 기분 좋게 불어오고 있었다. 길을 따라 양쪽으로 펼쳐진 논에서는 개구리 울음소리가 시끄럽게 울려 퍼졌다. 그 소리 때문에 영화 보는 데 지장이 있으면 어쩌나 걱정스러울 정도였다.

주민들은 일찌감치 저녁을 지어 먹고 마을 창고 옆 공터에 빼곡히 모여 있었다. 오랜만에 영화를 본다는 기대감 때문인지 다들 술렁이는 분위기였다. 창고의 넓은 외벽에 하얀색 천을 걸었다. 맨 앞줄에는 주로 노인과 아이들이 앉아 기다리고 있었다. 어떤 영화를 보게 될지 잔뜩 기대에 부푼 표정들이었다.

사실 이 마을에는 가톨릭 신자가 거의 없었다. 그런데도 그날 성모 마리아에 관한 슬라이드 영화를 보러 모인 이가 수백 명은 족히 되었다. 그 마을뿐 아니라 인근 마을에서까지 모여든 것이 분명했다. 임 신부는 너무나 놀라서 입이 다물어지지 않았다. 슬라이드 영화를 보겠다고 이렇게 많은 사람이 모이다니!

그도 그럴 것이, 마을에는 아직 텔레비전이 한 대도 없었고 라디오가 있는 집도 손에 꼽을 정도였다. 가끔씩 시골 마을에 가설 극장이 오긴 했지만, 이 마을에 영화가 다녀간 것은 여러 해 전이었을 것이다. 영화를 한 번도 본 적이 없는 사람이 절반도 넘었다. 종교적인 내용이든 뭐든 상관없이 영화를 보여 준다는 소식에 사람들은 마냥 좋아서 모여든 것이다.

임 신부는 슬라이드 필름을 순서대로 잘 챙겨 넣었는지 체크했다. 녹음기 성능은 믿을 만했지만 거듭 확인했다. 상영이 시작되었다. 슬라이드 필름을 재빨리 갈아 끼우면서 흐름이 이어지도록 신경을 썼다.

사람들은 영화에 완전히 빠져든 모습이었다. 임 신부는 여간 흐뭇하지 않았다. 한국에 와서 처음으로 뭔가 익숙한 느낌의 일을 하는 기분이 들었다. 뮌헨 시절 영화를 보던 때가 떠올랐다. 그때 임 신부 자신이 영화를 보면서 느꼈던 것과 비슷한 어떤 느낌을 오늘 이 자리에 있는 누군가도 경험하게 될지 모를 일이다. 그렇다면 얼마나 좋은 일인가! 성모 마리아를 전혀 모르는 어떤 사람이 영상을 통해서 그분을 알게 되고 또 하느님을 만나는 첫걸음을 시작할 수 있다면, 오늘 이 작은 슬라이드 필름은 그 몫을 다하는 것이라는 생각이 들었다.

그런데 의미심장한 작업을 수행하는 임 신부를 방해하는 것이 있었으니 바로 극성스러운 모기 떼였다. 영화가 끝나고 팔다리를 살펴보니 모기한테 물린 자국으로 성한 데가 없을 정도였다. 하지만 그깟 모기 떼쯤은 아무것도 아니었다. 즐거워하는 사람들 표정에 마음은 뿌듯하기만 했다.

이날의 체험은 그 후 오래도록 임 신부의 뇌리에 남아 있었다. 한국 사람들이 영상 매체에 가지고 있는 애정과 관심이 놀라우리만치 크다는 사실을 깨닫게 된 날이었다.

「우리의 생활」

1969년 임 세바스티안 신부가 점촌본당 주임으로 있을 때였다. 슬라이드 필름으로 시청각 자료를 제작할 수 있는 좋은 기회가 왔다.

오스트리아에서 오트마 라우셔 신부가 왜관 지역 신자들의 생활상을 슬라이드 사진에 담는 작업을 하러 왔다. 오도 하스 아빠스가 신자들의 모습을 담아내도록 오트마 신부를 초대한 것이다. 1964년 선출된 젊은 초대 수도원장 오도 하스 아빠스는 재임하는 7년 동안 새로운 아이디어와 계획을 실행에 옮기려는 열의가 대단했다. 그때 임 신부는 오트마 신부를 각 본당으로 안내하면서 작업에 동참할 수 있었다.

오트마 라우셔 신부는 임 신부와 뮌헨 대학에서 동문수학한 사이였다. 겨울마다 스키를 같이 즐기고, 등산도 자주 다녔다. 오트마 신부는 시토회 소속이었으며 훗날 아빠스가 되었다.

점촌본당을 방문한 그는 임 신부에게 자신이 한국에서 작업할 내용을 알려 주었다. 이름하여 「우리의 생활」 시리즈였다.

"한국 가톨릭 신자 가정에서 생활하는 모습을 찍고 싶네. 녹음도 같이 하면서 말이야. 슬라이드 필름으로 제작해서 교리 교재로 만들 생각이야. 인도네시아와 스리랑카에서도 벌써 같은 작업을 했다네."

그는 여러 나라를 다니며 '성사', '혼인', '가정' 등을 주제로 그 나라의 문화와 풍습을 사진에 담는 작업을 진행하고 있었다. 한국에서는 총 24편으로 주제를 정해 주제별로 25~30장의 컷을 찍을 예정이었다. 임 신부가 오트마 신부를 적극 도왔다. 그들은 이른 아침부터 자동차로 점촌, 문경, 상주 등지를 다니면서 신자들을 카메라에 담았다. 신자들의 신앙과 생활이 하나로 어우러지는 모습, 미사 전례, 세례성사, 병자성사 등등 다양한 삶의 모습이 여러 형태로 담겼다.

오스트리아로 돌아간 오트마 신부가 작업한 결과물이 2년 뒤 부산항 세관에 도착했다. 시리즈 20세트로 약 20만 장의 슬라이드 사진이었다. 경찰은 어마어마한 필름 분량에 당황해하며 이 많은 슬라이드에 담긴 내용이 무엇인지 알아내려고 안달했다. 20만 장의 사진을 찍으려면 도대체 얼마나 많은 시간이 필요한지 계산하느라 바빴다. 복사본의 전체 숫자일 뿐이라고 알아듣게 설명하는 데만 여러 날이 걸렸다.

임 신부의 다음 작업은 「우리의 생활」 한글판을 제작하는 일이었다. 슬라이드 필름과 함께 온 텍스트를 한국말로 번역하여 녹음했다. 성우들의 도움으로 녹음을 마치고 카세트테이프 복사본을 제작했다. 케이스까지 만들어서 전체 세트를 주교회의에 보냈다. 주교회의는 반색을 했다. 김수환 추기경이 몇 가지 아쉬운 부분을 지적했지만, 주교회의 차원에서는 슬라이드 작품에 퍽 만족스러워했다. 막 설립된 성 베네딕도 시청각 종교교육 연구회(현 베네딕도미디어)가 판매를 맡았다. 「우리의 생활」 시리즈는 불과 몇 년 만에 전국 본당에 보급되어 많은 신자가 보았다.

임 신부는 교리교육용 시청각 교재에 대한 감각이 특출했다. 그는 본당 사목을 통해서 신자들 교리교육에 시청각 자료가 절실하다는 사실을 깨달았지만 아직 한국에서는 그에 대한 인식이 미미했다. 독일에서는 쉽게 구할 수 있는 자료들이고 미국 여행 중에도 자주 접한 것들이지만 한국에서는 아직 구하기 힘들었다.

임 신부가 본격적으로 시청각 사목을 시작하게 된 것은 1969년부터다. 혼자서 비공식적으로 해 오던 일을 1971년부터는 정식으로 수도원에서 임 신부에게 책임을 맡겼다. '성 베네딕도 시청각 종교교육 연구회'를 설립하여 각종 시청각 교재 개발과 제작에 본격적으로 나서게 한 것이다. 시청각 종교교육 연구회라는 다소 길고 종교적인 느낌이

나는 이 이름에는 특별한 힘이 담겨 있었다. 종교적인 내용의 영상물만 다룰 것 같은 이 작은 기관에서 얼마나 큰 에너지가 솟아날지 당시엔 아무도 짐작하지 못했다. 암울한 7, 80년대 한국 사회를 밝혀 줄 빛, 그 빛이 16밀리미터 영사기와 수많은 영화 필름을 통해서 구체적으로 쏟아져 나올 것이라고는 누구도 예상하지 못했을 것이다. 무성한 나무로 자라날 '베네딕도미디어'의 푸른 싹이 이미 움트기 시작했다. 그 싹에 물을 주고 햇빛을 들여 키워 나갈 책임은 온전히 임 세바스티안 신부에게 있었다. 세계 시청각 기구의 하나인 소노룩스SONOLUX에 가입하여 소노룩스 코리아로 활동하기 시작한 것도 이즈음이었다.

시청각실은 시청각 교재를 이용한 교리교육을 위해 한국에서는 구하기 어려운 슬라이드 필름, 녹음테이프, 그림 자료들을 만들어 내기로 하고 실행에 나섰다. 맨 먼저 어린이들을 위한 교재를 만들기로 하고 융판 그림 작업을 시작했다. 독일에서 들여온 컬러 융판으로 된 신구약 22편을 한글판으로 제작하기 위해 먼저 판화 작업으로 원본 그림을 옮겨야 했다. 고무판에 밑그림을 그려서 판화로 제작한 다음 활판 인쇄기에 붙여 흑백으로 찍어 냈다. 이때 원본 그림을 고무 판화로 옮겨 그린 사람이 기숙사 학생이었는데, 이 학생을 보면서 임 신부는 한국인들의 예술적 감각에 깊은 인상을 받기도 했다.

융판 그림은 성경 이야기를 입체적으로 전달할 수 있는 교재였다. 그러나 처음에는 생각만큼 좋은 결과를 가져오지 못했다. 융판 그림으로 만든 「예수의 생애」, 「열두 제자 이야기」는 처음 광고가 나간 지 석 달이 지나도록 아무 반응이 없었다. 실망이 이만저만이 아니었지만 더 기다려 보기로 했다. 융판 그림에 대한 이해를 높이기 위해 교리교사들 모임에서 직접 보여 주면서 설명하기도 했다. 다양한 그림 자료를 활용하여 눈으로 보면서 쉽게 이해하도록 하는 방법으로 우화 시리즈, 묵상 시리즈를 연이어 제작해 냈다. 새로운 접근 방식에 신자들이 점차 흥미를 느끼면서 본당에서 주문이 쇄도하기 시작했다.

슬라이드 제작도 이어졌다. 「꽃들에게 희망을」을 시청각용으로 만들기로 했다. 원래 책으로 나와 있는 것을 보다 효과적으로 전달하려는 의도였다. 페이지마다 나오는 그림을 전문 화가에게 아주 크게 그리도록 부탁해서 그것을 사진으로 찍었다. 텍스트는 성우들 목소리로 녹음했다. 성우들의 녹음 위에 다시 음악을 넣어 완성하기까지 시간이 많이 걸렸다. 작품 하나를 완성하는 데 거의 6개월이 걸리기도 했다. 그렇게 그림을 슬라이드 필름으로 보여 주면서 녹음테이프로 이야기를 들려주었다. 결과는 대만족이었다. 책으로는 전달할 수 없는 효과가 즉각적으로 나타났다. 어른 아이 할 것 없이 모든 사람이 「꽃들에게 희망을」을 보면서 즐거워했다. 그것이 책에서 만들어진 영화라는 사실을 아는 사람은 별로 없었다.

연이어 「아낌없이 주는 나무」, 「어디로 갔을까 나의 한쪽은」도 슬라이드로 만들어 좋은 반응을 얻었다. 네덜란드에서 들여온 어린이용 신약성경 슬라이드도 인기가 높았다. 200개로 된 성경 필름을 수입해서 번역 작업을 한 다음 다시 우리말로 녹음했다. 2년간 공들인 결과 마침내 어린이들을 위한 성경 이야기 필름이 탄생했다. 아이들은 교리 시간에 눈과 귀를 한껏 세워 집중했다.

임 신부는 사람들이 눈을 통해서 지식을 습득하는 방법이 아주 효과적임을 누구보다도 잘 알고 있었다.

그림 교재에 이어 새롭게 시도한 교리 교재로 「사진 말」이 있었다. 유명 사진작가의 작품들로 만들어진 이 교재는 처음에 3권을 제작하여 보급했다가 나중에 9권까지 내기에 이르렀다. 「사진 말」은 반응이 뜨거웠다. 피정 프로그램이나 본당의 주일학교 교리교육에서 대단히 인기가 높았다.

사진작가들의 작품들을 놓고 복음 말씀을 묵상하기도 하고 교리를 배우기도 했는데, 다양한 내용의 사진들이 무척 도움이 되었다.

"자, 여기 앞에 놓인 사진을 보시고 금방 우리가 나눈 복음 말씀에 가장 적절한 비유가 될 수 있는 사진이 어떤 것인지 골라 보세요."

"여러분, 이 사진 중에서 내가 누구일까, 하는 질문에 가장 알맞은 답이 될 사진이 있으면 골라 보세요. 그리고 왜 그런지 설명해 주시겠어요?"

신자들의 반응은 제각각이었고, 다들 자기 마음에 있는 말들을 사진을 통해서 내놓았다. 그냥 말을 하라면 쑥스럽고 어색해하던 사람들도 사진 한 장을 고르고 나면 태도가 많이 달라졌다.

사제 피정 때도 「사진 말」이야기 시간은 아주 흥미로웠다.

"여기 이 사진 중에서 내가 누구인지 가장 잘 말해 주는 사진을 골라 보세요."

어느 신부는 더운 여름날 자전거 뒷자리 철망에 갇힌 채 실려 가는 개의 사진을 골라 놓고 자신이 바로 이 개의 신세라고 말하는 바람에 폭소가 터지기도 했다.

「사진 말」에 필요한 작품 사진 촬영을 위해 외국 사진작가들을 한국에 초대하기도 했다. 임 신부가 인도네시아에 가서 만났던 두 명의 사진작가는 기꺼이 한국으로 와서 자신의 렌즈 안에 한국 사람들의 모습을 담았다. 독일과 프랑스와 캐나다 출신의 사진작가들이 만든 900점의 흑백사진과 후에 분도출판사에서 사진집을 낸 사진작가 최민식의 사진들은 두고두고 「사진 말」 작업의 좋은 자료가 되었다.

사진작가 최민식

임 세바스티안 신부는 최민식을 미리 알지 못했지만 그를 만나러 직접 부산으로 내려갔다. 「사진 말」에는 "최민식만 한 사람이 없다"고 여러 사람이 적극 추천했기 때문이다. 미리 최민식의 사진집을 찾아보았다. 그가 찍은 흑백사진에는 힘겹고 가난한 이들의 모습이 매우 사실적으로 포착되어 있었다. 그들은 모두 이사야서 53장 3절에서 말하는 '그'를 닮은 사람들이었다. "사람들에게 멸시받고 배척당하는 고통의 사람, 병고에 익숙한 사람, 남들이 그를 보고 얼굴을 가릴 만큼 멸시만 받는 대수롭지 않는 사람들"이었다. 그들의 절절한 모습을 카메라는 그대로 잡고 있었다. 그런 사진들 안에서 말로 표현할 수 없는 진실의 힘이 느껴졌다. 임 신부는 최민식의 사진을 통해 인간애와 사회정의에 대한 염원을 읽어 냈다. 임 신부는 최민식이야말로 「사진 말」 작업의 적임자라고 판단했다. 그때 최민식은 작은 회사에 다니고 있었다.

"다들 입을 모아 선생님 사진을 칭찬합니다. 그런데 어째서 사진하고 상관도 없는 일을 하고 계십니까? 사진을 찍으셔야지요."

임 신부는 최민식에게 사진 작업에 전념할 것을 독려했다. 최민식은 1962년 이미 국제 사진전에서 입상하여 그 실력을 인정받고 있었다. 미국, 영국, 독일, 프랑스 등 20여 개에 달하는 세계 유수 사진전에서 220개의 작품이 당선된 세계적인 작가로 국내외에 이름을 날리고 있었지만, 여전히 생계를 위해서 직장 생활을 해야 했다. 1968년에 나온 개인 사진집 『인간』 제1집을 보고 임 신부는 그의 사진 작업을 전폭적으로 지원하기로 마음먹었다.

"우리가 당신 사진을 책으로 내겠습니다."

임 신부의 말에 용기를 얻은 최민식은 직장을 그만두고 분도출판사에서 보내 주는 돈으로 작업에 전념했다. 분도출판사에서는 그의 사진집 『인간』 제4집(1982) 이후 같은 제목으로 다섯 권이 계속 묶여 나왔고 「사진 말」에도 그의 사진이 실렸다.

생선 몇 마리를 앞에 두고 하품을 하는 좌판 상인, 일하다가 선 채로 아이에게 젖을 물리는 가난한 어머니, 동냥하는 고아, 길가에 버려진 듯 쓰러진 장애인, 겨울에도 맨발로 길을 나선 날품팔이꾼 …. 상처 입은 사람들의 슬프고 일그러진 모습이 『인간』에 담겨 있었다.

정부에서는 최민식의 사진을 싫어했다. 사회의 어두운 면을 의도적으로 피사체로 삼는다고 꼬투리를 잡아 그의 창작 활동에 제재를 가했다. 전시 작품 중 일부를 철거하거나 압수하는 일도 있었다.

『인간』 4집이 나왔을 때 문공부에서 전화가 걸려 왔다.

"이번에 그 책 나온 거 말입니다. 최민식 사진집, 그거 너무 어둡게 나왔어요. 그대로는 곤란하니까 많이 잘라 내든지 아니면 다 불태우든지 해야겠어요."

"아, 그렇지요. 좀 어둡게 나왔습니다. 안 그래도 다시 인쇄를 할 참이었습니다."

"아니 그런 이야기가 아니고, 그게 말이지요, 내용이 어둡다는 건데 …. 허, 그것참, 거기 누구 한국 사람 없어요? 이거 답답해서 원, 말이 안 통하는데 한국 사람 좀 바꿔 주세요."

"지금 점심시간이라서 아무도 없습니다. 나중에 다시 전화를 주시겠습니까?"

임 신부는 수화기를 내려놓고 빙그레 웃었다. 사진이 어둡다는 말은 그도 알아듣는다. 우리 사회를 너무 어둡게 그리고 있어서 마음에 들지 않는다는 말 아니겠는가?

사진작가 최민식이 그런 장면만 일부러 골라서 찍은 것은 아니다. 한국의 정치 현실과 가난에 짓눌려 살아가는 사람들의 모습을 그대로 반영한 것이었을 뿐이다.

문공부에서는 최민식의 사진이 남한 사회의 어두운 면을 부각시킨다면서 북한에서 이용하기 딱 좋은 것이라고 주장했다. 남한 사람들은 전부 거지로 산다, 남한은 이렇게 가난하고 살기 어려운 나라다, 이 사진들을 보면 분명히 알 수 있다 ⋯. 그렇게 악용될 만한 사진을 계속 출판하게 할 수는 없다는 것이었다. 그러나 누가 뭐라고 하든 최민식의 사진집은 계속 나왔다. 1982년에 시작해서 1993년까지 총 5권이 매번 상당한 분량의 작품이 담긴 큰 사진집으로 나왔다. 어려운 형편에서 어려운 사람들의 사진을 찍고 있는 그에게 임 신부는 다달이 적잖은 액수의 지원금을 보내 주었다. 지금도 최민식 씨는 임 신부가 아니었더라면 사진 작업은 오래전에 그만둘 수밖에 없었을 것이라고 말한다.

하지만 사진집은 국내에서 판매할 수 없었다. 당국의 눈치를 보느라 서점에서는 받으려 하지 않았고, 독자들도 그 어두운 책을 사 볼 엄두를 내지 못했다. 임 신부는 책을 외국으로 보내 그곳에서 판매하도록 했다. 한국어 제목 그대로 나갔지만 사진이 가진 힘이 있었기에 최민식의 사진들은 한국 사회의 모습을 여과 없이 진실하게 알려 주었다. 최민식의 사진집뿐 아니라 판화가 이철수의 『응달에 피는 꽃』은 미술 서적으로는 최초로 판매 금지에 걸린 책이었다. 문화공보부 장관은 칠곡군수를 통해 분도출판사로 판매 금지 종용 공문을 끊임없이 보내고 있었다.

융판화나 그림 교재 제작, 「사진 말」, 슬라이드 필름 등 다양한 시청각 자료를 대하는 한국 신자들의 반응을 살펴볼수록, 임 신부는 영화가 아주 중요한 복음 전파 수단이 될 수 있다는 확신을 얻게 되었다. 영화는 책보다 흡수가 빠르고 직접적이며 잔상이 오래 남아서 좋았다. 한국 사회의 가난한 이들, 억압받고 사는 이들을 위한 영성 개발은 반드시 그리스도교적인 것이 아니어도 좋았다. 종교 영화라고 해서 반드시 모세와 예수만 등장하라는 법은 없다. 자유와 정의의 가치를 깨닫게 하는 것이 먼저였다. 그것이 곧 예수가 이야기한 것 아닌가! 이러한 깨우침을 위해 그는 영화를 보여 주는 일에 매진하기로 작정했다. 그러려면 영화 상영에 필요한 영사기를 마련하는 일이 시급하다는 결론에 자연스럽게 도달하게 되었다.

바우어 영사기

임 신부가 처음으로 소장하게 된 영사기는 16밀리미터 바우어 영사기였다. 그토록 꿈에 그리던 영사기를 한국에 가지고 올 수 있었던 때는 1970년대 말이었다.

「고요한 아침의 나라」가 MBC 텔레비전으로 소개된 다음 날 임 신부는 방송사 사장으로부터 만나자는 연락을 받았다. 「고요한 아침의 나라」는 1925년 독일의 노르베르트 베버 아빠스가 한국을 방문하여 당시 사회의 풍물을 촬영한 희귀한 필름이었다. 독일 상트 오틸리엔 수도원에서 이 영상 자료를 찾아 왜관수도원으로 보내 준 사실을 알게 된 MBC가 처음부터 지대한 관심을 보이다가 텔레비전으로 방영할 기회를 잡은 것이었다.

"신부님, 제가 덕분에 대통령께 칭찬 말씀을 들었습니다. 우리 방송에서 나간 그 필름 때문에요. 이거 큰 신세를 졌습니다. 하하!"

대통령으로부터 직접 전화를 받았다는 사실에 사장은 흥분을 감추지 못했다.

"아주 좋은 프로그램이라고 칭찬하시더군요. 어디서 구한 것이냐고 물으셨습니다. 그래서 말씀인데요, 혹시 독일 수도원에 다른 필름이 더 있는지 알아봐 주실 수 있는지요? 꼭 부탁드립니다."

사장은 필름 자료를 더 구할 수 있도록 협조와 지원을 아끼지 않겠노라고 말했다. 임 신부에게 언제 독일에 가는지 꼬치꼬치 물었다.

1920년대 한국의 생활 풍습을 담은 이 35밀리 필름은 총 1만 5천 미터 분량으로 당시 모습을 고스란히 재현하고 있는 기록영화다. 독일 상트 오틸리엔 수도원 지하 화장실 벽 사이 비밀스런 공간에 숨겨져 있었던 덕분에 전쟁 중에도 무사할 수 있었다. 이 필름은 정말 우연히, 훗날 화장실 공사를 하다가 발견되었다. 나치 독일은 우수한 독일 인종의 문화 외의 기록이나 유산에 대해서는 열등하다는 이유로 가차 없이 파괴했는데, 만약 이 필름이 당시에 발견되었더라면 그 운명이 어찌 되었을지 모를 일이다.

「고요한 아침의 나라」 덕분에 여러 면에서 덕을 봤다. 마침 영화 「나자렛 예수」를 들여와 번역을 마치고 한국어 더빙을 시작할 참이었는데 경비가 만만치 않아 잠시 지연되고 있던 중이었다. MBC 사장은 사정을 듣더니 바로 도움을 주겠노라고 나섰다. 임 신부의 말이 끝나자마자 벨을 눌러 직원을 부르더니 이렇게 말하는 게 아닌가!

"당장 「나자렛 예수」 더빙 작업을 시작하시오. 제일 좋은 성우를 투입해서 아주 멋지게 만들어야 합니다. 지금 당장 시작해요! 어서!"

정말로 「나자렛 예수」는 단 며칠 만에 더빙이 끝났고, 그 후 오랫동안 전국 방방곡곡을 돌며 수많은 사람에게 크나큰 감동을 안겨 주는 영화가 되었다.

그리고 얼마 뒤에 「고요한 아침의 나라」 건으로 MBC의 지원을 받아 독일에 다니러 갔다가 돌아오는 임 신부 손에는 뜻밖에도 독일제 바우어 16밀리미터 포터블 영사기가 들려 있었다. 당시 영사기 같은 기계를 들여오는 일은 쉽지 않았다. 하지만 영화 상영에 반드시 필요한 도구인지라 임 신부는 이번 기회에 구입하기로 마음먹었던 것이다. 그는 여행용 가방으로 운반하는 방법을 택했다. 다른 짐 없이 달랑 영사기 가방만 들고 들어오니 그리 눈에 띄지 않았는지 독일에서 한국까지 기계를 들여오는 데 별 어려움을 겪지 않았다. 홍콩에서 일본으로 올 때 초과 중량에 대한 요금만 약간 지불했을 뿐이다.

그렇게 해서 바우어 영사기가 한국에 들어왔다. 임 신부에게 '영화 보여 주는 신부님'이라는 별칭을 붙여 준 영사기, 1979년 이래로 십수년간 이 땅에서 그 무엇보다 임 신부의 곁을 충실히 지켜 온 존재였다. 그 영사기에 올려진 수많은 영화 필름이 전해 준 감동과 재미를 기억하는 이가 얼마나 많은지 헤아리는 일은 불가능할 것이다.

영사기 도입 후 다음 단계는 영화 필름을 들여오는 것이었다. 미국에서 알게 된 친구를 통해서 개인 영화 컬렉션을 이용하기로 했다. 독일에서 정기적으로 보내오는 영화 카탈로그를 보고 체크해서 미국으로 보내면 그쪽에서 비디오를 구해 보내오는 방식이었다. 당시 미국에서는 이미 개봉된 영화의 비디오를 취미로 소장하는 사람이 많았다. 그 사람들끼리 모임을 만들어 서로 정보를 주고받기도 했다. 문제는 한국으로 어떻게 들여오느냐였다. 전두환 독재 정부는 영화 검열에 상당히 엄격했기 때문에 쉬운 일이 아니었다. 특히 민주주의나 반정부 투쟁에 관한 장면이나 대사가 조금이라도 들어 있으면 즉각 수입 금지, 상영 금지 조처가 내려졌다.

어쨌든 어렵사리 독일과 미국 등지에서 필름을 들여오는 데 성공하면, 몇 단계를 거쳐 왜관수도원 시청각실에 필름이 도착하고, 스튜디오에서 한국어 더빙 단계를 거쳐 마침내 관객들에게 모습을 드러냈다.

임 신부는 영화를 보면서 독일어 텍스트를 일일이 받아 적었다. 그것을 번역한 한국어 원고를 다시 영화를 보면서 윤문을 했다. 그다음은 녹음 작업이다. 예전에는 성우들이 녹음실에서 16밀리 영화를 틀어 놓고 보면서 녹음했지만, 비디오가 나온 다음부터는 비디오 화면을 보면서 녹음했다. 이런 더빙 작업에는 물론 세밀한 연출이 필수적이었다.

스튜디오 설비와 필요한 각종 장비와 기계를 마련하는 데 상당한 경비가 드는 것이 사실이었다. OCIC(국제 가톨릭 영상인 협회) 등 교회 시청각 활동을 지원하는 국제기관에 보조금을 신청하는 한편, 다른 방법으로도 경비 조달에 힘써야 했다. 독일에 있는 은인들의 도움 또한 시청각실이 운영되는 데 든든한 기반이 되었다.

1978년 「사계절의 사나이」를 시작으로 16밀리 필름 30여 편을 한국어로 더빙하여 대학가와 본당, 노동자들을 대상으로 상영했다. 「사계절의 사나이」는 사람들에게 매우 깊은 감명을 주었다. 1966년에 만들어져 아카데미 작품상을 수상한 프레드 진네만 감독의 「사계절의 사나이」는 종교적 색채가 짙은 영화였지만, 교회 바깥 사람들도 하나같이 좋아하는 작품이었다. 헨리 8세에 반대하다가 처형을 당한 토머스 모어는 끝까지 자신의 신념을 목숨과 바꾸지 않았다. 죽음을 두려워하지 않는 토머스 모어를 보면서 사람들은 암울한 세상에 등불이 되어 줄 시대의 의인을 기다렸는지도 모른다.

학생들이 제일 좋아한 영화는 찰리 채플린의 작품들이었다. 무성영화인 채플린의 작품들을 볼 때는 임 신부가 중간 중간 해설을 하기도 했다. 「나자렛 예수」, 「천국의 열쇠」 같은 영화도 있었지만, 특별히 종교적인 영화를 선정하려 하지는 않았다.

임 신부는 영화를 보고 싶어 하는 이들이 있는 곳이면 어디든 영사기를 챙겨 달려갔다. 한 달에 25회 이상 상영하거나 하루에 두 번씩 다닌 적도 있었다.

안동 영화 클럽

영화가 끝나자 숨을 죽인 채 스크린을 응시하던 사람들의 눈빛이 현실로 돌아왔다. 모두 상기된 표정이었다. 오늘의 영화는 존 스타인벡의 원작을 영화화한 「분노의 포도」였다. 상영이 끝나고 불이 켜지면서 잠시 웅성거리던 분위기는 토론이 시작되면서 정리되었다. 뒤쪽에서 한 대학생이 약간 볼멘소리를 냈다.

"지금 우리가 미국 이야기에 신경 쓰게 생겼어요? 그것도 지나간 시절 이야기를요. 지금 우리나라가 어떤 상황인데 1950년대 남의 나라 이야기를 보고 있어야 하느냐 이 말입니다."

시간 낭비 아니냐는 학생의 말에 자리에 있던 중년 남자가 일어나며 말했다.

"물론 30년 전 미국에서 일어난 이야기입니다. 그러나 잘 보십시오. 저들이 겪는 어려움이 지금 이 땅에서 우리가 겪는 어려움과 어떻게 닮아 있는지, 그리고 저들이 극복해 나가는 자세가 지금 영화를 보고 있는 우리에게 어떤 메시지를 전하고 있는지를 느끼는 게 바로 우리가 이 저녁에 모여서 영화를 보는 이유이고 목적입니다. 그렇지 않습니까?"

경북 안동에서는 매달 한 번씩 '열린 영상'이라는 영화 모임이 개최되었다. 안동 가톨릭 농민회를 중심으로 여러 가지 문화 프로그램이 있었지만, 그중에서도 이 영화 클럽이 가장 큰 관심을 끌고 있었다. 안동교구청에 딸린 건물이나 문화회관에서 번갈아 가며 상영을 했다. 안동 시내 목성동성당으로 올라가는 길 쪽에 있는 붉은 벽돌색의 주교관 건물에서 열리는 경우도 종종 있었다. 이 자리는 이 지역에서 아주 소중한 모임이 되었다.

대학생, 교수, 문인, 일반 시민 모두가 열성을 가지고 영화 모임에 참석했다. 당시로서는 접할 기회가 전혀 없었던 채플린의 영화나 「무방비 도시」, 「길」, 「워터프론트」, 「사계절의 사나이」 등등 작품성 높고 사회의식 강한 영화를 만나 볼 수 있었다.

상영이 끝나면 둘러앉아 각자 소감을 나누었다. 참석자들은 열의가 대단했다. 막걸리와 김치를 올려놓은 테이블을 사이에 두고 허심탄회한 대화가 오갔다. 처음에는 영화 이야기로 시작되지만 으레 현실 정치에 대한 내용으로 옮겨 가곤 했다. 독재 정권에 대한 울분을 이 자리에서만큼은 자유롭게 내뱉을 수 있었다. 사람들은 너도나도 가슴에 품은 말들을 쏟아 냈다. 우리도 영화에서처럼 그렇게 변화해야 하지 않겠는가, 독재 정권하에서 이대로 죽은 듯이 엎드려 살 수만은 없다, 고등학교건 대학교건 교육 현장 어디에 자유라는 것이 있는가, 우리 사회가 이대로 가다가는 온통 죽은 사회가 되고 만다 ….

경북 북부 지역의 민주 인사들이 대거 함께하는 이 자리에서 오가는 시국 이야기는 임 신부에게 좋은 공부가 되었다. 임 신부는 이들이 주고받는 이야기에서 한국의 현실에 대한 자신의 입장을 새삼 확인할 수 있었던 것이다.

"지금 우리 주위 어디에 자유가 있습니까? 이 독재의 그늘을 반드시 걷어 내야 합니다. 기필코 민주주의를 되찾아야 합니다."

영화를 본 사람들이 울분을 토해 내는 모습을 보면서 임 신부는 영화를 보여 주는 일이 얼마나 소중한 일인지 새삼 깨달았다. 영화는 분명 사람들에게 사회의식을 깨우치는 역할을 제대로 하고 있었다. 안동 영화 모임은 임 신부로 하여금 영화를 통한 인식의 변화가 가능하다는 사실을 다시 한 번 확인하게 만들었다. 어떤 어려움이 있더라도 멈추는 일이 없을 것이라고 다짐했다. 그러나 폭력 투쟁을 담은 영화는 피했다. 폭력을 통해서 뭔가 이루고자 한다면 그것은 올바른 길이 아니라고 그는 믿고 있었다.

"폭력으로 정의를 실천하려는 자는 욕정에 사로잡힌 내시가 처녀를 범하려는 것과 같다"(집회 20,4)고 성경에서도 말하지 않는가. 폭력적인 영화는 임 신부의 영화 리스트에서 확실히 제외되어 있었다.

권정생

가톨릭 농민회 회원, 문화 활동가, 지식인들이 함께하는 이 모임에 권정생 선생도 늘 자리를 지켰다. 좀처럼 바깥 출입을 하지 않는 권정생 선생이었지만 이날만큼은 예외였다. 그는 임 신부의 영화 시간을 놓치고 싶어 하지 않았다. 영화 모임을 마치고 돌아가는 길에 임 신부는 늘 권정생 선생과 동행했다. 임 신부가 왜관으로 돌아가는 길이 권 선생 집을 지나가는 길이기도 했지만, 보통 늦게까지 토론하느라 11시 넘어 자리를 뜰 때가 많아 버스는 이미 끊겼으니 외따로 떨어져 있는 권정생 선생의 집까지 가는 길은 언제나 임 신부가 맡았다.

　독일 신부와 종탑지기 동화 작가는 둘 다 말수가 적었다. 밤길을 비추는 헤드라이트 불빛만 흔들거렸다.

　"이렇게 매번 안동까지 와 주셔서 감사합니다."

　"아닙니다. 저도 안동에서 모임을 할 수 있어서 좋습니다. 모든 분이 열심히 영화를 봐 주시니 제가 아주 보람이 있습니다."

일직면 조탑동 집 앞에 내린 권정생 선생은 어두운 길가에서 임 신부의 자동차가 보이지 않을 때까지 손을 흔들어 주었다. 그런 다음 이 가난하고 병약한 동화 작가는 자기 방으로 들어가 석유등에 불을 밝히고 그날 본 영화를 곰곰 되새겨 보는 것이었다. 그러저러한 인연으로 당시 분도출판사에서 권정생 선생의 작품 『도토리 예배당 종지기 아저씨』와 『초가집이 있던 마을』이 발간되었다. 권정생 자신이 한때 조탑동 마을의 예배당 종지기로 살았다.

임 신부는 별말도 없이 늘 조용히 앉아 있는 권정생 선생이 참 가까이 느껴졌다. 빌뱅이언덕에 낮게 앉아 있는 여덟 평 흙집에 혼자 살며 아이들에게 읽힐 동화를 쓰고 있는 이 작가는 인간의 따스한 마음을 제대로 알고 있는 사람 같았다. 그의 집까지 바래다주고 국도를 따라 인동을 거쳐 왜관수도원에 도착하면 언제나 자정을 넘긴 시간이었다. 두 사람의 야간 동승은 7년이나 지속되다가 임 신부가 교통사고로 크게 다치는 바람에 더 이상 안동 영화 클럽에 다닐 수 없게 되면서 끊어지고 말았다. 권정생은 평생을 이슬처럼 살다가 2007년 5월 하늘로 돌아갔다.

캠퍼스의 숨바꼭질

"신부님, 이번 저희 축제 때 오셔서 영화 좀 보여 주시면 좋겠습니다."

해마다 5월이 되어 대학가 축제 시즌이 다가오면 임 신부의 영사기는 쉴 틈이 없었다. 대학생들은 어떻게 알아냈는지 왜관수도원 시청각실로 연락을 하거나 찾아와서 부탁을 했다. 영화 상영 스케줄은 비는 날 없이 언제나 빡빡하게 짜여졌다. 대구 시내에 있는 여러 대학에서 임 신부에게 영화 상영을 부탁했기 때문이다.

사실 대학에서 영화를 보여 주는 것은 매우 부담스러운 일이었다.

무엇보다 학생들에게 문제가 생길까 염려되어 처음에는 부탁을 거절하기도 했다. 그러나 학생들은 끈질기게 요청했다. 어떤 경우에도 문제가 생기지 않도록 잘 준비하겠다고 다짐하며 임 신부가 꼭 와 주길 바랐다. 실제로 학생들은 놀랍도록 준비를 잘해 놓고 기다리고 있었다. 약속된 강의실로 시간 맞춰 가 보면 학생들이 창문마다 커튼을 쳐 놓고 출입문을 철저히 지키고 있었다. 임 신부는 대학 안으로 들어갈 때면 사람들의 출입이 많은 길을 피해 신중히 걸음을 옮겼다. 큰길 대신 주로 샛길이나 뒷문을 이용했다.

영화가 끝난 뒤에도 지체 없이 영사기를 챙겨 종종걸음으로 캠퍼스를 빠져나왔다. 워낙 조심스럽게 다녀서인지 여러 대학을 다녔지만 상영을 중지당하는 일은 한 차례도 일어나지 않았다. 학생들과 임 신부가 '작전'을 제대로 수행한 셈이다. 그렇게 임 신부는 영화 상영을 요청해 오는 곳은 가능한 한 모두 가려고 노력했다. 특히 학생들의 요구에는 두말없이 응했다. 영화를 통해서 대학생들에게 인권과 정의, 평화에 대해서 이야기하는 것이야말로 무엇보다 중요한 일이었다. 독재 정권하에서 억압받는 양심, 그것을 지켜 내야 할 보루가 바로 학생들이라고 그는 믿었다.

임 신부의 영사기는 쉬지 않는다

"신호 위반입니다. 신분증 보여 주세요."

수첩과 볼펜을 든 교통순경이 차창 너머로 말하는 소리가 들렸다. 임 신부는 얼른 시계를 보았다. 미사 시간이 얼마 남지 않았다. 대구 시내 한 성당에서 영화를 상영하기로 하고 왜관수도원을 출발했지만 아직 성당을 찾지 못했다. 혼자서 처음 가는 길이라 자꾸만 헷갈렸다. 더구나 좀 전에 물어물어 갔더니 성당이 아니라 개신교 예배당이었다. 사람들에게 성당이 어디냐고 물어보면 다짜고짜 뾰족 건물부터 가리킨다. 급한 마음에 돌아 나와서 달리다가 신호를 못 본 것이다.

임 신부는 얼른 창문을 내리고 미안하다고 말했다. 교통순경은 신호 위반한 운전자가 외국인임을 알고는 난감한 얼굴이 되었다. 임 신부는 어쩌다가 신호를 위반하게 되었는지 설명해 보지만 내용이 제대로 전달되지 않았다. 교통순경은 이 외국인 신부를 한 번 봐주려는지 그냥 가라는 몸짓을 해 보이더니, 차가 출발하기 직전에 친절히 일러주는 것도 잊지 않았다.

"You slow drive!"

그날 임 신부는 미사 시작 전에 무사히 성당에 도착할 수 있었다.

임 신부의 영화 상영 소식은 왜관과 대구 일대 본당으로 널리 퍼져 나갔다. 본당마다 주임신부나 사목회장이 전화로 임 신부에게 영화를 보여 달라는 청이 꾸준히 이어졌다.

"신부님, 우리 성당에는 언제 오실 거예요? 지난번에도 순서가 밀려 있다고 하셨는데 이번에는 우리 차례가 돌아오나요?"

임 신부의 영사기는 쉬지 않고 돌아갔다.

특히 사순 시기가 시작될 즈음이면 시청각실은 더욱 바빠졌다. 어느 해 상영 일지를 보면 사순 시기 동안 하루도 빠짐없이 본당을 다니는 일정표가 짜여 있었다. 「사계절의 사나이」, 「나자렛 예수」를 번갈아 가면서 상영했다. 왜관수도원 근방의 본당들과 대구 시내 본당에까지

나가야 했다. 성당에 따라서 영화 상영이 비교적 쉬운 곳도 있고 그렇지 못한 곳도 있었다.

대구 계산동성당에서 영화를 상영할 때였다. 이 유서 깊은 성당의 내부가 벽돌조로 되어 있어 영화를 보는 데는 어려움이 있었다. 소리가 울려서 도무지 알아들을 수 없었던 것이다. 하는 수 없이 자리를 옮겨야 했다. 바로 옆에 있는 효성국민학교 운동장으로 상영 장소를 옮기고 가까이 있는 신문사에서 신문지를 가져왔다. 운동장에 스크린을 설치하고 바닥에 신문지를 깔고 앉아 영화를 관람하기로 했다. 그래도 불평하는 사람은 없었다. 그저 화면이 잘 보이도록 자리를 잡느라 바빴다. 다들 영화를 정말 재미있어했다.

본당 신자들에게는 주로 이웃 사랑에 관한 드라마를 보여 주었다. 사회정의와 양심을 주제로 하는 영화는 되도록 본당에서는 피했다. 부담스럽게 생각하는 신자들이 있었기 때문이다. 오랜 세월 독재 치하에 있다 보니 그냥 억눌려 지내는 데 익숙해졌는지도 모른다. 조금만 비판적인 내용이면 바로 불편해하고 불안해했다. 임 신부는 영화 선정에 각별히 신경을 써야 했다. 굳이 신자들의 마음을 불편하게 만들지 않으면서도 감동을 줄 수 있는 영화는 얼마든지 있었다.

시청각실의 활약은 대학 캠퍼스나 본당에만 그치지 않았다. 여러 사회 단체에서도 요청이 들어왔다. 마산 공업 단지 노동자들을 위한 시간도 있었다. '여공'이라 불리던 어린 여학생 노동자들 4천 명이 한자리에서 영화를 본 적도 있다. 3교대로 쉴 새 없이 일하면서 휴일이 되어도 영화 관람 한 번 제대로 못 하는 어린 노동자들에게 영화를 보여 주는 일은 유난히 보람이 있는 일이었다.

높다란 벽돌담 안에서도 자주 영화를 돌렸다. 언젠가 소년원에서 채플린 영화를 보여 주고 났을 때 앳된 티가 역력한 재소자가 쭈뼛쭈뼛 임 신부에게 다가왔다.

"신부님, 악수 한 번 해도 돼요?"

"네, 좋습니다."

임 신부가 크고 따스한 손을 내밀어 소년의 손을 잡아 주었다.

"영화 잘 봤다는 인사를 드리고 싶어서요. 정말 재미있게 봤습니다. 제가 대표로 인사드리는 거예요. 감사합니다."

까까머리 사내아이는 꾸벅 고개를 숙였다. 처음에 소년원 강당에 들어서는 임 신부를 보았을 때만 해도 아이들은 또 웬 목사가 와서 길고 지루한 설교를 늘어놓으려니 하고 기대도 안 했다고 한다. 그런데 영사기가 돌아가더니 찰리 채플린이 나와서 눈물과 웃음을 안겨 주는 것이 아닌가! 임 신부의 16밀리 포터블 영사기는 참으로 대단한 매력을 가진 기계였다. 아니, 다시 생각해 보니 그게 아니었다. 영사기를 돌리는 임 신부가 진짜 매력덩어리였다.

임 세바스티안 신부는 영화 상영에 전념했다. 하루도 쉬지 않고 먼 길도 마다 않은 채 청하는 곳은 어디든 갔다. 주변에서 그에게 왜 그렇게 열심인지 물어보았다.

"이것이 제일 좋은 방법이기 때문입니다. 사람들에게 지금 한국의 상황에 대해 이야기해 주고 싶어도 쉽지가 않습니다. 제 한국말 실력도 문제지만 설사 아무리 한국말을 잘한다 해도 이 시대의 아픔과 사람들의 고통을 어떻게 바라보아야 할지에 대해서 모든 것을 말로 다 할 수는 없습니다. 그래서 영화를 택한 겁니다. 아무리 말을 잘한다 해도 한

편의 좋은 영화가 주는 메시지에 비할 수 있겠습니까? 그런데 한국에는 아직 그런 영화가 많지 않습니다. 참 안타깝습니다. 그런 영화를 구해서 사람들에게 보여 줘야 합니다. 저는 예수님이 이 시대에 태어나셨다면 분명히 영화감독이 되셨을 거라고 생각합니다. 안 그렇습니까?"

비유를 들어 말씀하시기를 좋아하는 예수였으니 영화가 얼마나 강력한 매체인지 알아보셨을 것이라는 말이었다.

처음 한국에 도착하여 목격했던 가난한 사람들의 모습은 오랫동안 임 신부의 가슴속에 살아 있었다. 점촌과 성주본당 시절 농촌 사람들의 궁핍한 처지를 살피며 그는 일종의 사명감을 가지지 않을 수 없었다.

'이들을 위해서 나는 무엇을 할 것인가?'

가난에 시달리며 살아가는 그들에게 인간성, 자유, 민주주의에 대해서 반드시 알려 줘야겠다고 다짐을 했다. 한국도 잘살 수 있다는 희망을 심어 주고 그 사람들에게 인간으로서 지닌 합당한 가치에 대해서 알려 주고 싶다는 열망이 피어올랐다. 다만 어떤 방식으로 할 것인가가 숙제였다. 특히 전두환 시절에 접어들면서 더욱 강한 책임감을 느꼈다. 5·18 광주 민주화 운동 이후 많은 대학생이 감옥에 가고 노동자들은 더욱 큰 시련과 고통을 겪게 되는 상황을 보면서, 보다 적극적으로 영화 상영에 임하기로 마음먹었다. 영화를 통해서 다른 가치관을 보여 주고 싶었다. 다른 나라의 영화를 통해서 사람들은 자기 사회의 문제를 더욱 분명하게 직시할 수 있었다. 억압받고 사는 사람들의 정신을 영화라는 매개를 통해 일깨워 줄 수 있다고 임 신부는 확신했다.

임 신부의 영화 필름 리스트에는 나치에 항거하는 내용, 미국의 사회적

이슈와 인권 문제를 다룬 것들이 많았다. 임 신부가 주로 다룬 영화는 노동, 평화, 정의, 민주주의에 관한 것이었다. 특히 채플린 영화는 인기 만점이었다. 무성영화라 따로 녹음 작업이 필요 없었고 관객들은 채플린의 연기에 큰 공감대를 형성할 수 있었다. 사람들이 보기에 종교적이라 말할 수 있는 내용의 영화는 몇 편에 불과했다. 임 신부는 하느님 말씀을 전하는 것이 꼭 종교적인 내용을 통해서만 가능한 것은 아니라고 믿었다. 인권과 인간 문제를 다루는 영화 안에서도 하느님이 우리에게 하시는 말씀을 얼마든지 전해 들을 수 있다고 보았다. 임 신부가 보여 주는 영화는 양심에 따라 행동하는 인간을 다룬 내용이 많았다. 인간이 자기 양심에 따라 행동하는 것이 왜, 그리고 얼마나 옳은 일인지를 일깨워 주는 영화가 대부분이었다. 크리스천으로서의 가치관 못지않게 인간의 양심을 존중하는 가치관도 중요하다고 생각한 것이다.

영화 모임은 서울과 안동 등 몇몇 지역에서 정기적으로 열렸다. 한 달에 한 번씩 정해진 날짜에 상영을 했다. 서울을 오가는 길에 임 신부는 열차 편을 이용했다. 혼자 다녔지만 차표는 늘 두 장을 샀다. 한 장은 영사기를 위한 것이었다. 기계를 바닥에 두었다가는 덜컹거리는 진동 때문에 고장이 날 수 있었다. 그래서 좌석 하나를 잡아 옆에 두고 탔다. 그런데 그게 늘 말썽이었다.

"거기 좀 앉읍시다."

기차가 출발한 지 얼마 지나지 않았을 때 한 남자가 임 신부에게 다가와 옆자리를 가리키며 말했다. 영사기를 둔 자리에 자기가 앉겠다는 말이었다. 입석표를 사서 들어온 그 남자는 그 자리를 빈자리라고 여겨 앉겠다고 하는 것이었다.

"이 자리는 빈자리가 아닙니다. 제가 표를 두 장 샀습니다."

임 신부는 주머니에서 기차표를 꺼내 보여 주었다. 남자는 흘낏 보는 척하더니 그래도 막무가내였다.

"아니 기계 때문에 사람이 못 앉는다는 거요? 어서 내려놓아요."

떼를 쓰는 남자에게 몇 마디 설명해 보았으나 소용이 없었다. 임 신부가 더 이상 대꾸를 하지 않자 남자는 말이 통하지 않는다고 생각했는지 다른 자리로 가 버렸다.

이런 일은 자주 있었다. 나중에는 누군가 앞에 와서 말을 걸라치면 기차표를 꺼내 보이는 것으로 대답을 대신했다. 사람들은 대부분 서양 사람이 한국말로 설명하는 것을 오래 들으려고 하지 않아서 바우어 영사기는 별 탈 없이 자리에 앉아 여행할 수 있었다.

임 신부는 서울과 왜관을 오갈 때면 언제나 열차를 이용한다. 그중에서도 가장 저렴한 열차를 탄다. 한국에 처음 왔을 때부터 줄곧 비둘기호를 타고 다녔고, 비둘기호가 없어진 다음에는 통일호를 타다가 지금은 무궁화호를 탄다. 수도원을 찾아오는 손님과 동행해야 할 경우에는 새마을호를 타기도 했지만 혼자 다닐 때는 그런 일이 없었다.

임 신부는 1960년대 말의 열차 안 풍경을 생생히 기억하고 있다. 맨 처음 기차를 타고는 놀라지 않을 수 없었다. 함부로 버린 쓰레기가 발에 차일 정도로 많았던 것이다. 오래전에 한국에 온 선배 독일 신부가 웃으면서 말했다.

"좀 있다 보면 익숙해질 테니 너무 걱정하지 마시게."

발밑은 쓰레기 천지에 불빛은 어둡고 늘 덜컹거리는 기차를 타고 다니면서도 임 신부는 힘들다는 생각을 하지 않았다. 다만 열차 천장의 불빛이 조금만 더 밝았으면 좋겠다는 마음은 있었다. 외국에서 입수한 비디오 팸플릿과 각종 자료들을 읽어야 하는데 불빛이 어두우니 여간 힘든 게 아니었다. 몇 시간씩 걸리는 기차 여행 동안 그는 시간을 요긴하게 쓰고 싶었다. 해야 할 일이 많았다. 영화 텍스트를 정리하고 필요한 자료를 읽어야 했다. 비록 흐릿한 불빛이지만 비둘기호 안에서도 임 신부의 작업은 멈추지 않았다.

허창수 신부

구미 인동성당 사제관 앞 작은 텃밭에서 임 신부가 허창수(헤르베르트 보타와) 신부를 거들어 토마토를 따고 있었다. 토마토가 제법 잘 익었다. 큼직하고 싱싱한 토마토를 따서 바구니에 담았다. 7월 한낮의 햇볕이 따가웠지만 수확하는 재미가 쏠쏠했다.

주일 교중미사를 드리고 점심 식사를 마친 두 신부가 텃밭에서 잠시 일하고 있는 중이었다. 손님으로 온 임 신부는 주인만큼 손이 재바르지는 못했다. 그때 성당 정문 쪽에서 자동차 소리가 나더니 누군가 두 신부를 향해 걸어왔다.

"드디어 오는군요. 토마토를 따고 있는 이 좋은 시간에 저들은 정말 쓸데없는 일로 우리를 방해하는군요."

예고대로 찾아온 안기부 수사관이었다. 허창수 신부가 손님을 자신의 사무실로 안내했다. 임 신부도 흙 묻은 손을 털고 일어서 함께 갔다. 요 며칠 이들은 사람을 참 못살게 굴고 있었다.

몇 달 전 5월 광주에서 일어난 그 엄청난 사건 이후 사회 분위기는 그 어느 때보다 경직되었고 수도원도 예외는 아니었다. 독재 정권은 수도원에까지 촉수를 뻗쳤다.

7월 11일 성 베네딕도 축일이었다. 휴일을 맞아 임 세바스티안 신부는 출판사 직원들과 함께 대구 시내로 나가 영화를 보고 저녁 무렵 수도원에 돌아왔다. 문간을 보던 이석철 미카엘 수사가 다가와 조심스럽게 말했다.

"신부님, 아까 낮에 사람들이 찾아왔어요. 군인도 여럿 왔고요. 내일 또 온다고 합니다."

미카엘 수사는 매우 걱정스런 표정이었다. 아빠스도 임 신부에게 조심해야 한다고 몇 번이나 당부했다.

"신부님께 직접 물어볼 게 있다고 다시 찾아온다고 합니다. 아무래도 이번에는 그냥 넘어가지 않을 것 같습니다."

놀라지는 않았지만 임 신부도 걱정은 되었다. 곧장 방으로 올라가 짐을 정리하기 시작했다. 꼬투리가 잡힐 만한 책이나 문건들, 테이프 등을 정리해서 독일인 동료 신부에게 맡겼다. 그러고는 정보부에서 무슨 일로 온 것인지 생각해 보았다. 짚이는 바가 있었다. 임 신부가 광주의 자료를 넘겨준 서울 본당의 신부가 잡혀갔다는 소식은 들었으니 아마도 그것과 관련되었을 것이다. 그 신부는 정보부에 끌려가 구타를 견디지 못하고 임 신부의 이름을 대고 말았노라고 후에 말해 주었다.

광주 민주화 운동이 일어나고 얼마 되지 않아 임 신부는 서울로 올라가 광주 현장에서 녹음한 테이프와 그곳 상황을 기록한 문서를 건네받았다. 그 자료를 수도원으로 가지고 와서 밤새 등사기를 밀어 전단지를 만들고 녹음테이프 수십 개를 복사했다. 아직 고속 녹음기가 없던 때라 한 시간짜리 녹음은 한 시간이 그대로 걸렸으니 밤을 새워 작업을 해도 그리 많이 만들지 못했다. 며칠 밤을 새워서 만든 인쇄물과 녹음테이프는 서울로 가는 목공소 납품 트럭 짐 사이에 숨겨 넣었다.

그것을 받아서 미사 후에 배포하던 신부가 붙잡혀 간 것이다. 당시 그런 일은 대단히 위험한 일이었다. 공안 당국은 광주의 사건이 밖으로 새어 나가지 못하도록 하기 위해 혈안이 되어 있었다. 그 일에 관여한 사람은 여럿이었지만 임 신부는 자신 말고는 그 누구의 이름도 드러나지 않게 하겠노라 마음먹었다.

날이 밝자 전해 들은 대로 안기부 수사관과 군인들이 찾아왔다.

"신부님, 사실대로 말씀해 주셔야 합니다. 이번 일에 가담한 사람들을 알고 있습니까?"

임 신부는 거짓말을 해야 하는 것에 하느님께 미리 용서를 구하고 대답했다.

"모릅니다. 나는 아무것도 아는 게 없습니다."

수사관은 임 신부에게 광주 현장을 담은 테이프에 대해서 추궁했다. 공모자를 대라고 윽박질렀다. 말하지 않으면 추방하겠다는 협박도 서슴지 않았다. 하지만 그만한 데 굴복할 임 신부가 아니었다. 끝까지 모르는 일이라고 잡아뗐다.

그들도 이미 다 알고 왔다며 자신만만하게 나왔다. 광주 민주화 운동 당시의 상황을 담은 유인물과 녹음테이프가 왜관수도원에서 만들어졌다고 확신하고 있었다. 동조자 이름을 대라고 거듭 윽박질렀지만 소용없었다. 혼자서 다치는 것이 차라리 낫다는 게 임 신부 생각이었다. 하느님께서 알아서 해 주시리라는 믿음으로 그는 입을 굳게 다물었다.

그러자 군인들이 임 신부에게 달려들어 팔다리를 붙잡더니 차 안으로 던져 넣어 버리는 것이 아닌가! 강제로 잡아가려는 것이었다. 아빠스가 놀라서 나섰다.

"가만 기다려 보세요. 이러지 말고 내가 이야기해 볼 테니 기다려 주십시오. 신부님, 저와 이야기 좀 하시지요."

아빠스와 임 신부는 방으로 들어왔다. 동조자가 있으면 말하라는 아빠스의 명이 떨어졌지만 임 신부는 이렇게 대답할 수밖에 없었다.

"저는 순명을 서약했습니다. 아빠스님의 명령에 따라야 하는 것이 마땅하지만 지금은 하느님 말씀대로 양심의 소리를 먼저 따를 수밖에 없습니다. 함께 작업한 사람은 말할 수 없습니다."

아빠스는 더 이상 대답을 요구하지 않고 가만히 방을 나갔다. 그사이 재빨리 임 신부는 인동의 허창수 신부에게 전화를 걸어 사정 이야기를 했다. 그러자 허 신부가 시원스레 대꾸했다.

"그거 간단한 일이네요. 내가 했다고 하세요. 나는 괜찮습니다."

그날 저녁 임 신부는 수도원에 그대로 머물 수 있었다. 그들은 수도원 인쇄소와 임 신부 방을 뒤져 보았으나 아무것도 찾아내지 못하자 순순히 물러갈 수밖에 없었다. 군인과 안기부 사람들이 떠나자마자 임 신부는 산길로 급히 차를 몰아 인동성당으로 갔다. 허 신부에게 자초지종을 전해야 했다. 허 신부를 만나 녹음은 허 신부 본인이 한 것으로 말해 달라고 당부에 당부를 거듭한 다음 수도원으로 돌아왔다.

그렇게 임 신부를 잡으러 군인들과 함께 왜관수도원에 들이닥쳤던 수사관이 이틀 뒤 인동성당에 나타난 것이다. 때마침 임 신부는 허 신부를 도와 미사를 봉헌하기 위해 인동성당에 와 있었다. 허 신부가 타고 가던 버스가 사고가 나는 바람에 경미한 부상을 입어 미사를 드리기 힘든 형편이었다. 교중미사를 마치고 텃밭에서 일하고 있던 두 독일인 신부에게 추궁이 시작되었다.

"허 신부님이 광주 현장을 담은 녹음테이프를 복사해서 나눠 주었다고 했지요?"

"그래요, 내가 했습니다. 무슨 문제라도 있습니까?"

"사실 확인부터 하지요. 그렇다면 신부님, 테이프 녹음할 때 녹음기가 필요하겠지요. 신부님한테 녹음기가 몇 대 있습니까?"

허 신부는 서슴없이 오른손 검지를 들어 보였다.

"한 대 있습니다."

순간 임 신부가 재빨리 독일말로 속삭였다.

"아니, 두 대라고 해야 합니다. 녹음을 하려면 두 대가 있어야 하잖아요. 지난번에 제가 한 말 기억 안 납니까?"

허 신부는 순간 아차 하는 표정을 지었다. 수사관은 두 신부에게 독일말로 이야기하지 말라고 호통을 치고는 다시 물었다.

"허 신부님, 녹음기 한 대로 어떻게 녹음을 합니까?"

허 신부가 다시 말했다.

"아까 말한 대로입니다. 녹음하는 데 한 대가 필요하지요. 그리고 또 한 대가 필요합니다. 테이프를 들어야 하니까요. 그러면 당연히 두 대지요! 누굴 바보로 압니까?"

수사관은 볼펜을 만지작거리며 아무 말도 하지 않았다.

"녹음테이프 문제는 순전히 내 책임이니 이제 내게 책임을 물으십시오. 마음대로 하십시오."

결국 수사관은 위에 보고하겠다는 말을 남긴 채 돌아갔고, 두 신부는 안도의 한숨을 내쉬며 마주 보고 웃지 않을 수 없었다.

"사실 깜빡했습니다. 나한테 녹음기가 한 대뿐인 걸 그대로 말했으니 큰일 날 뻔했습니다. 그렇지요, 두 대가 있어야 테이프 복사하는 것이 가능하지요. 하하!"

아무리 어려운 상황에서도 유머를 잃지 않는 허 신부였다. 불의와 타협하지 않고 어려운 일이 닥쳐도 뒤로 물러서는 법이 없는 허 신부는 임 신부에게 늘 큰 힘이 되는 동료였다.

허창수 신부는 본디 용감하고 의협심이 강한 사람이었다.

그는 신학교에서 철학을 가르치기 위해 1972년 10월 16일 유신이 선포되기 하루 전날 한국에 도착했다. 정작 와서 보니 신학생들은 한국인 신부들이 이미 가르치고 있었기 때문에 허 신부는 다른 소임을 맡아야 했다. 1979년 허 신부는 인동본당 초대 주임으로 부임했다. 왜관본당 관할로 있던 인동공소가 본당으로 승격되었던 것이다.

허 신부는 구미 노동자 센터(현 구미 가톨릭 근로자 문화 센터)를 만들어 1980년대부터 2009년 선종할 때까지 책임을 맡아 일했다. 센터를 만들 당시 허 신부는 이렇게 말했다.

"예수님 말씀처럼 어떤 사람이 예리코에서 예루살렘으로 가는 길에 강도를 당했다면 그를 도와야 합니다. 하지만 더 중요한 것은 강도가 두 번 다시 누군가를 습격하지 못하도록 하는 것입니다."

노동자들에게 자신의 권리를 체계적으로 일깨워 주기 위해 만들어진 이 센터는 경찰의 감시를 피해 2년 동안 다섯 번이나 이사를 해야 했다. 허 신부는 노동 사목에 주력하면서 한국 내 국제 앰네스티 활동에도 큰 힘이 되어 주었다. 그가 대구 가톨릭 신학원장으로 부임하면서부터 신학원은 대구 지역에서 재야 인사들이 모일 수 있는 몇 안 되는 장소 중 하나가 되었다. 어떠한 경우에도 허 신부는 불의에 타협하지 않는 굳건한 정신의 소유자였다.

신학원에서는 고문 반대 모임이나 국제 앰네스티 같은 모임이 자주 열렸다. 그때마다 경찰이 출동해 대명동성당 인근은 전투경찰 버스로 에워싸이곤 했다. 독재 정권 내내 정보 당국이 허 신부를 밀착 감시했다. 그러나 허 신부는 그런 분위기에 조금도 구애받지 않았다. 요주의 인물로 사찰 대상이 되는 것쯤은 안중에도 없었다. 독재의 시대에 인권 탄압에 맞서고 한국의 민주화를 위해 일하는 동안 허 신부는 행동하는 데 있어서 몸을 사리는 법이 없었다. 평소 임 신부는 허 신부와 현익현(바르톨로메오 헨네켄) 신부를 비롯한 동료 사제들과 함께 사목 활동 문제를 허심탄회하게 나누곤 했다. 그중에는 물론 영화를 보며 토론하는 시간도 있었다. 한국 사회의 문제점에 대해서 항상 의견을 주고받던 이들이 녹음테이프 사건을 함께 책임지려 한 태도는 결코 새삼스러운 것이 아니었다.

"두려움을 비웃으며 당황하지 않고, 칼 앞에서도 돌아서지 않는다"(욥 39,22)라는 말씀이 있지 않은가. 이렇게 이들은 결코 두려움 없이 나섰던 것이다.

하지만 그 사건 이후 임 신부의 마음에는 약간의 불안감이 일었다. 영화 상영을 하러 가다가 검문을 당하면 어쩌나, 경찰이 자동차 트렁크에 실린 유인물을 보기라도 한다면? 안기부에 잡혀가서 구타를 당하다가 혹시라도 매에 못 이겨 사실대로 말하게 되면 어쩌나, 갖가지 상념이 꼬리에 꼬리를 물고 일어났다. 잡히거나 고초를 겪는 일은 겁나지 않았다. 다만 자신으로 인해 함께 일한 사람들에게 해를 끼치는 결과를 초래하게 될까 봐 그것이 두려웠던 것이다. 그러나 임 신부는 마음을 추슬러 다잡았다. '항구에 정박한 배는 안전하다. 그러나 배는 그러라고 만들어진 것이 아니다'라는 영국 속담을 떠올렸다.

선교사는 하느님의 말씀을 전하는 배가 아닌가. 항구에만 틀어박혀 있다면 그 소명을 게을리 하는 것일 게다. 그래, 내가 지금 느끼는 이 불안감, 공포는 나의 열망에 비하면 아무것도 아니지 않은가? 이 사회의 민주주의와 평화, 정의를 위한 나의 열망은 불안감 따위에 지지 않는다. 자, 용기를 내자!

녹음테이프 사건 이후에도 임 신부에 대한 감시와 압박은 계속되었다. 매일같이 형사가 찾아와서 여권을 보자고 했다. 그는 임 신부에게 한국 체류 기간이 얼마나 남았는지 상기시키며 그날이 되면 출국하게 될 것이라는 무언의 압력을 가했다.

독재 정권은 외국인 사제들에게 강제 출국이라는 무기를 들이댔다. 임 신부 자신도 조만간 그렇게 될 것이라고 짐작할 수밖에 없었다. 각오를 해야 했다. 가을이 오기 전에 한국을 떠나게 될지도 모른다는 생각에 그해 여름에는 출판사와 시청각실 직원들을 데리고 다 함께 송별 여행을 미리 다녀오기도 했다.

그러나 다행히도 우려했던 일은 일어나지 않았다. 가톨릭 사제에 대한 정부의 감시와 규제가 완화되었다는 반가운 소식은 김동한 신부가 수도원으로 찾아와 전해 주었다. 김수환 추기경의 형님인 김동한 신부는 대구에서 결핵 요양원을 운영하고 있었는데, 임 신부가 그곳에 가서 환자들에게 영화를 보여 주면서 잘 아는 사이가 되었다.

"신부님, 이제 걱정하지 않으셔도 됩니다. 제가 지금 서울에서 추기경을 만나고 오는 길입니다. 대통령과 담판을 지었다고 합디다. 이제 신부님들을 압박하지 않겠다고 했답니다."

그 일 이후 임 세바스티안 신부는 영화 상영에 더욱 혼신의 힘을 쏟았다. 이 시대를 살고 있는 더 많은 사람에게 진실과 정의를 알려야 한다는 마음이 더해 갔다. 이렇게 말하는 사람들도 있었다.

"당신은 한국과 상관이 없는 사람 아니오? 이 나라에 선교사로 온 것뿐이지 않소? 정치와는 무관한 사람이니 그만 신경을 끄시지요."

그럴 때마다 임 신부는 성 보니파티우스 말씀을 들려주고 싶었다.

"짖지 못하는 개나 말 못하는 양치기가 되지 맙시다. 늑대가 가까이 올 때 도망치는 삯꾼이 되지 말고, 그리스도의 양 떼를 지키는 충실한 목자가 됩시다. […] 모든 계층과 연령의 사람들에게 '기회가 좋든지 나쁘든지' 하느님의 온갖 뜻을 꾸준히 전파하도록 합시다."

지금은 '기회가 나쁜 시기'다. 그러니 그리스도의 양 떼를 지키는 충실한 목자로 살기에 더없이 좋은 시기인 것이다. 임 신부는 자신을 기다리는 사람들을 향해 영사기를 싣고 자동차의 액셀을 힘껏 밟아 밤길을 내달렸다.

'나쁜' 수도자

교통사고

1987년 여름이었다. 시청각실 엔지니어로 일하는 정태영 토비야 씨는 영화를 상영하는 일에서도 큰 몫을 하고 있었다. 임 신부와 동행할 때도 있지만 일정이 빠듯하면 혼자서도 일을 나갔다. 그날은 대구 시내의 시설인 희망원에서 영화를 상영하고 있었다. 영사기가 순조롭게 돌아가고 사람들도 스크린에 집중하고 있던 그때 누군가 다가오더니 속삭였다.

"전화가 왔습니다. 꼭 바꿔 달라고 하는데요."

토비야 씨는 잠시 영사기를 맡기고 옆 사무실로 가서 수화기를 들었다. 정한교 편집장이었다.

"토비야 씨, 놀라지 말고 들으세요. 임 신부님이 교통사고를 당했습니다. 큰 사고는 아니니 걱정은 하지 마세요. 지금 병원에 계십니다. 일이 끝나는 대로 병원으로 오시면 좋겠습니다."

평소 어떤 일에도 당황하는 모습을 보이지 않는 편집장이었다. 말로는 걱정하지 말라고 했지만 정 편집장의 목소리에서 묻어나는 떨림은 그냥 넘어갈 수 없는 것이었다. 토비야 씨는 직감적으로 큰 사고가 났음을 알아차렸다. 그날 어떻게 영사기를 챙겨서 병원까지 갔는지 기억조차 나지 않았다.

병원 응급실에 누운 임 신부는 의식을 잃은 상태였다.

며칠 전 임 신부는 성당의 청년회원들과 함께 여름 캠핑을 갔다. 지리산에서 며칠간 야영을 한 다음 돌아오는 길에는 남해 바닷가에서 수영도 했다. 그러다 여정 막바지에 사고가 났다. 마주 오던 버스와 충돌하는 바람에 임 신부가 운전하던 자동차가 거의 다 부서졌다. 탑승한 사람이 살아 있을 것이라고 짐작하기 어려울 만큼 차가 대파한 큰 사고였다. 구급차가 달려왔고 서둘러 부상자를 병원으로 이송했다. 하지만 운전석에 있던 임 신부에 대해서는 아예 포기한 상태였다. 살아 있을 것으로 기대하지 않았기 때문에 제일 나중으로 순서가 밀렸다. 다친 사람부터 앰뷸런스에 실어 보내느라 다들 정신이 없었다. 그때 한 아이가 소리쳤다.

"여기, 이 사람 움직여요!"

"뭐? 누가? 아니 임 신부님이 움직여? 앰뷸런스 불러!"

하지만 앰뷸런스는 이미 떠난 뒤라 지나가던 택시를 급히 세웠다.

다 부서진 차 안에서 임 신부를 꺼내는 일도 힘들었지만, 온몸을 크게 다친 환자를 다시 차에 태우는 것은 더 힘들었다. 우선 진주 제일병원으로 옮겼다. 사고 지역에서 비교적 가까웠고 편집장의 큰형이 원장으로 있는 병원이기도 했다.

병원에 도착하여 살펴보니 임 신부의 상태는 처참했다. 엉덩이와 다리뼈 몇 군데가 부서지고 갈비뼈도 다 부러졌다. 그 뼈 하나가 심장을 찌르고 또 하나가 폐를 관통했다. 다리는 세 군데가 부러졌는데 왼쪽 다리는 발목 부근의 신경이 끊어져 버렸다.

진주 제일병원에서 다시 대구 파티마병원으로 옮겨 갔다가 결국에는 경북대학교병원에서 수술을 받았다. 의료진은 임 신부를 살리려고 무진 애를 썼다. 독일대사관에서 외교관들이 달려오기도 했다. 처음엔 임 신부가 살아날 것이라고 믿는 사람이 아무도 없었다. 파티마병원으로 옮겨 갈 즈음 왜관수도원에서는 그의 장례 준비를 시작했다. 임 신부의 키에 맞춰 관을 크게 짜야 했고, 영정 사진을 구하려고 부산의 최민식에게 급히 연락을 했다. 다들 임 신부가 곧 운명할 것이라고 여겼다. 본국 휴가로 당시 독일에 머물고 있던 현익현 신부는 임 신부 고향에 가서 장례 미사를 집전하라는 연락까지 받았다.

파티마병원에 도착한 다음 임 신부가 의식을 차리자 맨 먼저 병자성사부터 받았다. 한국인 신부가 한국말로 병자성사를 거행했다. 의식이 가물가물한 가운데 병자성사를 받으며 임 신부는 생각했다고 한다.

'어째서 내게 병자성사를 주는 걸까? 병사성사는 죽음에 임박한 사람에게 주는 것인데 ….'

남들이 그가 곧 죽을 것이라고 생각한다는 사실을 깨닫지 못한 것이다.

점촌본당 주임신부로 있을 때 공소에 가서 환자에게 병자성사를 주려고 하면 옆에서 사람들이 해 주던 말이 그제야 떠올랐다.

"신부님, 아직 병자성사 주지 마세요. 그럼 저 사람은 자기가 죽는다고 생각하거든요."

아, 내가 곧 죽는다는 말이구나. 이 병자성사가 내가 이 세상에서 마지막으로 받는 성사로구나 ….

순간 임 신부는 마음이 고요히 가라앉는 것을 느꼈다. 죽음에 대한 두려움이나 슬픔 같은 감정은 전혀 없었다. 이제 이 세상이 끝나고 다른 세상으로 가는구나 싶었다. 드디어 하느님 나라로 간다는 생각이 들면서 순간 어떤 희망의 빛을 본 듯했다. 마음은 그 어느 때보다 가벼웠고 정신도 이상하리만치 맑아지는 것 같았다.

그날 저녁 임 신부의 마지막 순간을 지켜보려고 왜관수도원에서 여러 사람이 서둘러 대구로 왔다. 출판사와 시청각실 직원들도 임 신부를 떠나보내기 위해 전부 다 병원으로 달려왔다. 하지만 임 신부는 그중 누구의 얼굴도 알아볼 수 없었다. 눈이 뜨이지 않아 아무것도 안 보였지만 말소리는 들렸다.

"신부님, 저희 보여요? 우리가 왔어요. 어서 눈을 떠 보세요, 네?"

발치에 서서 울먹이는 목소리들이 낯설지 않았다. 임 신부는 누구의 목소리인지 알 수 있었지만, 사람들은 임 신부가 자기들 말을 알아듣고 있다는 것을 알아차리지 못했다.

그 후 중환자실에서 꼬박 40일을 지냈다. 암울하고 고통스런 시간이었다. 일반 병실로 옮긴 다음에도 여전히 보행은 어려운 상태였다. 사고가 난 여름부터 이듬해 봄까지 임 신부는 경북대학교병원에서 꼼짝도 못 하고 있었다.

독일에서는 막내 누이동생 모니카가 애를 태우면서 오빠가 독일에 와서 치료받기를 종용했다. 의사인 모니카의 남편 에크하르트 베커 박사가 프랑크푸르트에 있는 전문 병원에 수술 스케줄을 잡아 놓았다. 누이동생이 보내온 일등석 비행기 티켓을 받아 독일로 가서 다리에 쇠핀을 박아 넣는 수술을 했다. 의사는 15년 뒤에 재수술을 받아야 한다고 했다. 일단 수술을 받았지만 사고 후유증은 그렇게 간단히 끝나지 않았다. 이후로도 여러 번 한국과 독일을 오가며 골반 수술과 재활 치료를 번갈아 가면서 받아야 했다.

경북대학교병원에서는 다리 수술뿐 아니라 치과 수술도 받았다. 다행히 머리 쪽은 다치지 않았지만 턱을 다쳤기 때문이다. 치료받는 동안 치과 과장의 동생이 대구교구 신부라는 사실을 알게 되었다. 그리고 그 신부가 전에 분도출판사에서 책을 내고 싶어 원고를 보낸 적이 있다는 사실도 알게 되었다. 그때 정중히 원고를 돌려보낸 것을 정한교 편집장은 기억하고 있었다. 사정을 알게 된 편집장이 즉시 말을 바꿨다. 평소의 그였다면 어림없을 일이었다.

"동생 신부님께 얼른 연락하세요. 원고 다시 보내시라고요. 얼른 책으로 내야지요. 우리 신부님을 이렇게 잘 치료해 주셨는데요."

"저런 고맙습니다. 이 소식을 들으면 동생 신부가 아주 좋아하겠군요. 하하!"

사고 나던 날 임 신부의 안타까운 모습에 발을 구르던 정 편집장은 이제 한고비를 넘긴 사장신부를 보면서 마음이 많이 놓인 모양이었다. 편집장의 후한 인심에 진료실에 있던 모든 이가 임 신부의 사고 이후 참으로 오랜만에 긴장을 풀고 웃음을 터뜨릴 수 있었다.

임 신부가 병원에 입원하기는 그때가 난생처음이었다. 평소 임 신부는 대단히 건강하고 운동과 등산을 즐기는 사람이었다. 독일에 있을 때 알프스 산쯤은 소풍 삼아 다닐 정도였다. 뮌헨 시절에는 주말마다 알프스 산정에 스키를 타러 다녔다. 오스트리아에서 가장 높은 산도 즐겨 찾았다. 한국에 와서도 오르지 않은 산이 없을 정도였다. 왜관 인근의 금오산과 가야산은 물론이고 설악산, 지리산, 한라산도 수차례 등반했다. 백두산까지 다녀왔다. 그렇게 많은 산을 다니던 임 신부에게 교통사고는 가장 넘기 힘든 산이었다.

그는 한국에서 큰 어려움 없이 지내 왔다고 스스로 생각했다. 군사독재의 탄압에 항거하며 여러 활동을 했지만 별다른 난관은 없었다. 정부로부터의 탄압, 특히 광주 민주화 운동과 관련하여 겪은 고초도 전혀 문제가 안 되었다. 새로운 일을 계획하고 추진해 나가는 데 장애도 없었다. 가끔 힘든 일이 생기긴 해도 해결하지 못할 정도는 아니었다. 하느님 말씀을 전하는 선교사로서 행복한 시간이었다고 늘 감사히 생각했다.

교통사고가 육체적으로 임 신부를 힘들게 한 것은 사실이다. 그러나 그는 결코 육체적 고통에 굴하지 않았다. 다시 수도원으로 돌아온 임 신부는 그전처럼 출판사와 시청각실 일에 전력투구했다. 예전처럼 산을 오르지는 못했지만 일에 있어서는 아무것도 달라진 점이 없었다.

빌리발트 로틀러 신부

프랑크푸르트에서 멀지 않은 도시 하나우의 한 병원. 병실 창문으로 오후의 햇살이 희미하게 비쳐 들고 있었다. 말기 암 환자들이 누워 있는 이 병원은 찾아오는 이가 드물었다. 환자들이 이 병원에 누워 있는 것은 치료를 위해서라기보다 고통을 덜기 위해서였다. 보호자나 가족들은 더 이상 희망이 없다는 결론을 내렸는지 자주 찾지 않았다.

임 세바스티안 신부는 병상에 있는 동생을 보러 병원에 올 때마다, 외롭게 홀로 죽음을 기다리는 다른 환자들을 위해 오랫동안 기도했다. 빌리발트 신부를 위해 가족들은 서로 시간을 정해 24시간 내내 병상을 지켰다. 임 신부가 가장 오래 동생 곁에 머물렀다. 마지막이 될 동생을 위해 병상을 지킬 수 있게 된 것을 다행이라 여기며 하느님께 감사드렸다. 한국에 있었더라면 빌리발트가 가는 길을 지켜볼 수 없었을 것이다. 교통사고가 난 지 거의 20여 년 만에 다시 다리를 수술하기 위해 독일로 휴가를 와 있던 참에 잠비아에 있던 빌리발트 신부가 치료차 귀국하여 병원에 입원한 것이다.

열흘 전 크리스마스 때 빌리발트는 집에 오고 싶어 했다. 그는 이번이 살아서 맞이하는 마지막 크리스마스라는 사실을 알고 있었다. 병원에서 자동차로 20분 거리에 살고 있는 동생 모니카의 집에 온 가족이 모여 미사를 드리며 성탄을 보냈다. 그리고 성탄절이 지나자마자 빌리발트는 다시 병원으로 돌아왔다. 그는 진통제 약효 때문에 자주 깊은 잠에 빠졌다. 의식이 또렷할 때 임 신부는 동생 빌리발트 신부와 참으로 오랜만에 둘만의 시간을 가질 수 있었다.

"형, 이제 내가 혼자 가야 하는 길이네. 나는 우리가 늘 같은 길을 갈 수 있다고 믿었는데 …."

빌리발트는 자신이 형보다 먼저 떠나야 한다는 사실을 잘 알고 있는 듯 조용히 말했다.

세 살 터울인 빌리발트 신부는 아프리카 잠비아에서 워낙 고생한 탓에 나이보다 훨씬 더 늙어 보였다. 동생은 병상에서도 무의식 중에도 형의 손을 찾아 잡을 줄 알았다. 형도 동생의 손을 꼭 잡아 주었다.

"빌리, 너는 결코 혼자가 아니야. 내가 기도 안에 언제나 함께 있을 테니까 말이야."

빌리발트 신부는 두 달 전 신장 치료차 급히 귀국했다가 폐암 진단을 받았다. 신장 치료 도중에 암을 발견한 것이다. 병세가 너무 깊어 달리 손쓸 방도가 없었다. 빌리발트 신부는 아프리카에서 엄청나게 큰 교구를 평생 혼자 맡아 돌보아 왔다. 몇 년에 한 번씩 휴가를 맞아 빌리발트 신부를 볼 때마다 임 신부는 한국에서 선교사로 지내는 자신은 너무 편하게 살고 있다는 생각에 자책감마저 들었다.

빌리발트는 형과 같은 해에 사제서품을 받고 아프리카 잠비아의 카자마 교구에 파견되어 40여 년이 넘는 세월 동안 그곳에서 선교사로 치열하게 살았다. 그는 무엇보다 아프리카 사람들의 자립을 돕는 일에 힘썼다. 특히 가난한 이들에게 애정을 쏟으면서 언제나 누구에게나 도움의 손길을 내밀겠다는 마음 자세로 살았다. 작은 그리스도 공동체를 무엇보다 우선순위에 두고 선교 활동을 해 나갔다.

아프리카 선교 활동은 숱한 미신과 싸우는 일이기도 했다. 미신숭배, 물신숭배에 대한 계몽은 부패에 대한 저항으로 이어졌고, 그래서 목숨을 위협받는 일도 다반사였다. 에이즈 퇴치와 농업 개발에도 심혈을 기울였다. 호수와 강을 끼고 있는 지역의 주민들을 위해 논농사를 계획했고, 실제로 한국에 있는 임 신부에게 기계를 부탁했다. 형이 보내 준 농기계로 벼농사를 지어 직접 쌀을 수확하기도 했다. 또 수도 없이 많은 학교와 병원을 건립했고, 수녀원과 공소를 짓느라 생애의 절반을 쏟아부었다고 해도 과언이 아니었다.

거룻배를 타고 가야 닿을 수 있는 수많은 섬 지역 공소를 다니며 그리스도의 말씀을 전하는 일은 정말 목숨을 건 일이었다. 섬 지역에 가 봐야 따로 잠잘 데가 없으니 빌리발트 신부의 숙소는 언제나 닭장이었다. 그런데 닭장에서 자다 보면 쥐 때문에 잠을 제대로 이룰 수 없었다. 빌리발트 신부는 공소에 다닐 때마다 취사도구로 프라이팬을 가지고 다녔는데, 밤에는 그것을 다른 용도로 써야 했다. 닭장 속으로 달려드는 쥐들을 그것으로 때려잡았다. 어느 밤엔가는 쥐를 어찌나 많이 때려잡았던지 프라이팬 손잡이가 부러지고 말았다. 잠을 자다가 눈을 떠 보면 가슴에 독사가 올라와 있기도 했다. 한 번에 아프리카 물소 열 마리를 죽일 만큼 강한 독을 품은 그 독사에게서 풀려나기 위해 두 시간 동안 숨도 제대로 못 쉬고 누워 있어야 했다. 악어 떼에 시달리는 것 정도는 특별한 일 축에도 안 들었다.

병을 치료하려고 본국으로 돌아왔지만 자신의 상태를 알기 전까지만 해도 그는 아프리카로 돌아갈 생각밖에 하지 않았다. 하다 만 일들이 자꾸만 떠올랐고 신자들 모습이 눈앞에 아른거렸다. 빌리발트 신부는 하느님 말씀을 전하는 데 따르는 어떠한 어려움도 피하려 하지 않았다. 두려울수록 용감히 맞섰고 힘겨울수록 하느님께 이겨 낼 힘을 청했다. 아프리카 땅에 하느님 말씀을 전하느라 자신을 돌볼 겨를이 없었던 선교사 빌리발트는 그 겨울 이른 새벽에 세상을 떠났다. 진통제로 맞은 모르핀이 너무 강해서 임종 때도 의식을 되찾지 못했지만 형은 동생의 마지막을 곁에서 지킬 수 있었다. 동생은 형의 손을 잡은 채 2008년 1월 3일 69세의 나이로 조용히 하느님 곁으로 불려 갔다. 지금 빌리발트 신부는 칼 암 마인의 성직자 묘지에 묻혀 있다.

삼청동공소

오전 내 찌뿌듯하게 흐리던 하늘에서 조금씩 눈발이 날리기 시작했다. 화면에서 흘러나오는 대사와 기계 소리만 간간이 들리는 고즈넉한 오후였다. 이대로 간다면 오늘 오후는 일을 꽤 많이 할 수 있을 것 같았다. 임 신부는 영화를 보면서 대사를 열심히 받아 적고 있었다. 독일어 대사를 한글로 옮기는 작업을 하기 위해 일일이 손으로 적고 있던 임 신부가 갑자기 자리에서 벌떡 일어섰다.

"아, 이거 큰일 났습니다. 오늘 삼청동공소에 교리가 있는데 깜빡 했어요. 빨리 가 봐야겠습니다."

그러더니 뒤도 안 돌아보고 시청각실을 나가 버렸다. 방금 전까지 작업하던 비디오 데크의 화면만 멍하니 멈춰 버렸다.

임 신부는 삼청동공소 일이라면 모든 일에 우선한다는 원칙을 세워 놓았다. 그를 아는 사람이면 누구나 다 알고 있는 사실이었다. 일을 하다가도 삼청동에서 연락이 오거나 사람이 찾아오면 만사 제쳐 놓고 달려 나가곤 했다. 다른 일은 누군가 할 수 있지만 삼청동공소 사람들에 관한 일이라면 반드시 임 신부 자신이 해야 한다는 철칙이 있었다.

삼청동공소는 왜관 읍내에서 멀지 않은 곳에 있다. 임 신부가 삼청동 공소 사목을 맡은 것은 1980년대 초부터다. 그러나 전임자 호노라트 밀레만(남도광) 신부가 본국 휴가를 갔을 때도 임 신부에게 삼청동공소를 부탁했기 때문에 그 인연은 훨씬 더 오래전으로 거슬러 올라간다.

호노라트 신부는 1950년 중반에 삼청동에 땅을 매입하고 한센인 정착촌인 베타니아원을 설립하여 백 명이 채 안 되는 신자들을 돌보기 시작했다. 또 그는 농지를 구입해 한센인들에게 분양하여 경제적으로 자립할 수 있도록 도와주었으며 1959년 공소를 설립했다.

한국 파견 1세대인 호노라트 신부는 독일 민족주의가 기승을 부리던 때인 1940년 마지막으로 시베리아 열차를 타고 한국에 건너온 사제다. 신학자인 그는 애초 덕원신학교에서 가르치기로 되어 있었지만 나남본당을 잠시 맡았다가 소련 정치범 수용소에 수감되고 말았다. 1954년 독일로 송환되었고 1년 뒤에 곧장 한국으로 와서 삼청동공소를 맡아 나환자들을 돌보기 시작했다. 호노라트 신부는 수도원 피정의 집에서 피정 지도와 교육도 맡고 있었는데, 주말이면 공소 미사를 위해 어김없이 7킬로미터나 되는 거리를 걸어서 다녀오곤 했다.

한국전쟁 후 남한의 나환자 수는 공식적으로는 8만으로 알려졌지만 실상 10만 명에 달했다. 그들의 처참한 모습은 보는 이로 하여금 눈을 돌리게 만들었다.

가난 때문에 약조차 제대로 쓸 수 없었던 한센인 중에는 신병을 비관하다가 아편에 중독되거나 자살하는 이도 많았다. 정부에서 미처 손을 쓰지 못했던 그 시절에 개신교와 가톨릭의 선교사들이 이들을 구호하는 데 적극적으로 나서서 나환자 정착촌을 건립했다.

왜관수도원은 한센병 복지 협회가 공식적으로 전체 환자 수를 집계하기 시작한 1977년(당시 2만여 명) 훨씬 이전인 1950년대부터 한센병 환자 구호에 힘쓰고 있었다. 독일 뷔르츠부르크 나환자 구호 협회의 지원이 왜관 지역 한센인 자립을 돕는 데 큰 힘이 되었다.

왜관수도원의 엑베르트 신부가 100여 명이 사는 작은 나환자 마을 사목을 시작하는 것으로 경상북도 내 나환자 정착촌을 돌보는 베네딕도 수도회의 활동이 시작되었다. 왜관수도원은 지역의 네 곳에 한센병 정착촌을 만들어 환자들을 돌보는 사목 활동에 힘을 쏟았다.

한센인을 돌보는 일은 그들의 치료와 자활 그리고 신앙생활까지 모든 것을 포함하는 일이다. 우선 경제적으로는 산비탈의 땅을 구입하여 나눠 줌으로써 자립할 수 있는 터전을 마련해 주었다.

자기 처지를 호소할 데가 없는 한센병 환자들은 성당 주변을 자주 어슬렁거렸다. 먹을 것을 구걸하러 다니며 다리 밑에서 움막을 짓고 사는 그들에게는 특별한 도움이 필요했다. 왜관수도원 사제들이 이 지역의 한센인을 위해 쏟은 노고는 한국 정부도 익히 인정하는 바였다. 1961년 이후부터 의사인 디오메데스 메페르트 수녀가 이 지역 환자들을 정기적으로 방문하여 치료를 해 주고 있었다. 그때까지도 독일, 스위스, 영국, 미국의 기관과 단체들의 도움을 받아서 한센병 환자들을 돌봐 주고 있었다. 1970년에는 왜관수도원이 관리하는 나환자 정착촌이 보건사회부로부터 우수 요양 기관으로 선정되었고, 1985년에는 에른스트 지베르츠 신부가 국민훈장 동백장을 수상하기도 했다. 또 1999년에는 아르놀트 렌하르트 신부가 독일 정부로부터 나환자 구호에 대한 감사의 포상을 받기도 했다.

임 신부가 삼청동공소에 나가기 시작할 즈음 그곳은 정말 가난했다. 마을 주민 대부분은 병의 진행이 멈춘 음성 환자들이었음에도 사회로부터 철저히 격리되는 바람에 경제적 빈곤을 벗어나지 못하고 있었다. 상하수도 시설이 제대로 되어 있지 않아 주택 사이 도랑으로 물이 그냥 흘러가고 있었고, 비가 오면 땅바닥은 진흙투성이가 되어 동네 안으로 자동차가 들어갈 수도 없을 정도였다.

임 신부는 공소를 맡게 되면서 이들을 본격적으로 도울 방도를 마련했다. 맨 먼저 한 일은 제대로 된 도랑을 만들기 위해 시멘트 포장을 해서 물길을 트고 도로를 만든 것이었다. 우물도 따로 만들어 여름철에 양계장과 돼지 축사에 물이 부족하지 않도록 했다. 그리고 수도원에서 구입한 땅을 주민들에게 나눠 주고 각자 양계장과 축사를 만들어 생계를 꾸려 갈 수 있게 해 주었다. 이런 일을 하는 데는 각국의 구호단체에서 보내온 자금이 큰 도움이 되었다.

한번은 미국 구호단체에서 원조금을 받게 되자 자금 운영에 대해 미사 중에 임 신부가 주민들에게 의견을 구했다.

"이 돈을 어떻게 하는 게 좋겠습니까? 여러분에게 그냥 똑같이 나눠 주는 게 좋을까요? 좋은 생각 있으면 말씀해 보세요."

"우리한테 그 돈을 나눠 준다면 문제가 생길지도 모릅니다. 어려운 사람도 있고 형편이 나은 사람도 있는데 똑같이 나눈다면 그것은 공평한 게 아니니까요."

"차라리 나눠 주지 말았으면 좋겠어요."

"그럼 이 돈을 다시 미국으로 돌려보내는 게 좋을까요?"

"신부님, 가장 어려운 사람들 순서대로 빌려 주면 어떨까요?"

결국 어려운 가구마다 300만 원씩을 무이자 3년 기한으로 빌려 주기로 했다. 총 15가구까지 빌려 줄 만한 액수였다. 주민들은 이 돈으로 닭과 돼지를 더 들여와서 축사와 양계장을 늘렸다. 성실하게 일한 결과 그들은 모두 약속한 대로 3년 만에 돈을 상환할 수 있었다. 그리고 자금은 다시 어려운 가구에게 힘이 되어 주었다. 정착촌의 자립도는 점점 높아 갔고 가난에서 벗어나게 되어 한센병 치료에도 긍정적인 영향을 미쳤다.

한센병이 전염된다는 그릇된 편견과 사회의 냉대로 한센병 환자들은 가족들과도 철저하게 격리되어 살아야 했다. 증상 없이 건강하게 살다가도 어느 날 한센병 환자로 밝혀지면 결혼한 사람조차 제 가족을 떠나야 했다. 남편 혹은 아내를 두고 아이들마저 내버려 둔 채 정착촌에 들어와 다시 살길을 찾아야 했다. 대부분 정착촌에서 새로운 가정을 꾸리고 병을 치료하면서 살게 되는 경우가 많았다.

종교 단체와 정부의 지원으로 한센인 정착촌에 대한 정비와 한센병 치료가 점진적으로 이루어졌다. 한센병은 발병하더라도 치료제를 꾸준히 투약하면 완치가 가능한 질병이다.

삼청동공소 사목을 맡아 이들과 오랜 세월을 함께해 온 임 신부는 바깥세상 사람들의 편견이 얼마나 근거 없는 것인지를 잘 안다. 신약 덕분에 환자들은 대부분 병의 진행이 멈춘 상태로 건강하게 살게 되었다. 더구나 세상 사람들의 인식과는 다르게 그들에게서 태어난 아이들은 아주 건강한 정상아다. 학교 성적도 우수해서 대도시 좋은 대학에 진학하여 공부하고 좋은 직장과 배우자를 만나 결혼하여 살고 있다. 이들은 명절이 되면 부모를 찾아와서 미사를 함께 봉헌하기도 하는데, 그래서 명절날 공소에는 평소보다 신자가 배로 늘어났다.

임 신부가 삼청동공소를 돌본 지도 어느덧 30년이 넘었다. 그에게 유아세례를 받은 아이가 성인이 되고 한 가정을 이루어 다시 자녀를 두는 나이가 되었다. 그 세월 동안 임 신부는 공소 신자들의 웃음과 눈물을 모두 함께했다. 임 신부에게 삼청동공소 사목은 하나의 소임 그 이상의 의미를 지닌 것이다. 그는 언젠가 이런 질문을 받은 적이 있다.

"신부님, 출판사 일, 시청각실 일, 삼청동공소 일 중에 하나를 버려야 한다면 어느 것을 버리시겠습니까?"

"내가 아니더라도 다른 사람이 할 수 있는 일이 있습니다. 출판사 일이 그렇지 않을까요?"

"그리고 또 하나를 버려야 한다면요?"

"시청각실 일은 아주 재미있고 또 중요합니다. 하지만 삼청동공소 일도 꼭 내가 하고 싶습니다."

요즈음도 임 신부는 하늘이 무너져도 삼청동공소에서 드리는 주일미사와 교리 수업 시간만은 지키려고 한다. 어떤 일도 그 일보다 중요하게 생각하지 않는다. 베네딕도미디어 일로 서울에 머물러 있다가도 금요일이면 밤 기차를 타고 내려간다. 하루 이틀 뒤에 다시 올라오는 한이 있더라도 삼청동 주일미사를 거르는 일은 없다.

베네딕도미디어

대구의 어느 본당에서 주일미사가 끝날 즈음 신자들이 주임신부의 공지 사항에 귀를 기울이고 있었다. 주임신부가 신자들을 향해 말했다.

"오늘은 특별히 소개할 분이 있습니다. 왜관수도원 베네딕도미디어에서 오신 임 세바스티안 신부님께서 여러분에게 좋은 영화를 소개하시고자 합니다. 임 신부님은 좋은 영화를 만들어 소개해 주시는 분으로 아주 잘 알려져 계십니다."

임 신부가 마이크를 넘겨받고 베네딕도미디어에서 출시한 DVD에 대해 설명을 시작했다. 신자들이 귀 기울여 듣긴 하지만 그것이 늘 판매로 직결되지는 않는다. 주임신부에 따라 판매량이 크게 달라지는 것이 사실이다. 주임신부가 임 신부를 잘 아는 사이일 경우에는 아주 큰 도움이 된다.

"이 작품은 정말 꼭 봐야 해요. 우리가 신자로 살아가면서 중요한 부분이 뭔지 잘 가르쳐 주는 영화니까요."

주임신부가 이런 설명을 덧붙이면 신자들 반응이 즉각 달라진다.

비디오와 DVD를 판매하러 본당을 다니는 것이 사실 쉬운 일은 아니다. 하지만 이것은 오래전부터 해 오던 일로 처음 시청각실을 맡고 나서 바로 시작한 일이다. 그때부터 각 본당에 나가서 성당 마당에 비디오를 깔아 놓고, 미사를 마치고 나오는 신자들에게 판매했다.

출판사 소임을 내려놓고 임 신부는 본격적으로 미디어 작업에 몰두할 수 있게 되었다. 1994년에 바로 '성 베네딕도 시청각 종교교육 연구회'의 정식 사업자 등록을 마쳤다. 정식 명칭이 너무 길어서 후에 '베네딕도미디어'로 개칭했다. 베네딕도미디어가 지난 세월 동안 내놓은 것들은 융판 그림 35종, 슬라이드 120여 종, 음악 카세트 130여 종, 「사진 말」 9권, 이콘과 성물 40여 종, 그리고 비디오물 100여 편에 이른다. 영화와 비디오를 소개하기 훨씬 전부터 영화의 스틸 사진을 슬라이드 필름으로 만들어 보여 주기도 했다.

16밀리 영화 상영과 비디오 제작 작업은 1980년대 거의 같은 시기에 이뤄졌다. 소중한 메시지를 담은 필름을 구해 전국에 걸쳐 각 단체와 대학생들에게 상영하는 동시에 매스미디어의 변화의 흐름을 따라잡아야 했다. 다양한 비디오 번역물 보급에 힘쓴 결과 종교, 사회문제, 어린이, 명작 등 여러 분야에 걸쳐 접하기 어려우면서도 꼭 보아야 할 중요한 영화를 중심으로 약 100여 편을 제작해서 보급할 수 있었다. 다양한 볼거리가 넘쳐 나는 이 시대에는 기존 영상 매체 보급과 더불어 DVD에도 힘을 쏟아야 한다.

그동안 베네딕도미디어는 교회 안에서 시청각 교리 교재 연구와 제작에 있어 단연 선두에서 활동했다. 명실공히 제1의 종합 시청각 매체 연구 및 제작 기관으로 기초를 닦았고 오늘날까지 줄곧 성장해 왔다는 사실에 이의를 제기할 사람은 없을 것이다.

지금이야 영화 관람이 아주 흔한 일이지만 1970년대 초만 해도 한국 사회에서 영화의 의미는 매우 특별한 것이었다. 한편의 영화는 또 다른 세계로 향하는 창문이자 하나의 열쇠이기도 했다. 당시 사람들은 어떤 영화 한 편으로 세상에 대한 자신의 시각을 완전히 바꾸기도 했다. 그때 임 신부가 그들에게 그런 영화를 보여 주는 역할을 했던 것이다. 새로운 생각을 담은 영화, 새로운 세상에 대해 눈을 뜨게 해 주는 영화를 보여 준 이가 바로 임 신부였다.

임 신부가 고르는 모든 영화는 '수준 높은 시각과 가치관을 심어 주는 영화'여야 했다. 따라서 대중성이나 시장성은 선정 기준에 들어가지 않았다. 그가 거장들의 것만을 엄선해 들여온 작품은 2000년 초반까지 영화만 40여 편에 달했다. 「아빌라의 데레사」, 잉마르 베리만의 「겨울 빛」, 「침묵」, 안드레이 타르콥스키의 「거울」, 「잠입자」, 크쥐시토프 키에슬롭스키의 「십계」 등이다. 1997년에 들여온 마더 데레사의 인터뷰 작품도 있다. 타계 전 데레사 수녀의 인터뷰를 담고 있는 이 비디오는 벨기에 영화감독이자 친구이기도 한 마르셀 바우어 감독에게 받아 국내에 소개했다. 임 신부가 가장 심혈을 기울인 애니메이션 작품 「프레데릭 백의 선물」은 여전히 많은 주목을 받고 있다. 베네딕도회 한국 선교 100주년이던 2009년 KBS를 통해 나흘간에 걸쳐 「고요한 아침의 나라」가 다시 방영되어 일반인들의 관심을 끈 데도 임 신부의 각별한 노고가 숨어 있었다.

베네딕도미디어가 내놓은 작품들은 재미있고 선정적인 것만 찾는 요즘 사람들의 눈높이와는 한참 동떨어진 것들이다. 동종 업계 사람들은 이런 작품들을 내놓고도 베네딕도미디어가 여전히 건재하다는 사실을 두고 '왜관의 기적'이라고들 한다. 수준 높은 작품은 경쟁력이 떨어지기 마련인데 아직 시장에서 살아남아 있다는 사실에 경의를 표한다는 뜻이기도 하다. 물론 적잖이 노력을 기울여야 한다. 임 신부가 걷고 있는 길이 녹록지 않음을 짐작하게 하는 일이 아닐 수 없다.

신자들에게 좋은 영화를 알리는 것은 절대 쉬운 일이 아니다. 어쩌다가 기회가 되어서 영화를 볼 수는 있겠지만 직접 구매해서 보려는 사람들의 숫자는 그리 많지 않다. 더구나 임 신부가 제작하는 영화는 주말에 빈둥거리면서 시간 때우기용으로 볼 수 있는 작품도 아니다. 심각하고 진지하고 작품성은 최고지만 오락용으로 볼 수 있는 영화는 아니다. 게다가 고르고 골라 질 높은 더빙까지 한 작품들이라 판매를 해도 수익이 거의 없다. 작품성 높은 영화만 고집하는 임 신부를 보고 함께 일하던 직원이 말했다.

"신부님, 이렇게 하다가는 우리 실패합니다."

임 신부가 조용히 물었다.

"실패란 무엇을 뜻하는 것입니까?"

"안 팔린다는 말이지요. 이렇게 심각하고 어려운 영화를 찾아서 보는 사람들이 많지 않다니까요."

"압니다, 그렇게 많이 팔리지 않는다는 거. 하지만 사람들이 보고 싶어 하는 영화를 만드는 일은 누구나 할 수 있습니다. 우리는 사람들이 봐야 하는 영화를 만듭니다. 그것이 우리가 해야 할 일입니다."

임 신부는 담담히 대꾸했다. 손해가 나더라도, 옆에서 뭐라고 하더라도 임 신부는 자신의 신념을 굽히지 않는다. 그것이 옳다고 믿고 있기에 그는 스스로의 방식을 고수하며 예까지 밀고 온 것이다.

영화에 관한 한 임 신부는 탁월한 감각을 지닌 전문가다. 선교사 임 세바스티안 신부는 복음 전파에 왜 굳이 영화를 선택한 것일까? 그 이유를 좀 더 소상하게 들어 볼 필요가 있다. 2005년 주교회의 매스컴 위원회로부터 공로패를 받고 난 후 그는 이렇게 말했다.

묵상, 그리스도교 교육, 사목에 대한 비디오 다큐멘터리 필름을 만들고 연대감, 자유, 인권, 평화의 가치관을 정립시켜 줄 극영화를 한국어로 번역하고 제작하는 것이 저의 소임입니다. 저는 복음을 전한다는 소명 의식으로 이 일에 임하고 있습니다.

원작 선정에서부터 번역, 더빙, 자막, 디자인을 거쳐 홍보, 유통, 재정에 이르기까지 한 편의 비디오를 만드는 데 많은 수고가 듭니다. 저는 빼어난 영상미와 가치 있는 내용을 겸비한 작품만을 선정합니다.

종교적 체험을 목적으로 제가 선정하는 비디오 영화에는 대중성이 없습니다. 그것들은 '작가주의 영화'이고 탁월한 예술성과 의미심장한 내용을 지닌 작품들입니다. 종교 영화가 아니더라도 좋은 영화는 인간의 품위, 삶과 죽음, 구원, 올바른 가치관, 양심, 평화, 인권 등의 메시지와 영성을 충분히 발견하게 해 준다고 저는 믿습니다. 좋은 영화는 눈에 보이는 것 뒤에 감춰진 의미를 찾아내는 과정이 매력적입니다. 최상의 영화는 그저 암시만 줄 뿐 정곡을 찌르되 가르치려 들지 않습니다. 이렇게 작가주의 영화와 예술영화는 굳이 신앙이라든지 신을 주제로 삼지 않고도 종교적 체험에 가치 있는 기여를 하는 것입니다.

최근 일부 감독들은 감히 성경의 비유에 견줄 만한 영화들을 만드는 데 성공했습니다. 그들은 신앙으로만 답할 수 있는 질문을 거듭 던집니다. 요즘이라면 예수님도 하느님 나라에 대한 당신의 비유를 스스로 영화감독이 되어 사람들에게 전했을 것입니다. 영화에 이런 의미가 있다면 종교적 가르침과 그리스도교적 요소를 담은 그 숱한 영화들이 널리 교회의 주목을 끌지 못하는 이유가 무엇일까요? 성직자들과 영화인들의 가슴속에 담긴 저 조심성은 무엇으로 설명할 수 있을까요? 교회 잡지에 실리는 호평이나 비평을 제외한다면, 영화에 대한 지적 관심은 실로 미미한 정도에 그치고 있을 따름입니다.

「십계」, 「잠입자」, 「미션」 같은 영화조차 교리교육과 연계해 상영되지 않는 실정입니다. 강론이나 미사의 보조 매체로서도 영화는 여전히 금기시되고 있습니다. 신학대학이나 교육대학, 사범대학에서 영화분석학과라든가 영화비평학과가 설치될 전망도 없습니다. 영화나 비디오에 대한 전문적 접근이 절실히 필요한 시점이라는 것은 분명한 사실인데 말입니다.

우리가 늘 명심해야 할 중요한 사실은 모든 영화가 작가의 주관적 신앙관을 반영한다는 것입니다. 모든 예술 작품이 그렇듯이 영화도 우리 시대와 신앙의 도전에 대한 개인의 응답입니다. 그리고 그것은 공식적으로 통용되는 견해와 철저히 어긋날 수도 있습니다.

우리 교회에 부탁할 것이 있습니다. 미디어에 대한 관심을 가져야 합니다. 신학교에서 신학생들에게 영화 비판, 영화 분석 방법을 가르쳐야 합니다. 본당마다 도서관을 만들고 비디오를 구입해서 좋은 영화를 쉽게 빌려 볼 수 있게 해야 합니다. 그리고 또 한 가지, 영화와 영성에 대해 연구하는 센터를 만들면 좋겠습니다.

사업성이 거의 없는 작품들만 내다 보니 늘 비용에 쪼들리고 있지만 신자들이 베네딕도미디어의 영화에 많은 관심을 가져 주신다면 이런 뜻깊은 작업을 계속할 수가 있습니다. 교리 공부에 직접 도움을 주지 못하는 작품도 더러 있습니다. 그러나 베네딕도미디어의 모든 영화는 나자렛 예수의 가치와 의식을 창출하는 아주 소중한 것들이라고 저는 굳게 믿고 있습니다.

임 신부는 몸과 마음이 아주 강한 사람이다. 고집도 대단하다. 하지만 그 고집은 자신을 위한 고집이 아니다. 다른 사람의 이익, 보다 많은 사람을 위한 것이다. 1960년대 말 한국에 와서 거의 반세기 가까운 세월을 그는 이 땅에서 살아오고 있다. 가난과 독재의 시대를 사제로 살면서 책과 영화를 통해 가장 중요한 일을 해내고자 했다.

미디어 사목 쪽에서도 그는 자신의 뜻을 지켜 가고 있다. 어렵고 무거운 주제의 볼거리는 외면당하는 시대를 살고 있지만 그는 가치 있는 주제의 영화를 추구하려는 소신을 고수하고 있다.

미디어 작업은 책보다 더 어려운 점이 분명히 있다. 그중에서도 특히 판권을 계약하는 일은 복잡하고 까다롭다. 영화 필름의 소유권이 세계 각국에 흩어져 있어 판권의 출처가 불분명한 까닭에 계약을 성사하고도 허사가 되는 일이 생길 수도 있다. 영화 선정에서 판권 계약, 번역, 더빙, 광고, 판매 등등 여러 가지 까다롭고 기계적인 일이 많다. 더구나 계약 기간이 길어야 고작 3, 4년이기 때문에 작업을 서둘러야 한다. 이 모든 일을 임 신부가 도맡아서 하고 있다.

그는 최근 아시아권에서 좋은 영화를 만들려는 노력이 서서히 그 기운을 잃어 가는 현실을 보면서 더욱 사명감을 느끼게 된다. 일본 가톨릭 쪽에서는 더 이상 비디오 제작을 하지 않고, 인도는 가난해서 못 하고 있는 실정이며, 대만이나 홍콩에서는 아주 가끔 해 왔지만 최근에는 전혀 움직임이 없다. 아시아 다른 나라들이 못 하고 있으니 한국의 베네딕도회가 책임 의식을 가지고 작업을 지속해 나가야 한다는 것이 임 신부의 생각이다.

"쉽지 않지만 교회를 위해서 중요한 일이라고 생각하기 때문입니다. 미디어 사목으로 신자들에게 좋은 사고방식을 일깨울 수 있습니다."

오늘날 좋은 미디어 작품을 판매하는 일은 수익성을 기대하기 어렵다. 군부 독재 시절, 사회에 필요한 책을 만들어 팔 때도 마찬가지였다. 잘 팔리는 책은 아니지만 한국 사회에 꼭 필요한 책들이었다. 베네딕도미디어에서 지금 판매하는 영화들 역시 잘 팔리지는 않아도 우리 사회에 꼭 필요한 영화들이다.

모든 손님을 그리스도처럼

베네딕도 사부는 수도규칙 53장 '손님들을 받아들임에 대하여'에서 이렇게 가르치고 있다.

"찾아오는 모든 손님을 그리스도처럼 맞아들일 것이다. 왜냐하면 그분께서는 장차 '내가 나그네 되었을 때 너희는 나를 맞아들였다'라고 말씀하실 것이기 때문이다."

임 신부가 자신을 찾아오는 이들을 대하는 모습을 본다면 그가 사부의 가르침을 아주 잘 따르는 베네딕도회원임을 누구라도 알게 될 것이다. 물론 그것이 의식적으로 규칙을 준수하려는 태도일 리는 없다. 그저 삶을 통해 몸에 밴 행동일 뿐이다.

임 신부는 항상 일을 하고 있다. 그에게는 쉬는 시간이 따로 없다. 일에는 끝이 없다고 믿는 사람처럼 보인다. 그러나 자신을 찾아오는 이들에게는 늘 시간을 비워 놓고 있다. 출판사 시절 사장신부인 그에게 업무 의논이라도 하려면 직원들은 언제나 차례를 기다려야 했다. 임 신부의 방 앞에는 방문객이 줄을 서서 기다리고 있거나 이미 누군가 길게 하소연하는 사람이 들어가 있기 일쑤였다.

그를 찾아오는 이들은 각계 각층의 사람들이었다. 행색이 초라한 이들, 목발을 짚은 장애인도 있었다. 매달 규칙적으로 찾아오는 경우도 있었는데, 경제적으로 도움을 청하러 오는 이가 많았다. 임 신부는 찾아오는 사람은 누구라도 내치는 법이 없다. 문간에서 간단히 인사 정도 하고 말 일이라도 찾아온 쪽에서 먼저 돌아가지 않는 한 바쁘다는 말을 절대 먼저 하지 않았다. 어떤 때는 사람이 찾아오면 하던 일을 멈추고 "내일 합시다"라는 말만 남긴 채 그 사람과 나가 버리기도 했다. 방금 전까지 무슨 일을 하고 있었는지 따위는 까맣게 잊어버리는 것 같았다. 마주 대하는 사람에게 집중하느라 옆에 누가 있었는지조차 잊어버리고 마는 것이다. 사람을 내치지 않고 응대하는 일보다 중요한 일을 임 신부는 만들지 않았다. 그것이 임 신부의 삶이었다. 허창수 신부는 이런 임 신부를 보면서 "임 신부가 약속 시간에 항상 늦는 것은 다 이유가 있다"고 말하곤 했다.

어느 날 수도원에 찾아온 이들을 배웅하려고 왜관역에 나갔더니 역사 앞에 걸인 한 사람이 쓰러져 있었다. 더러운 누더기 차림에 의식이 오락가락하고 있었다. 임 신부가 재빨리 그에게 다가가더니 일행을 돌아보며 말했다.

"잠깐만 기다려 주세요! 이 사람을 병원에 데려가야겠어요."

걸인을 들쳐 업고 병원으로 달려갔지만 간호사는 치료를 꺼리는 기색이 역력했다. 임 신부는 병원 사람들을 안심시켰다. "치료비는 걱정하지 마세요. 제가 냅니다. 어서 이 사람을 좀 봐 주세요."

잠시 후 어디선가 큰소리가 났다.

"아니, 쓰러지려거든 남이 안 보이는 데 가서 쓰러지든지 하시오. 이게 뭐요? 창피하게 외국 신부 앞에서 쓰러져서 나라 망신을 시키고 말이야. 엉?" 깨어난 걸인에게 의사가 호통을 치고 있었다.

임 신부는 더럽고 보기 싫다고 남들이 고개를 돌리는 일, 그런 일을 하기에 가장 합당한 사람이 바로 사제라고 생각했다. 한국에 온 지 얼마 안 되었을 때 왜관역 선로를 무단으로 횡단하던 사람이 기차에 치여 죽은 일이 있었다. 시신 수습이 늦어져 한동안 방치되어 있었다는 이야기를 기숙사 학생이 무심코 전하자 임 신부는 이렇게 말했다.

"그 이야기를 왜 이제 합니까? 진작 말했더라면 내가 나가서 수습했을 텐데요. 시신을 만지고 싶은 사람이 어디 있겠습니까? 그러니 내가 해야지요. 다들 꺼리는 일, 그 일이 바로 내 일입니다!"

임 신부를 아는 이들은 하나같이 그가 자신을 전혀 돌보지 않는 사람이라고 말한다. 결코 자신을 위해 무언가를 도모하거나 돈을 쓰는 사람이 아니라는 말이다. 어디서 선물을 받아도 이튿날이면 그 물건은 다른 사람에게 가 있곤 했다. 그 정도는 흔한 일이라 특별할 것도 없다. 검소하다 못해 옷차림은 늘 단벌 신사에, 식사 때가 되어도 빵 한두 개로 끼니를 때우는 일이 많다. 그가 못 보던 옷을 입고 있다면 필시 독일로 휴가를 갔을 때 누이동생이 마련해 준 옷일 게 분명했다.

임 신부의 소박한 태도는 비단 여기에서만 그치지 않는다. 사람들과의 관계에서도 상대방이 어떤 사람인지에 따라 태도가 바뀌는 일이 없다. 국적이나 종교나 지위 고하에 따라 사람을 달리 대하는 모습은 임 신부의 것이 아니었다. 사람의 위아래는 사람이 만든 것이지 하느님이 만든 것이 아니라 여겼기 때문이다. 그는 이 땅의 낮고 작은 이들을 하느님 대하듯 했다.

환갑 때의 일이다.

"신부님, 여기 환갑잔치 모임에 초대할 분들 명단인데 한번 봐 주시겠어요?"

그의 환갑을 맞이해 조촐한 모임을 준비하고 초대할 사람들의 목록을 작성해 보여 주었다. 그 명단에는 지난 수십 년간 임 신부와 알고 지낸 많은 사람의 이름이 들어 있었다.

"어머! 신부님, 이게 뭐예요. 이렇게 다 지워 버리시면 어떡해요?"

임 신부가 확인하고 직원에게 돌려준 목록은 아까와는 딴판이었다. 명단 위에 검은 줄이 잔뜩 그어져 있었다. 초대하지 않아도 되는 이름들이라는데 대부분 유명한 사람들이었다. 오래전에 임 신부로부터 큰 도움을 받은 이들이기도 했다. 반면에 오래 알고 지냈지만 사회적 명성과는 거리가 먼 사람들 이름은 고스란히 남아 있었다. 임 신부는 예전에 함께 일하다가 퇴직한 직원들도 꼭 챙겼다.

"그 정도면 충분합니다. 다른 사람들은 올 필요 없습니다."

임 신부는 출판사든 시청각실이든 함께 근무하는 직원들과도 격의 없이 지냈다. 겨울에 눈이 오면 업무를 접고 눈 덮인 들판으로 토끼몰이를 나가기도 했다.

"밖에 눈이 오고 있는데 다들 뭐하시는 겁니까? 자, 일 그만하고 나갑시다! 오늘은 일하는 날이 아니고 하늘에서 내려오는 눈을 즐기는 날입니다!" 그런 날은 어김없이 맛있는 저녁을 먹었고, 때로는 영화까지 보고 들어왔다.

수도원 내부에서는 이상만 좇아서야 어떻게 출판사가 운영되겠는가 하고 우려하는 목소리가 적지 않았다. 분도출판사에서 펴내는 책들이 정부로부터 판매 금지 당하고 감시의 대상으로 눈총을 받을 때, 교회 당국에서는 출판사가 너무 앞서 간다고 못마땅해하기도 했다. 그래도 그는 서운한 기색을 드러낸 적이 없었다. 그저 해 오던 일을 묵묵히 할 뿐이었다. 임 신부는 평생 단 한 번도 남을 원망하거나 싫어한다는 말을 내뱉어 본 적이 없는 사람이다.

임 신부를 진영 논리로 가를 수는 없다. 그리스도 정신으로만 그의 작업을 설명할 수 있을 뿐이다. 그래도 굳이 어느 편이냐고 말하라면 하느님 편이라고 할 수 있을 것이다. 임 신부와 평생을 교유해 온 동료 사제는 그를 이렇게 표현한다.

"임 신부는 거룩한 사람입니다. 평생 남을 위해 사는 사람, 하지만 자신을 위해서는 아무것도 하지 않는 사람입니다. 임 신부를 알게 된 것은 은혜로운 일이었으며, 그의 일생은 한마디로 남을 위한 삶, 한국 국민과 한국 교회를 위한 삶이라고 말할 수밖에 없습니다."

미련하다 싶을 정도로 사람에 대한 배려와 사랑이 넘치는 임 신부였지만 다른 이에게 폐를 끼치는 것은 극도로 꺼렸다. 교통사고 후 몸 상태가 온전치 않을 때조차 일을 남에게 미루지 않았다. 그때 서울과 지방에서 영화 상영 일정이 빠듯하게 잡혀 있어, 서울에서 상영을 마친 필름은 재빨리 왜관으로 보내야 했다. 주로 새벽 고속버스 편으로 필름을 탁송했다. 필름을 받으러 아침 일찍 구미 버스 터미널에 나가는 일은 언제나 임 신부 몫이었다. 보행이 자유롭지 않고 새벽잠이 많은데도 직접 나가길 고집했다. 비디오테이프가 아니라 영화 필름이었으니 부피나 무게도 상당했다. 회복이 덜 된 환자에게 무리가 되는 일이라고 주위에서 그 일을 대신한 적이 있었는데, 평소 화를 내는 법이 거의 없는 임 신부가 내는 큰소리를 들어야 했다.

"이 일은 내가 하기로 이미 약속한 일입니다. 앞으로는 대신 하지 마십시오."

굳이 직접 하겠다고 나선 이유는 따로 있었다. 80년대 말 임 신부가 상영하던 영화 필름은 운반하는 일도 만약의 경우 정보 당국에 꼬투리가 잡힐 수 있는 일이었다. 전에도 그랬던 것처럼, 혹시 주변 사람들을 괴롭히게 될지도 모르는 일은 자기가 해야 한다고 판단한 것이다.

거룩한 고집

그를 아는 사람들은 하나같이 그를 '참 좋으신 분'이라고 하지만, 정작 본인은 자신을 '나쁜' 수도자라고 생각한다. 실제로 그런 말을 들은 적도 있다. 70년대 중반 『해방신학』을 내면서 출판 허가 건으로 관할 교구청과 사소한 갈등을 빚을 무렵이었다. 굳이 그런 일이 아니더라도 임 신부는 자신을 정말 나쁜 수도자라고 생각하며 살아왔다. 출판과 미디어 사목을 하면서 교회 안의 질서나 분위기를 고려할 때 수도자의 절대 순명과 복종의 원칙에 어긋난 행동을 한 적이 있었기 때문이다. 하지만 하느님 말씀에 따르기 위해서 그렇게 했다고 스스로 믿는다. 선교사의 소명을 안고 찾아온 이 땅, 이 나라를 위해서 필요한 일을 하면서 '나쁜 수도자'가 되어야 한다면 마땅히 받아들여 감내할 수 있다고 생각했다. 그동안 주변에서 뭐라고 해도 그는 분도출판사를 통해 꼭 필요한 책을 펴냈고, 베네딕도미디어를 통해 정말 중요한 영화를 보여 주었다. 그리고 늘 이웃에게 도움이 되는 사람이고자 했다.

지금까지 그래 왔듯이 앞으로도 그가 걷는 길은 한결같을 것이다. 그 옛날 시청각실을 처음 시작할 때와는 달리 지금은 영화가 차고 넘치는 시대가 되었다. 의미 있는 영화를 통해 메시지를 전하는 일은 점점 더 어려워진 현실이라 할 수 있다. 그렇기 때문에라도 임 신부는 자신의 미디어 작업을 멈출 수가 없다.

좋은 영화는 복음 말씀의 또 다른 모습이라는 확신에는 변함이 없다. 복음 말씀을 전하는 일이란 사람들에게 하느님의 정신을 심어 주고 올바른 가치관을 전하는 일이다. 좋은 영화를 보여 주기 위한 임 신부의 행보는 죽는 날까지 멈추지 않을 것이다.

선교사 임인덕 세바스티안, 그는 늘 느리지만 황소 같은 고집으로 지금까지 외길을 걸어왔다. 그러나 그 고집은 실로 거룩한 고집이라 불러 마땅하다. 한결같은 고집으로 걸어온 길, 한국 사회와 한국 교회에 분명한 발자취를 남긴 그 길을 오늘도 그는 묵묵히 걷고 있다.

에필로그

사람이 사람에 대해 무엇을 얼마나 안다 할 수 있을까? 자신에 대해서도 제대로 안다 할 수 없거늘 하물며 타인의 삶에 대해서랴.

수 개월 동안 임 세바스티안 신부의 육성을 들으며 그의 꿈과 뜻을 가늠했고, 남겨진 기록과 자료를 들추며 그가 한 일을 추적했고, 그를 아는 많은 사람의 기억을 좇아 그의 삶과 인품을 재구성하려 애썼다. 그러나 기록은 드러난 사실의 기록일 뿐이어서 내면을 깊이 건드리지 못했고, 세인들의 기억과 평판은 그들의 눈으로 해석된 것이라 사람에 따라 제각각이었으며, 임 신부는 자신의 '공'과 '덕'을 드러내는 일에 끝까지 인색하고 무심했다.

임 신부에 대한 기억은 결국 기억하는 이들의 의식에 투영된 임 신부일 뿐, 임 신부 스스로가 생각하는 임 신부는 아닐 것이다. 게다가 자신도 모르는 임 신부의 참모습, 그 깊숙한 심연에 자리한 내면의 자아는 어차피 우리 모두에게 수수께끼로 남을 수밖에 없는 것 아닌가.

그럼에도 수십 년을 임 신부와 더불어 살고 있는 수도 형제들과, 함께 일한 동료들은 그에 대해 '뭔가'를 어렴풋이 알고 있었다. 그 '뭔가'는 사랑이 깊을수록 더 잘 보였고, 사람들마다 크게 다르지 않았다. 그리고 그것은 외적 '성취'만으로 임 신부를 재단하려는 사람들의 인상과는 다른 것이었다. 그가 지금까지 교회와 사회에 기여한 업적들은 의심할 여지 없이 풍요로운 것이었으나, 드러난 것을 통해 드러나지 않은 것을 볼 줄 아는 혜안 없이는 임 신부에 대한 오해와 편견은 피하기 어렵다.

임 세바스티안 로틀러는 수도 사제다. 그는 그리스도의 복음을 전하러 이 땅에 왔다. 그래서 사람들은 그를 선교사라 부른다. 그는 자신이 수도자요, 사제요, 선교사임을 단 한순간도 잊은 적이 없다. 복음 전파가 자신의 유일한 소명이었고, 어머니의 눈물을 뒤로 하고 이 땅에 와야 했던 이유였다. 그가 이 땅에서 무슨 일을 하든지 그것은 그리스도의 복음을 전하는 방편이자 수단이었다. 그의 성품과 재능은 복음 전파라는 소명을 실천하도록 '프로그래밍'되어 있었다. 신학과 영화를 공부하여 쌓은 지식이나 타고난 영육의 건강은 이국에서 사랑과 정의의 선교사로 활동하는 데 최적화된 자산일 뿐, 그 자체를 영광으로 삼을 일은 아니라고 임 신부는 생각했다.

엄혹한 시절에 임 신부가 펴낸 몇 권의 책과 그 사회적 반향 때문에 그를 '투사'나 '운동가'로 보는 시각도 있다. 7, 80년대 임 신부가 출판을 통해 사람들의 의식을 일깨움으로써 이 나라의 민주화에 일정 부분 기여한 것은 부정할 수 없는 사실이다. 그 시절 사람들은 임 신부가 낸 분도출판사의 책을 읽으며 위로와 자극을 받았고 정의가 불의를 씻어 내리라는 희망을 품었다.

그러나 임 신부는 '투사'가 아니었고 스스로를 '투사'라 여긴 적도 없다. 다만 그 무렵 사람들이 읽어서 개인과 교회와 사회가 좀 더 선한 방향으로 나아가는 데 도움 되겠다 싶은 책들을 골라 펴냈을 뿐이다. 하느님의 사랑과 정의를 지상 역사 속에서 실천하자는 내용이었는데, 시절이 시절인지라 그런 책들이 몇몇 권력자를 불안하게 만들었고 자연히 검열과 사찰과 감시가 뒤따랐지만, 그것은 그들의 문제였지 임 신부의 문제가 아니었다.

임 신부는 '운동'의 선봉에 나선 적도 없고 '시국 성명'을 발표한 적도 없다. 그는 '투쟁'하지 않았다. 다만 선한 책을 만들어 그리스도의 복음을 전하는 자신의 소명에만 충실했다. 그리고 그 행위의 동력은 분노와 증오가 아니라 사랑이었다. 형사가 찾아오면 손님처럼 맞으면 그만이지 짜증내거나 화낼 일이 아니었다. 임 신부는 평생 울화와 짜증을 모르고 산 사람이다. 누구에게나 그랬다. 아무도 내치지 않았다. 그는 그의 일을 했고 형사는 형사의 일을 했다. 형사도 자신이 인간적으로 존중받고 있다고 느꼈다.

임 신부는 결코 순진한 사람이 아니다. 7, 80년대 사회 분위기 속에서 자신이 원하는 책을 펴내고 보급하는 길을 알았고, '기관'을 상대하고 다루는 방법을 알았다. 어떤 방해가 있어도 자신이 내고 싶은 책은 다 냈고, 판금 조치가 내려진 책이라도 어떤 루트를 통해서든 적잖이 보급했다. 분노와 적대감과 비분강개로 될 일이 아니었다. 그는 치밀하고 합리적인 현실주의자였지 몽상가가 아니었다. '투사'라기보다는 '전략가'에 가까웠다. 수도원을 기웃거리는 '검은 그림자'들을 능수능란하게 다루는 임 신부의 뱃속에는 '겁먹은 토끼'가 아니라 '노련한 능구렁이'가 한 마리 들어앉아 있었다.

임 신부는 책과 영화를 사랑했으나 그 자체를 목적으로 삼은 적 없었고, 열심히 공부했으나 자신의 인식욕을 충족시키기 위한 것은 아니었다. 임 신부의 책 사랑, 영화 사랑은 결국 그리스도와 사람에 대한 사랑으로 귀일했다.

수도자 임인덕 신부의 경건함을 외양에서 느끼기는 지극히 어렵다. 전례나 기도 때 수도복을 입은 건 눈에 띄었을지언정, 지난 수십 년 동안 임 신부가 로만 칼라를 착용한 모습을 본 사람은 아무도 없다. 낡아 빠진 셔츠에 웃옷 하나, 사시사철 올 굵은 양말에 샌들, 책이 가득 든 낡은 가방과 베레모, 그리고 지팡이가 그의 외양을 이루는 전부다. 임 신부는 겉모습에서 우리와 다르고 싶지 않았다. 너와 나, 우리 중의 하나이고 싶었다. 앞으로도 경북 왜관이나 서울 장충동 어느 길모퉁이에서 저런 차림의 서양 할아버지 한 분을 보게 된다면, 누구나 한 번쯤 "임 신부님!" 하고 불러 봐도 좋다.

그의 기도는 남에게 잘 들키지 않는다. 그는 하루 종일 기도하지 않는 척하면서 매 순간 기도한다. 그의 기도는 어두운 골방의 기도가 아니라 백주 대로의 씩씩한 기도다. 사람의 눈에 그의 활동으로 보이는 것이 하느님 눈에는 그의 기도로 보일 것이다. 그에게 기도와 활동은 둘이 아니다. 가끔씩 수도원의 공동 기도 시간에 임 신부의 모습이 보이지 않을 때는 자타 공인의 '나쁜 수도자'가 되기도 하지만, 그 시간에도 임 신부는 하느님이 가장 기뻐하실 방식으로 자신만의 기도를 바치고 있음을 모르는 형제들은 없다.

말끝마다 하느님과 예수 그리스도를 달고 사는 것은 아니지만 누구보다 하늘의 질서에 푹 젖어 살아온 임 세바스티안 신부. 그러고 보면 지난 세월 임 신부 스스로 한 일은 아무것도 없다. 책과 영화, 본당 사목과 기숙사, 이 모든 것이 숨소리 하나까지 임 신부의 몸을 빌려 하느님이 하신 일이다. 그러라고 하느님은 임 신부를 한국에 데려다 놓으셨다. 임 신부는 그 뜻을 정확히 이해하고 이 땅에서 사십 수년을 보냈다. 그래서 하느님이라는 이름을 굳이 입에 올릴 필요가 없었다.

임 신부는 불편한 다리로 언제나처럼 큰 가방을 메고 서울과 왜관을 오르내릴 것이다. 그의 삶과 일이 아직 끝나지 않았으니 이 글의 결말도 아직은 미완으로 남을 수밖에 없다.

작가의 말

임 신부님과의 대담은 힘겨웠다. 임 신부님은 별스럽지 않게 살아온 사람의 이야기를 책으로 만드는 일 자체를 쑥스러워하셨다. 자신의 업적을 내세우거나 남들에게 받은 칭송을 전하는 일에 극히 서툴렀다. 간략하고 정확하게 사실만 말씀하셨다. 결코 친절한 인터뷰 대상은 아니었으나 그래도 나중에 녹취한 내용을 들어 보면 깊고 융숭했다.

귀에 선 임 신부님의 한국말이 가슴을 열고 마음으로 들으니 빛처럼 환하게 다가왔다. 나는 사실 배후에 감추어진 의미와 영향력을 추적하려 애썼으나, 고백하건대 그것은 신부님의 뜻에 맞지 않는 일이었다.

오랜 인터뷰에도 한결같은 모습으로 참을성 있게 물음에 답해 주신 신부님께 감사드린다. 신부님과의 만남은 우쭐거리고 자랑하고 싶어 안달하고 남몰래 교만을 부리는 나 자신과 주위 사람들을 돌아보는 계기가 되었다. 임 신부님을 만나면서 나도 많이 자란 것 같다.

부러진 다리의 물리치료가 끝나지 않아 임 신부님은 아직 병원 문을 나서지 못하고 계시다. 어린 '하인리히'로 되돌아가신 듯 다시 걸음마를 배우시지만, 언젠가는 남은 길을 혼자서 뚜벅뚜벅 걸어가실 것이다. 어서 자리에서 일어나 '달릴 길을 다' 달리시기를 기도드린다.

이 책을 위해 많은 분이 도움을 주셨다. 임 신부님에 대한 소중한 추억을 들려주신 분들과 분도출판사의 모든 분께 감사드린다. 또한 나의 작업에 격려를 아끼지 않은 친구들과 남편 조효제, 나의 딸 명원에게 사랑을 보낸다.

2012년 봄, 권은정

임인덕(하인리히 세바스티안 로틀러) 신부 연보

1935. 9. 22.	독일 뉘른베르크 출생
1939.	밀텐베르크로 이사(4세)
1944.	첫영성체(9세)
1946.	밀텐베르크 국민학교 졸업
1954.	밀텐베르크 김나지움 졸업. 뷔르츠부르크 대학교 신학과 입학
1955.	성 베네딕도회 뮌스터슈바르작 수도원 입회
1960.	뷔르츠부르크 대학교 신학과 졸업
1961.	종신서원
	뮌스터슈바르작 엑베르트 김나지움, 상트 루드비히 김나지움 재직
1963~1965.	뮌헨 대학교에서 종교심리학 공부.
1964. 11.	대림 첫째 주 뮌헨 상트 루드비히 성당에서 부제 수품
1965. 4. 3.	뮌헨 성 안나 성당에서 사제 수품
5. 2.	아샤펜부르크 성 요셉 성당에서 첫 미사
9.	영어 공부차 도미. 미국 전역과 중남미 여행
1966. 7.	한국 입국. 왜관수도원 도착
9~1968. 8.	한국어 공부(서울 정동). 우니타스를 통해 한국 젊은이들과 만남
1968. 9~1969. 3.	성주본당 보좌신부
1969. 3~11.	점촌본당 주임신부
1969. 11~1975. 2.	마오로 기숙사 사감
1971.	성 베네딕도 시청각 종교교육 연구회 시작
1972~1993.	분도출판사 책임
1981~현재	삼청동공소 사목
1987.	교통사고
1994~현재	베네딕도미디어(전 시청각 종교교육 연구회) 책임

신혼의 단꿈에 젖어 있는 베티와 요제프(1933). 막 히틀러가 권력을 잡기 시작할 무렵이다.

하인리히가 네 살, 빌리발트가 한 살 무렵 뉘른베르크에서 부모님과 함께. 아버지 요제프의 대쪽 같은 성미 때문에 이 무렵 온 가족은 밀텐베르크로 이사를 가야 했다.

밀텐베르크 시절 아버지와 산책에 나선 하인리히와 빌리발트(1941)

요제프가 열차 수리용 소형차에 앉아 있다. 하인리히도 가끔 아버지를 졸라 올라탈 수 있었다. 장난감 자동차같이 생긴 차를 타고 아버지 등 뒤에서 레일을 달리면 여간 신이 나지 않았다.

1954년 6월 아비투어(대학 입학 자격시험)를 치르고 났을 무렵 온 가족이 사진관에 갔다. 어머니 베티, 막내 모니카, 빌리발트, 첫째 누이동생 안네마리, 둘째 누이동생 엘리자베트, 하인리히, 아버지 요제프

1965년 하인리히와 빌리발트는 각자 사제서품을 받고 선교지로 떠나게 되었다. 떠나기 직전 오랜만에 가족 모두 한자리에 모였다. 엘리자베트, 안네마리, 모니카가 뒤에 서고 하인리히와 부모님, 빌리발트가 앞에 앉아 있다.

뷔르츠부르크 대학의 슈낙켄부르크 교수가 열정적으로 강의하고 있다(1958).

세바스티안 신부의 사제서품 상본. 성 세바스티안, 성 하인리히, 성모자 이콘

P. Sebastian Rotbler
Mönch und Missionar
der Abtei Münsterschwarzach

zum Priester geweiht
am 3. April 1965

1965년 5월 첫 미사를 봉헌한 아샤펜부르크 성 요셉 성당

첫 미사를 마치고 부모님과 함께 축하연에 참석했다.

첫 미사 후 축하연에 함께한 정양모 신부. 당시 정 신부는 뷔르츠부르크 대학의 슈낙켄부르크 교수 밑에서 박사 논문을 준비하는 명민한 신학도였다. 훗날 한국에서 평생 동안 이어진 정 신부와 세바스티안 신부의 우정은 뷔르츠부르크에서 시작되었던 것이다.

1965년 9월 초 뮌스터슈바르작 수도원 선교 파견식에서 세바스티안 신부와 아프리카로 파견되는 다른 선교사들이 기념 촬영을 했다. 뒷줄 맨 오른쪽이 세바스티안 신부. 앞줄 가운데 앉은 사람이 보니파시오 포겔 총아빠스다.

세바스티안 신부와 빌리발트 신부. 두 사람 모두 선교지 파견을 앞두고 고향집에서(1965)

1966년 7월 마침내 왜관역에 도착했다. 왼쪽부터 세바스티안 신부, 오도 하스 아빠스, 알로이시오 조이퍼링 신부, 엘마로 랑 신부

성주본당 보좌신부 시절(1968)

성주본당 젊은이들과 야유회를 갔다. 김상희의 노래 「대머리 총각」을 불렀다. "여덟 시 통근 길에 대머리 총각 …."

1974년 6월 마오로 기숙사 학생들과 거제도로 여행을 갔다. 바로 그 시각에 독일에서 혼배성사를 받고 있을 동생 모니카 생각에 잠시 바다를 바라보며 상념에 잠겨 있다.

마오로 기숙사 졸업 기념 사진. 1957년 개원하여 1984년 문을 닫기까지 마오로 기숙사를 거쳐 간 학생은 310명에 달한다. 왜관수도원의 이형우 아빠스를 비롯하여 많은 수도자를 배출한 것은 물론이고, 대구교구의 본당사제들 중에도 마오로 기숙사 출신이 여럿 된다.

세계 가톨릭 미디어 총회 참석차 인도네시아 방문(1974). 임 세바스티안 신부는 다른 아시아 나라들에서 좋은 영화를 만들려는 노력이 점점 사라져 가는 모습에 안타까워하면서 자신의 사명감을 더욱 굳건히 하곤 했다. 다른 나라들이 하지 못하는 만큼 한국의 베네딕도회가 책임 의식을 가지고 작업을 지속해 나가야 한다는 것이 그의 신념이었다.

1970년대 교리 수업 시간

1977년 여름 무렵 일에 파묻혀 있다. 출판사와 시청각실 일을 한꺼번에 맡아 보면서 열정적으로 일하던 때.

허창수 신부와 망중한을 즐기고 있다. 허 신부는 용감하고 의협심 강한 성품으로 노동 사목과 국제 앰네스티 활동에 혼신의 힘을 쏟았다.

대구 가톨릭 간호사 협회 영화 포럼(1978). 영화 상영을 청하는 곳이라면 어디든 마다 않고 영사기를 챙겨 달려갔다.

정태영 토비야 씨가 군 입대를 앞두고 옛 수도원 성당 앞에서 임 신부와 사진을 찍었다(1974). 언제나 든든한 동료였던 토비야 씨와의 인연은 마오로 기숙사 시절에 이미 시작되었다.

직원들과의 야유회. 왼쪽부터 김윤주 편집장, 토비야 씨, 정한교 편집장의 모습이 보인다.

어머니 환갑을 맞아 온 가족이 오스트리아 키츠빌에 있는 어머니 이모 댁으로 나들이를 갔다 (1971).

누이동생 안네마리의 딸 아녜스의 혼배성사에 두 신부가 참석했다(1997).

오랜만에 고향에서 만난 세바스티안 신부와 빌리발트 신부(1997)

스튜디오에서 영화 편집 과정을 확인하고 있다. 원작 선정에서부터 번역, 제작, 홍보, 유통, 재정에 이르기까지 어느 한 과정도 임 신부의 손을 거치지 않는 곳이 없다(사진 제공: 가톨릭신문사).

2005년 '시네마 천국을 향한 순례, 임인덕 신부의 영화 사목을 기리며' 축하식에서 주교회의 매스컴위원장 최덕기 주교가 임 신부에게 공로패를 전달하고 있다(사진 제공: 가톨릭신문사).

(사진 제공: 가톨릭신문사)